MARQUIS DE FOUDRAS.

LES
GENTILSHOMMES
CHASSEURS

TROISIÈME ÉDITION.

PARIS
ALEXANDRE CADOT, ÉDITEUR.
37, RUE SERPENTE, 37.

LES
GENTILSHOMMES CHASSEURS

OEUVRES DU MARQUIS DE FOUDRAS.

La comtesse Alvinzi............... 1 vol.

Madame de Miremont............... 1 vol.

Jacques de Brancion .... 2 vol.

Les Gentilshommes chasseurs..... 1 vol.

MARQUIS DE FOUDRAS.

LES
GENTILSHOMMES
CHASSEURS

TROISIÈME ÉDITION.

PARIS
ALEXANDRE CADOT, ÉDITEUR,
37, RUE SERPENTE, 37.

1860

LES
GENTISLSHOMMES CHASSEURS.

I

Un déplacement de chasse en Morvan.

— Promettons-nous, Messieurs, de nous réunir de nouveau dans huit jours et de passer au moins une semaine ensemble.

Une acclamation qui équivalait à un consentement unanime accueillit cette proposition.

— Maintenant que la réunion est décidée — ajouta l'*orateur* qui venait de la proposer — tâchons de nous entendre sur le lieu où nous nous rassemblerons.

— Nous pourrions aller en Champagne — dit le comte de Baussancourt — dont les terres sont situées entre Bar-sur-Aube et Troyes.

— Pourquoi ne resterions-nous pas en Bourgogne ? — reprit le marquis de F., qui possédait alors un château aux environs de Châlons-sur-Saône.

— Tout cela ne vaut pas le Morvan ! — s'écrièrent à

la fois MM. de Vitry, de Pracontal, de La Ferté et d'autres encore, tous habitans de la petite province que nous venons de nommer.

— Nous ressemblons terriblement à la Chambre des députés, Messieurs, car chacun de nous parle pour soi. Eh bien ! pour que la ressemblance soit complète, mettons la question aux voix.

L'auteur de cette proposition, M. Jules Perret, avait envie d'aller dans le Morvan, et il savait que la majorité serait de cet avis, ainsi il arriverait à son but en ayant l'air désintéressé.

Le Morvan l'emporta, et il fut convenu que le 10 novembre tout le monde serait réuni à Fours, petit village situé sur la route de poste de Luzy à Nevers, en plein Morvan.

Cette décision une fois prise, la satisfaction parut générale, et on porta un toast au succès de la future réunion.

Ceci se passait en 1834, le lendemain de la Toussaint, au château de Montjeu, chez le comte de Talleyrand, où nous venions de célébrer, le matin même, la Saint-Hubert en prenant deux ou trois daims. En ce moment on dînait, en devisant joyeusement sur les événements de la journée qui ne laissait rien à désirer, puisqu'il y avait eu même une épaule démise.

C'est un fort beau lieu que Montjeu. Il a appartenu à la maison de Guise, puis au président Jeannin, ce ligueur honnête homme qui fut un des plus fidèles sujets d'Henri IV, après avoir été un de ses adversaires les plus intelligents ; puis à M. de Castille, celui que Tallemant des Réaulx appelle le bonhomme Castille ; puis encore, mais je ne sais pas comment, à Mademoiselle de Guise, celle qui épousa le duc, depuis maréchal de Richelieu, et pour laquelle Voltaire fit ces vers si connus qui commencent ainsi :

> Un prêtre, un oui, trois mots latins,
> Etc., etc., etc.

Ce fut à Montjeu que se retira, pendant la révolution, la belle et noble fille de Lepelletier de Saint-Fargeau. Nous vous donnerons peut-être quelque jour une description plus étendue de ce lieu vraiment beau et pittoresque. Je reprends le fil, ou, pour me servir d'une expression plus conforme à mon sujet, la voie de ma narration.

Ce ne sera pas la quitter que de vous dire quelques mots du Morvan, où je vais vous conduire tout à l'heure.

Le Morvan est une petite province dépendante autrefois du Nivernais, et maintenant partagée entre les départements de la Nièvre, de l'Yonne, de la Côte-d'Or et de Saône-et-Loire, qui en ont chacun un morceau. C'est un pays montagneux et accidenté, avec de vastes et sombres forêts, des torrents rapides, des étangs mélancoliques, entourés de hautes collines couvertes de bruyères, des vallées silencieuses, des usines bruyantes et de vieux châteaux abandonnés, semblables à des aires dont les aigles se seraient envolés. On y trouve du marbre, du granit, des génisses légères et laborieuses, des chevaux souples comme le ter brûlant, et durs comme l'acier poli, et des paysans astucieux et naïfs comme des sauvages. Les Anglais qui ont traversé ce pays prétendent qu'il ressemble à l'Écosse, et j'ai vu en 1833 des proscrits vendéens le regarder mélancoliquement en disant : « C'est comme notre pauvre et chère Bretagne. » Mais enfin, qu'on puisse ou non le comparer à quelque chose, il est charmant pour les poètes et les chasseurs, c'est-à-dire pour ceux qui pensent trop et pour ceux qui ne pensent pas assez.

Un empêchement dont j'ai oublié la cause, nous obligea, le comte de Baussancourt, le baron de Saint-Pierre et moi, qui devions aller ensemble au rendez-vous, à retarder notre départ de vingt-quatre heures, de sorte que nous ne pûmes assister à la première chasse. Ce fut pour nous un regret d'autant plus vif, que, pendant que nous changions de chevaux à la poste avant Fours, nous entendîmes un commis-voyageur faire un récit fabuleux de cette première chasse.

A l'en croire, on avait forcé un sanglier pesant 500 livres, lequel avait tué quarante chiens avant de se rendre, ce à quoi il ne s'était décidé qu'après avoir reçu un furieux coup de couteau de chasse administré par le prince de Talleyrand.

— Comment, ce vieux diplomate chasse encore ? — dit un des assistants.

— Certainement — reprit le commis-voyageur avec un impertubable aplomb — et personne n'est capable de lui *damer le pion*. J'ai vu tous ces Messieurs au moment où je quittais Fours, il n'y en avait pas un qui se tînt aussi droit que lui sur son cheval. Il est étonnamment conservé pour son âge.

Nous nous regardâmes en riant, Baussancourt, Saint-Pierre et moi. Le commis-voyageur avait entendu dire qu'un Talleyrand se trouvait parmi les nobles chasseurs réunis à Fours, et il avait arrangé sa petite histoire avec la facilité merveilleuse qui n'appartient qu'à *cette institution.*

Nous n'eûmes garde de rectifier les faits, et nos chevaux étant prêts, nous nous remîmes en route avec force recommandation de célérité à notre postillon.

Quoiqu'on fût au mois de novembre, la soirée était magnifique. Une épaisse rosée qui se gelait en s'attachant aux prairies éclairées par la lune, les faisait étinceler comme si elles eussent été couvertes d'un réseau de perles fines. Les montagnes, entre lesquelles serpentait le chemin, se détachaient, sombres, sur l'azur lumineux du ciel, et nous inspiraient quelques pensées mélancoliques qui interrompaient de temps en temps l'insouciance joyeuse de nos propos. Tantôt notre voiture roulait avec bruit sur des quartiers de roc, mis à découvert par les dernières pluies ; tantôt elle glissait silencieusement sur une couche épaisse de feuilles humides et flétries, premières victimes du souffle destructeur des bises d'automne. Quelquefois nous marchions pendant une demi-heure sans rencontrer une créature vivante, puis nous traversions des villages animés par ces champêtres rumeurs du soir dont le charme est si plein de calme et de tristesse. C'étaient des sons de clochettes au fond d'une étable, des chansons de jeunes filles autour d'un foyer, le cri rauque d'un char dans un chemin creux, les hennissements d'une cavale dans un enclos, le pas lourd d'un fermier dans un sentier caillouteux ; et, pour le regard, des fumées mêlées d'étincelles qui montaient droites vers le ciel, des feux de bruyères sèches qui brillaient au milieu des champs ou sur le revers des collines, et, dans les bois que nous traversions, de vastes clairières zébrées de rayons et d'ombres qui fixaient notre attention, et nous faisaient dire : « Peut-être la chasse nous amènera-t-elle là demain.

Nous venions de monter une côte assez longue, qui avait à peine ralenti la rapide allure de nos deux petits chevaux de poste morvandeaux, quand les sons joyeux d'une fanfare arrivèrent à nos oreilles. Nous y répondîmes par un cri de ralliement ; notre postillon fit chorus avec son fouet, et nous entrâmes à Fours au bruit des acclamations de nos compagnons, réunis depuis la veille et encore dans l'ivresse d'un premier triomphe, car il était bien vrai qu'on avait pris un sanglier ; seulement il pesait deux cents livres de moins que le commis-voyageur ne l'avait dit, et il n'avait tué que trois chiens au lieu de quarante, ce qui était fort joli pour un début.

A peine eûmes-nous mis pied à terre, que nous fûmes entourés, pressés, embrassés, questionnés, grondés, etc. — Pourquoi n'êtes-vous pas arrivés hier ? — Vous avez manqué une belle journée. — Demain il pleuvra peut-être ! — Il y a plus de sangliers que jamais. — Ce pauvre Galaor a été tué. — Vous avez du reste un des meilleurs logements de l'endroit.

Sur ce dernier chapitre, j'étais parfaitement rassuré d'avance, car c'était notre ami Jules Perret qui s'était chargé de nous caser, et peu de minutes auparavant, en traversant le village, j'avais montré la plus belle maison à mes deux camarades, et je leur avais dit : « Je parie que ce diable de Perret nous aura logés là. »

C'était vrai, et dans cette maison où il s'était établi lui-même, nous avions trois excellentes chambres, avec des lits moelleux, des rideaux épais et des cheminées qui ne fumaient pas trop quand le vent était au nord.

Ce fut là que nous nous installâmes, et que Perret nous fit le récit de la première journée. En échange, nous lui contâmes l'histoire du commis-voyageur ; puis chacun de nous se retira dans son appartement, fort impatient d'un sommeil qui devait abréger la nuit.

Le lendemain matin, la large et unique rue de Fours présentait le spectacle le plus animé. Les chasseurs uniformément vêtus de redingotes en panne noire, laissant voir un gilet de drap de couleur écarlate, se rendaient, de leurs différents logements, à la grande auberge du village où le déjeuner était préparé ; des palefreniers promenaient des chevaux élégants ou vigoureux et quelquefois l'un et l'autre ; des valets de chiens contenaient sous l'autorité salutaire du fouet les meutes agitées, mais muettes, et les Dulcinées du lieu, leurs gros bras rouges croisés, attendaient sur leurs portes le passage de la bande joyeuse.

A neuf heures précises, nous nous mîmes en marche. Quarante minutes après, nous arrivions à un carrefour nommé, si ma mémoire est fidèle, la Croix-Rouge ; c'était là que nous devions attendre les rapports des valets de limiers partis dès le point du jour.

On fit un grand feu de genêts et de bruyères, les cigares furent allumés, et les regards impatients plongèrent dans les allées droites ou tortueuses qui conduisaient des profondeurs de la forêt au carrefour de la Croix-Rouge.

Enfin, à l'extrémité de l'une d'elles, on aperçut un point blanc, et derrière ce point blanc un objet de couleur sombre. Tous les yeux prirent la même direction, et les poitrines se dilatèrent lorsqu'une voix dit : « C'est Racot ! »

Racot, c'est un piqueur du marquis de Mac-Mahon, dont je vous parlerai sans doute plus d'une fois. Homme extraordinaire, s'il en fut jamais ; ayant à la fois l'impétueuse ardeur de la jeunesse, la prudence réfléchie de l'âge mûr et l'expérience infaillible du déclin de la vie. Racot, qui eût laissé un nom comme le fameux Drécart immortalisé par Molière, s'il eut vécu à une époque moins insoucieuse que la nôtre, et à qui il n'a manqué peut-être qu'une épée et une révolution pour recommencer l'homme de Sainte-Hélène.

Racot s'avança donc. Imbu des grands principes du célèbre Du Fouilloux, son maintien était grave et modeste, sa physionomie impénétrable et calme. Il jeta le cordeau de son limier à un de ses valets de chiens, reçut en échange un pain blanc et un morceau de viande froide, et se mit à déjeuner, sans pitié pour nos regards anxieusement interrogateurs.

— Je crains qu'il n'ait rien de bon à nous apprendre — dis-je au comte Alexandre de Vitry, excellent et loyal gentilhomme, dont la rudesse cache un des meilleurs cœurs que j'aie jamais connus.

— Soyez tranquille — me répondit-il — je connais l'homme, et je vous garantis qu'il est sûr de son fait. Vous pouvez vous préparer à une rude journée.

Quand Racot eut fini de déjeuner, il remplaça ses souliers par des bottes à l'écuyère et ne dit que ces mots : « Messieurs, à cheval ! »

Je suis sûr que le grand Condé n'avait pas plus bel air quand il jetait son bâton de commandement dans les retranchements de Rocroy ou de Sénef : je ne sais pas au juste lequel des deux, faute d'avoir sous la main mon président Hénault ; peut-être même n'est-ce ni l'un ni l'autre : dans ce cas, je prie messieurs les historiens du jour, et notamment l'auteur des *Girondins*, de me pardonner cette petite erreur historique.

Enfin, nous voilà partis !

Chemin faisant, je trouvai le moyen de m'approcher de Racot, qui marchait à notre tête, toujours enveloppé de son impénétrable mystère, et comme il avait quelques bontés pour moi, je me hasardai à l'interroger.

— Je crois — me répondit-il — que j'ai détourné un ragot qui pourrait bien nous donner de la besogne ; mais, silence, car nous approchons de ma brisée, et l'animal était encore sur pied au point du jour.

Dix minutes après, le sanglier était lancé. Je le vis traverser un petit pré, franchir deux échaliers et une rivière, et je jugeai, comme Racot, que nous n'en viendrions pas facilement à bout.

Chacun tira de son côté suivant ses inspirations ; moi, je m'attachai aux pas d'Alexandre de Vitry, qui, outre ses talents comme veneur, avait une parfaite connaissance du pays, et nous serrâmes les chiens de près.

La chasse était commencée et elle débutait merveilleusement.

Je n'en raconterai pas toutes les phases, de peur de fatiguer ceux de mes lecteurs qui n'auraient pas le feu sacré comme je l'avais alors. D'abord l'animal se fit battre et chercha à différentes reprises à rebuter les chiens ; mais ce n'était pas chose facile que de faire reculer quarante-cinq gaillards anglo-français qui unissaient la ténacité britannique à l'impétuosité gauloise.

Il y eut aussi deux changes qui firent un instant hésiter la meute, bientôt rappelée à l'ordre par la voix puissante de Racot ; enfin, après trois heures de refuites et de retours dans le même canton, l'animal prit son parti et débucha.

Alors ce fut un magnifique et émouvant spectacle que de voir les chasseurs, jusqu'alors suivant par petites troupes les différentes routes de la forêt, se réunir à la lisière des bois et s'élancer à la poursuite du sanglier déjà fatigué, mais cependant toujours intrépide. Les hurlements incessants de la meute, les cris des veneurs, les fanfares répétées par les échos, le retentissement du galop des chevaux sur les cailloux de la plaine ou sur les roches des montagnes, formaient le plus délicieux concert, en même temps que l'œil ne pouvait se lasser d'admirer la vigueur des coursiers, l'adresse et l'intrépidité des cavaliers et la vitesse toujours croissante de l'équipage. A chaque instant la scène changeait avec le site, et de nouveaux incidents variaient nos émotions, c'est-à-dire nos plaisirs. Je ne saurais compter toutes les haies, tous les ravins qui furent franchis, toutes les rivières qui furent traversées, tous les villages au milieu desquels on passa au grand ébahissement de la population. Le sanglier, méprisant tout ou ne voyant rien, entrait dans les cours des fermes, se *souillait* dans les abreuvoirs aux portes des maisons, bousculait les femmes qui n'avaient pas le temps de se retirer de son chemin, et perçait toujours en avant, sans perdre ni gagner un pouce de terrain. La lutte était encore indécise, et le front de Racot paraissait soucieux.

J'étais toujours à côté d'Alexandre de Vitry, et nous

traversions au galop une prairie basse et humide, un peu à l'écart des autres chasseurs, quand mon compagnon me cria : « Prenez garde, voilà une *morte!* » Je jetai les yeux à quelques pas devant moi, et, au milieu de plusieurs flaques d'eau, j'aperçus une petite place où le gazon était plus fin et plus vert que partout ailleurs ; je ne crus pas que c'était ce qu'il fallait éviter et je lançai mon cheval dans cette direction.

A peine Rob-Roy eut-il atteint la petite place verte, que je le sentis fondre sous moi, et que je me trouvai à pied et debout sur un terrain dans lequel j'enfonçais à chaque effort que je faisais pour en sortir.

C'était la *morte*, nouvelle connaissance dont j'aurais parfaitement remis l'honneur à une autre fois.

J'entendis des éclats de rire, puis bientôt je n'entendis plus que les cris de la meute qui s'éloignait. Quant à me secourir, personne n'y songeait, et moi-même j'aurais trouvé fort extraordinaire qu'on vînt à mon aide ; je savais par ma propre expérience qu'après l'amour rien ne rend plus égoïste que la chasse.

Rob-Roy se tira d'affaire le premier et il eut la bonté de m'attendre : j'enfonçais toujours.

L'idée me vint que si je m'étendais tout de mon long, je ne ferais plus l'effet d'un clou entrant dans cette vase. J'essayai, cela me réussit ; une fois couché, je me mis à ramper ; cinq minutes après, j'étais à cheval.

Pendant que j'écoutais, pour m'assurer de la direction que la chasse avait prise, je regardai la *morte* traîtresse, m'attendant à y trouver les traces de ma mésaventure : point ; tout s'était refermé comme par enchantement, et le petit gazon vert avait repris la mine trompeuse qui venait de me séduire ; toutefois, je ne pus me faire illusion sur ce qui s'était passé, Rob-Roy et moi nous étions de la même couleur, et j'avais perdu la chasse.

Je cherchais à la rejoindre en courant au hasard de tous les côtés, ce qui, soit dit en passant, est le pire de tous les moyens, quand j'entendis derrière moi le trottinement d'un cheval. Je crus d'abord que c'était quelque bon curé qui regagnait son presbytère, lorsqu'en me retournant j'aperçus mon ami Jules Perret.

Il s'avançait, comme à son ordinaire, sans se presser, en grignotant un morceau de chocolat. Sa monture n'avait pas un poil mouillé, lui n'avait pas une mouche de crotte à ses bottes.

— Vous êtes entré dans une *morte?* — me dit-il.

— Oui, mais le pire de l'affaire, c'est que j'ai perdu la chasse.

— Vous m'avez retrouvé, ce qui est absolument la même chose, car je sais où elle est.

— Alors au galop !

— Comme vous y allez, mon cher ! on dirait que vous êtes sur un cheval d'ami. Le mien m'appartient, je veux le ménager. Suivez-moi et ne vous inquiétez de rien.

Force fut de me résigner : le vent ne m'apportait aucun son, et je ne connaissais pas le pays. Me voilà donc à trottiner aussi comme mon ami.

Au bout d'une heure de marche, je crus entendre la voix des chiens ; je le dis à Perret.

— J'en étais sûr — me répondit-il sans étonnement et sans suffisance — marchons toujours.

Les voix devinrent plus distinctes ; seulement il me semblait qu'il n'y avait plus que sept ou huit chiens au lieu de quarante-cinq ; je le dis encore à Perret.

— C'est bien cela. L'animal aura pris de l'avance sur le gros de la meute ; maintenant, il faut nous hâter.

En ce moment nous arrivions au sommet d'une colline, au bas de laquelle nous aperçûmes, dans un champ de genêts, le sanglier ne pouvant plus courir, mais faisant face résolument à une dizaine de chiens qui le tenaient aux abois.

Puis, sur le revers opposé et beaucoup plus éloignée que nous du théâtre du dénoûment, nous vîmes le gros de la troupe des chasseurs qui se précipitait de toute la vitesse de ses chevaux vers l'animal forcé.

Nous arrivâmes les premiers, puis Racot nous rejoignit ; et quand tout le monde fut rassemblé, on invita le marquis de Vitry, notre président, à achever le sanglier d'un coup de carabine, et dix trompes, soutenues par vingt échos, sonnèrent la joyeuse fanfare de l'hallali.

— Ce diable de Perret n'en fait jamais d'autres — dit le marquis de Mac-Mahon, maître de la meute — nul ne le voit pendant la chasse, et il est toujours le premier à la mort.

Perret se mit à sourire : il triomphait modestement comme tous les habiles.

Notre retour fut magnifique. Au moment où nous remontions la colline que nous avions descendue peu d'instants auparavant, le soleil se couchait dans un nuage de pourpre et d'or, et ses derniers rayons illuminaient les sommets des montagnes, tandis que les ombres du crépuscule s'étendaient sur les vallées ; l'air était piquant, mais vivifiant et pur ; les forêts naguères bruyantes étaient redevenues silencieuses, et nous, calmes comme il convient à des vainqueurs de bon goût, nous laissions flotter les rênes sur le cou de nos coursiers fatigués, et nous songions déjà à la victoire du lendemain.

Nous entrâmes à Fours tous ensemble, puis chacun gagna son logement pour s'habiller avant le dîner. Grâce à la *morte*, j'en avais plus besoin qu'aucun de mes compagnons.

A six heures, nous étions de nouveau tous réunis dans la grande salle de l'auberge de la poste, tenue par le père Saclier.

Je ne dirai pas que le dîner fut bon, mais j'affirmerai qu'il fut gai. Si les poulets étaient mauvais, les appétits étaient excellents, et la quantité du vin de Champagne fit promptement oublier sa qualité.

Au dessert on chanta. J'improvisai une chanson qui eut quelque succès, grâce sans doute aux mêmes causes qui avaient fait trouver le vin supportable. Ce fut mon début dans la carrière poétique : je regrette toujours que les nécessités de mon existence ne m'aient pas permis de m'en tenir à cet essai; ma gloire et mon bonheur y eussent beaucoup gagné.

Le soir on joua au wisth et on chanta encore. Puis à minuit chacun alla se coucher. Il n'y en eut pas un parmi nous qui oubliât de regarder le ciel avant de se mettre au lit.

Le lendemain il plut à verse toute la journée; mais comme nous étions au moins aussi bons philosophes que bons chasseurs, nous acceptâmes cette épreuve sans nous plaindre. Seulement les côtelettes du père Saclier parurent plus dures et son vin de Champagne un peu moins authentique.

Le surlendemain nous forçâmes un chevreuil, puis les jours suivants un sanglier encore ; enfin la semaine se passa d'une manière charmante, et quand on se quitta, on convint d'une autre réunion pour l'automne de 1835.

Au milieu de toute cette joie, les pauvres de Fours n'avaient pas été oubliés. Je ne sais comment cela se fit, mais tout le monde y pensa à la fois. Je suis retourné à Fours en 1836 ; nous y étions déjà moins nombreux. On y va encore tous les ans ; mais beaucoup de ceux qui y allaient alors n'y vont plus aujourd'hui. Je souhaite pour eux qu'ils le regrettent moins vivement que moi.

II

Le Marquis de Bologne.

Parmi une foule de priviléges, les faiseurs de mémoires ont celui de remonter le cours du passé bien au delà du commencement de leur existence.

J'userai donc aussi de ce droit; mais pour ne pas en abuser, je ne parlerai aujourd'hui que d'un de mes grands-oncles, dont j'ai entendu conter à mon père des choses assez curieuses pour être rapportées ici.

Le marquis de Bologne était resté veuf de fort bonne heure de mademoiselle de Choiseul-Beaupré, charmante femme qu'il aimait beaucoup plus que la mode de son temps ne l'aurait voulu. Peu d'années après sa mort, il perdit aussi son fils unique, beau jeune homme de vingt-cinq ans, déjà officier supérieur dans la gendarmerie de Lunéville. Frappé dans son bonheur conjugal et dans son orgueil paternel, il plaça dans un chapitre de Lorraine deux filles qui lui restaient, et il se retira dans une de ses terres en Champagne, avec la ferme résolution d'y vivre désormais dans la solitude la plus absolue.

La retraite qu'il avait choisie était merveilleusement propre à l'accomplissement de ce projet. C'était un château situé au bord d'un magnifique étang d'eau vive, et entouré de hautes montagnes couvertes de forêts qui s'étendaient dans toutes les directions à plusieurs lieues à la ronde. Des forges, quelques chaumières habitées par des charbonniers, bordaient les rives de l'étang et formaient un petit village aussi agreste que le site au milieu duquel il était placé. Un climat âpre, des voies de communication impraticables huit mois de l'année, excepté pour les cavaliers et les piétons, offraient peu d'attraits aux oisifs et aux importuns. Quant aux propriétaires des châteaux voisins, ou ils étaient aussi sauvages que mon grand-oncle, ou ils passaient leur vie à la cour et à l'armée, de sorte que leurs visites étaient rares et courtes. D'ailleurs, il est toujours facile de se défendre du contact des humains quand on n'a qu'un visage triste à leur montrer.

Le marquis de Bologne avait toujours aimé la chasse avec passion. A l'âge de vingt ans, il se trouvait en Bohême dans l'armée du maréchal de Belle-Isle; à la paix il obtint un congé, et, tandis que ses camarades regagnaient la France en chaise de poste, il revint, avec son valet de chambre, à pied et toujours chassant. Pendant ce voyage, qui dura trois semaines, il ne fit que deux séjours pour donner du repos à ses chiens. Chemin faisant, quand un pauvre lui demandait l'aumône, il tirait un écu de sa poche, un lièvre de sa carnassière, et il continuait sa route en disant que s'il aimait beaucoup tuer du gibier, il aimait encore mieux porter des bénédictions.

Le bonheur qu'il avait trouvé dans son mariage, sans détruire entièrement son goût pour la chasse, en avait tempéré l'ardeur, et il ne s'y livrait plus qu'avec une modération qui avait permis au gibier de ses forêts de se multiplier d'une manière vraiment déplorable pour ses fermiers. Au printemps, les seigles verts étaient tondus jusqu'à la racine par des hardes de cerfs; en automne, les champs de blé noir étaient labourés par des bandes de sangliers; les chevreuils venaient en plein midi se désaltérer effrontément dans l'étang jusque sous les fenêtres du château ; les lièvres rongeaient les choux du potager, à quatre pas du jardinier ébahi. Le vieux La Jeunesse, piqueur de mon grand-oncle, disait quelquefois avec humeur : « Si monsieur le marquis laisse faire ces gaillards-là, ils le mettront un de ces jours en civet. »

Madame de Bologne morte, les choses changèrent de face. Six mois après, La Jeunesse fut envoyé dans les Ardennes pour y choisir une meute à la fois légère et infatigable, et quelques-uns de ces chevaux habitués aux montagnes, qui avaient alors une réputation méritée. Les grands appartements du château furent abandonnés sans retour, mais le chenil fut reconstruit à neuf, et les écuries reçurent d'importantes améliorations. Toutefois, M. de Bologne ne chassait pas encore, et La Jeunesse avait beau lui répéter vingt fois par jours que les chevaux étaient en haleine et la meute parfaitement dressée, mon pauvre grand-oncle le regardait tristement et se contentait de lui répondre : « Prends patience, mon vieux, nous verrons cela plus tard. »

Le jour même où l'on fit le service du bout de l'an de madame de Bologne, le marquis, au retour de l'église, fit appeler La Jeunesse dans sa chambre à coucher, et ils eurent la conversation suivante :

— Combien avons-nous de chiens en chasse ? — demanda mon grand-oncle.

— Soixante et dix, monsieur le marquis — répondit le vieux piqueur dont le cœur s'ouvrit à l'espérance.

— Combien de fois peuvent-ils chasser par semaine sans se fatiguer ?

— Deux fois au moins.

— Eh bien ! tu vas diviser la meute en trois, de manière à ce que nous puissions chasser tous les jours. Nous aurons vingt chiens pour chasser le cerf, vingt pour chasser le sanglier, vingt pour chasser le chevreuil ; il nous en restera encore dix pour chasser le lièvre, le dimanche après la messe. Quant à nous, nous nous reposerons tous les ans une fois... le jour de Pâques. Je veux commencer dès demain. Vas donc faire tous tes arrangements, en te conformant aux ordres que je viens de te donner, et demain matin à sept heures nous découplerons dans les bois de la Crête. A tout seigneur tout honneur : je veux débuter par attaquer un cerf.

La Jeunesse ne se le fit pas dire deux fois. Quelques heures après, les quatre meutes étaient organisées, et le vieux piqueur, attablé au cabaret en compagnie de ses valets de chiens, se grisait en l'honneur de ses triomphes futurs.

Il va sans dire que la chasse du lendemain fut magnifique. La Jeunesse, qui attachait une grande importance à ne pas rebuter son maître, n'avait rien négligé pour obtenir un succès éclatant ; et quand il vint, le chapeau à la main, présenter au marquis le pied droit d'un vigoureux dix-cors jeunement, forcé en moins de quatre heures, il eut la satisfaction de rencontrer un regard dans lequel il lui fut facile de lire l'irrévocabilité de la détermination prise la veille.

Au retour, M. de Bologne, qui cheminait au petit pas à la tête de son équipage, se retourna, appuya la main sur la croupe de son cheval, et ne dit que ces mots :

— La Jeunesse, nous chasserons demain le sanglier ; le rendez-vous sera à sept heures aux Trois-Fontaines ; tu préviendras tous les charbonniers qui ont des fusils, parce que je compte permettre de tirer sur les animaux qui se déroberont.

Ce qui avait été dit fut fait. Ce second jour on prit un sanglier à son *tiers-an*, et les charbonniers tuèrent une laie et trois bêtes rousses. La meute fit des prodiges qui surpassèrent non-seulement les espérances de La Jeunesse, mais encore ses promesses.

— Demain nous chasserons le chevreuil — dit le marquis pendant la retraite, qui se faisait par une pluie battante — le rendez-vous sera à la Combe-aux-Larrons.

— Mais s'il pleut? — se hasarda de dire La Jeunesse, qui voulait sans doute éprouver l'ardeur de son maître à laquelle il n'osait se fier encore.

— S'il pleut — répondit celui-ci — tu mettras des culottes de velours au lieu de remettre tes culottes de peau ; car lorsque ces dernières sont mouillées, c'est le diable pour les ôter.

La Jeunesse a depuis avoué à mon père qu'en ce moment une pensée horrible traversa son cerveau. Il se dit que madame de Bologne avait bien fait de mourir, car ce devait être elle qui empêchait son mari de chasser.

Le jour suivant, la chasse ne fut pas heureuse. La pluie tombait toujours à torrents ; l'air était chargé d'électricité ; on eut affaire à un vieux brocard qui gagna une lande dans laquelle broutaient quatre ou cinq mille moutons, et, pour comble de malheur, le cheval du marquis s'abattit, et le cavalier se foula le poignet.

— Voilà une mauvaise journée — dit La Jeunesse, comme s'il se parlait à lui-même, mais en parlant cependant assez haut pour être entendu de son maître.

— Celle de demain sera meilleure — reprit froidement mon grand-oncle. — Le rendez-vous sera à l'heure ordinaire au carrefour de l'Homme-Mort.

L'heure ordinaire! La Jeunesse comprit tout ce qu'il y avait d'avenir dans cette expression, et à dater de ce moment il n'eut plus d'inquiétude. Pour achever de le rassurer, M. de Bologne chassa le lendemain le bras en écharpe.

Ceci se passait vers 1770. Mon grand-oncle n'est mort qu'en 1793, presqu'octogénaire. Eh bien ! pendant cette période de vingt-trois années, on ne fut pas *une seule fois* infidèle, *même en pensée,* au programme arrêté le jour du service du bout de l'an de madame de Bologne. Ni les chaleurs accablantes des étés, ni les intempéries engourdissantes des hivers n'apportèrent le moindre obstacle à l'exécution d'un réglement auquel le noble marquis semblait avoir attaché son honneur de gentilhomme. La vieillesse arriva, et avec elle les infirmités ; M. de Bologne dut renoncer à monter à cheval : « Il faudra bien qu'il s'arrête, » disaient ses voisins, depuis longtemps cloués dans leurs fauteuils par la goutte. Il ne s'arrêta pas; seulement les Ardennais furent vendus après avoir été remplacés par une meute de bassets au pied lent, mais à la voix retentissante et à l'odorat infaillible. Si on ne forçait plus comme autrefois, on s'en consolait en tirant au fusil et en étudiant les ruses du gibier, plus maître de son intelligence devant des chiens moins rapides. Mon père me contait en ces termes une de ces chasses à laquelle il assista peu de temps avant son émigration.

« C'était dans l'hiver de 1791. J'arrivai fort tard à Ecot par un temps effroyable. Une neige mêlée de pluie, qui se gelait en tombant, rendait les chemins impraticables, et les chevaux de poste du relais de Chaumont, qui m'avaient amené, s'étaient abattus plus de cinquante fois pendant un trajet de cinq lieues. Je trouvai le marquis de Bologne assis dans sa cuisine devant un grand feu de fagots, auquel on aurait pu facilement rôtir un bœuf. Ses deux pieds, dressés devant l'âtre et débarrassés de leur chaussure, fumaient comme s'ils eussent été placés au-dessus d'une chaudière remplie d'eau bouillante. Entre ses jambes, et couché en rond sur une couverture de laine, un basset noir marqué de feu fumait aussi, ce qui ne l'empêchait pas de grelotter. A droite et à gauche de la cheminée se tenaient debout le successeur de La Jeunesse et son valet de chiens, jeune drôle bien découplé, qui brisait sur son genou un pain d'orge large et épais comme une meule de moulin.

» — Prenez garde, monsieur le comte — me dit le domestique qui était venu me recevoir à l'entrée du vestibule et qui m'introduisait dans la cuisine.

» En prononçant ces mots, il baissa la chandelle dont il s'était servi pour m'éclairer, et je vis sur les dalles deux masses noires dans lesquelles je me serais jeté sans l'avertissement que je venais de recevoir. C'étaient deux énormes sangliers qui avaient, ce jour-là, payé le tribut à la passion toujours jeune du marquis de Bologne.

» — Ah! te voilà, mon ami — me dit-il en me tendant la main — sois le bien-venu; mais il faut que tu aies le diable au corps pour courir la poste par un temps pareil.

» — Il paraît — lui répondis-je en l'embrassant — qu'il ne vous a pas empêché d'aller à la chasse.

» — Oh! c'est différent : pour chasser il est magnifique : tu en jugeras toi-même demain. Marcassin, — continua-t-il en se tournant du côté de son piqueur — puisque mon neveu est arrivé, il faudra tâcher de détourner un cerf : ce sera facile, puisque le livre des ânes est ouvert.

» *Le livre des ânes est ouvert*, cela voulait dire que, la terre étant couverte de neige, on n'avait pas besoin d'une grande intelligence pour reconnaître le gibier.

» Le lendemain matin, à la pointe du jour, je descendis dans la salle à manger : mon oncle y arrivait en même temps que moi, et mon exactitude parut le charmer.

» — Nous aurons une magnifique journée — me dit-il en s'approchant d'une fenêtre — tu verras comme mes petits bassets vont bien.

» J'appuyai mon visage contre une des vitres pour savoir ce que mon oncle appelait une magnifique journée, et si je l'avais moins connu, j'aurais pu facilement croire qu'il se moquait de moi. Le ciel était couleur de plomb, et paraissoit si bas qu'on aurait cru pouvoir le toucher avec la main. La vue, bornée par les montagnes boisées qui entouraient le château, ne rencontrait que des sentiers transformés en torrents à moitié glacés, des arbres qui pliaient sous la neige dont leurs rameaux étaient chargés, et des taillis qui semblaient sortir du sol fangeux d'un marais. Une pluie fine, mais serrée, tombait avec un aplomb qui promettait de la durée, et qui faisait naître la réflexion qu'en s'y exposant seulement pendant une heure, on serait mouillé comme si on était tombé dans la rivière.

» — Il y a un peu de brouillard — me dit mon oncle qui devina sans doute ma pensée — mais j'en suis enchanté, parce que cela me donne la certitude qu'il n'y aura pas de vent.

» Comme on ne pouvait rien opposer à cette manière énergique d'envisager les choses, et qu'il eût d'ailleurs été honteux à un homme de quarante ans de paraître redouter ce qui n'effrayait pas un vieillard, je pris mon parti de bonne grâce et j'eus l'air d'être de l'avis de mon oncle. Puis nous nous approchâmes d'une table autour de laquelle il n'y avait pas de chaises, et après avoir mangé quelques tranches d'un excellent jambon de Westphalie, que nous arrosâmes avec une bouteille de Sauterne qui devait avoir l'âge du châtelain, nous nous rendîmes dans la cour.

» Nous y trouvâmes le valet de chiens que j'avais vu la veille au soir dans la cuisine. Il contenait à grand'peine une douzaine de bassets hardés ensemble, et tous si pareils que s'ils eussent été immobiles on les eût crus coulés en bronze dans le même moule. Aussitôt qu'ils aperçurent mon oncle ils vinrent à lui, entraînant à leur suite le valet de chiens, qui ne cherchait plus à s'opposer à leurs efforts. A quelques pas en arrière se tenaient deux autres personnages dont je ne compris pas immédiatement les fonctions. L'un portait une hotte recouverte d'une épaisse serge verte ; l'autre était placé à la tête d'un mulet, sur le dos duquel je distinguai assez confusément une espèce d'appareil qui ressemblait à la boutique d'un chaudronnier ambulant.

» — Comment va Ramoneau ce matin ? — demanda mon oncle à l'homme qui portait la hotte.

» — Ses douleurs l'ont fait crier toute la nuit, Monsieur le marquis ; mais *sur le jour* je l'ai frotté d'eau-de-vie camphrée, et il a bien mangé sa soupe.

» — Eh bien ! partons — reprit mon oncle — je suis sûr que Marcassin est déjà au rendez-vous.

» Nous voilà donc en chemin, et quoiqu'il n'y eût qu'un qart de lieue pour aller à ce rendez-vous, il nous fallut près d'une heure pour le faire. Cependant ce n'était pas mon oncle qui nous retardait, car il ne quittait pas la tête de la petite colonne, sans qu'il y eût de la part d'aucun de nous la moindre flatterie. Son pas était celui d'un homme de trente ans vigoureux.

» Tout en cheminant tant bien que mal, glissant sans cesse, trébuchant souvent, tombant quelquefois, mon oncle me faisait des récits de chasse sur lesquels je n'avais pas le moindre doute, tant je savais de quoi le personnage était capable, mais que je n'oserais pas transmettre à ceux qui ne l'ont pas connu. Le total du registre sur lequel il inscrivait ses triomphes suffirait à lui seul pour faire crever d'envie tous vos chasseurs d'aujourd'hui (je fais observer que c'est toujours mon père qui parle). Le chapitre des sangliers pour l'année 1789 portait au bas de la dernière page le chiffre 144. Le surplus était à l'avenant.

» Le nom du vieux La Jeunesse revenait souvent dans les narrations de mon oncle, et il était toujours accompagné d'un mot d'éloge ou d'une expression de regret. « Quel homme ! me disait-il : il n'y avait pas un chêne dans les trente ou quarante mille arpents de bois qui m'entourent, au pied duquel il n'eût... rendu un petit hommage à sa gourde. Le soir même de sa mort il n'était tourmenté que de l'idée que son enterrement empêcherait la chasse du surlendemain ; mais je le rassurai en lui disant que j'avais déjà parlé au curé, et qu'il était convenu que la cérémonie se ferait dès le matin. Cette promesse fut sa dernière joie dans ce monde. »

» Comme nous traversions une petite vallée pressée entre deux hautes montagnes, transformées ce jour-là en blocs de glace, mon oncle s'arrêta (je crois qu'il avait besoin de reprendre haleine) et il me dit :

» — Cet endroit me rappelle une circonstance assez bizarre de ma vie. C'est ici que j'ai commandé à une bande de brigands.

» — Comment cela ? — lui demandai-je.

» — C'était en 1754, pendant un de mes semestres. Je revenais un soir de la chasse avec La Jeunesse, lorsqu'en descendant ce chemin que nous allons monter, nous aperçûmes, à la place même où nous sommes, une troupes de trois à quatre cents hommes, à figures terribles, armés jusqu'aux dents et vêtus de mille façons toutes plus bizarres les unes que les autres. Ils étaient rangés en ligne de bataille, et exécutaient avec des fusils de tous les calibres des mouvements d'exercice qui leur étaient ordonnés par un homme à cheval qui paraissait leur chef.

» Nous nous arrêtâmes, **La Jeunesse** et moi, ce qui du reste nous fit grand plaisir, car nous apportions sur nos épaules, depuis la forêt de Clefmont, un ragot de 190 livres. Un de nos chiens étonné de voir cette foule dans un lieu ordinairement désert, se mit à hurler ; à ce bruit l'individu qui paraissait le chef tourna la tête, mit son cheval au galop et vint droit à nous.

» — Ne seriez-vous pas le marquis de Bologne? — me dit-il d'un ton parfaitement poli, en ôtant son chapeau avec toute la bonne grâce d'un gentilhomme accompli?

» Je répondis affirmativement.

» — Je sais — continua-t-il — que vous êtes un des meilleurs officiers des armées du roi, et vous m'obligeriez si vous vouliez bien faire manœuvrer mes gens pendant quelques minutes. J'ai un peu oublié tout cela, et les drôles ne veulent pas m'écouter.

— A qui ai-je l'honneur de parler ? — demandai-je au cavalier, qui était un beau garçon, ma foi.

» — Je suis la terreur de la gabelle, l'effroi des douaniers... mon nom est Mandrin.

» — Comment donc, monsieur Mandrin! Mais je suis enchanté de vous voir et je serai trop heureux de vous être agréable : et laissant mon sanglier sous la garde de La Jeunesse, je me présentai hardiment sur le front de cette bande de coquins, et je la fis manœuvrer pendant une bonne demi-heure; puis nous nous séparâmes les meilleurs amis du monde. Le lendemain on trouva sur la table de la cuisine, sans savoir qui les avait apportés là, deux paquets, l'un très-gros et très-lourd à mon adresse, l'autre petit et léger à l'adresse de ma pauvre femme. Le premier contenait douze livres d'excellent tabac de contrebande, le second une pièce de magnifique dentelle d'Angleterre : c'étaient deux témoignages de la reconnaissance de Mandrin. Ma foi ! — ajouta mon oncle qui n'aimait pas la Révolution — les brigands de ce temps-là valaient mieux que les honnêtes gens d'aujourd'hui.

» Ce dernier récit finissait à peine, que nous arrivions au rendez-vous : Marcassin y était déjà.

» — Eh bien ! — lui dit mon oncle.

» — J'ai remis un cerf et une biche dans les taillis du Boucard : il faudra placer monsieur le comte à la queue de l'étang de Ragny.

» On se remit en marche. L'homme portant la hotte et l'homme conduisant le mulet suivaient toujours.

» Dans le trajet, je m'étais approché plusieurs fois du premier et j'avais cru entendre des grognements sourds sortir du fond de la hotte. Il m'avait semblé aussi qu'une vapeur appétitive s'échappait de l'appareil mystérieux que portait le mulet.

» Marcassin, qui marchait le premier, s'arrêta : il venait de rencontrer l'endroit où rentraient ses animaux.

» Mon oncle vérifia la brisée ; puis il donna quelques ordres à Marcassin qui devait découpler les bassets, et nous partîmes, lui, l'homme portant la hotte et moi, pour nous porter sur le passage présumé de la chasse. Au bout de vingt minutes, nous entendîmes sonner la quête, ensuite quelques cris de chiens se firent entendre, et bientôt une explosion de voix annonça le lancer. Presque au même moment, nous vîmes un cerf et une biche franchir le chemin à quarante pas de nous; mon oncle courut à cet endroit où il arriva avant la meute. Il tira un petit fouet de ses longues guêtres de peau, et quand les douze bassets se présentèrent pour passer, il les arrêta par un seul claquement du petit fouet.

» — Qu'allez-vous faire? — lui demandai-je.

» — Faire goûter la voie à mon vieux Ramoneau : nous pourrons avoir besoin de lui pour relever un défaut ou pour débrouiller un change.

» L'homme à la hotte s'avança, mon oncle leva la couverture de serge verte, et j'aperçus au fond de l'osier une masse noire qu'on aurait crue inerte sans le chatoiement de deux yeux qui brillaient comme des escarboucles.

» Mon oncle saisit la masse noire, la tira de la hotte, et je reconnus le vieux basset que j'avais vu la veille se chauffer dans la cuisine entre les jambes du marquis de Bologne. C'était Ramoneau!

» On le mit à terre, non sans peine, car le pauvre animal, abîmé de rhumatismes, poussait d'affreux gémissements aussitôt qu'on le pressait un peu fort; mais il n'eut pas plutôt touché le sol et senti les émanations du couple qui venait de passer, qu'il se mit à ramper avec une ardeur inouïe sur ses quatre jambes paralysées, en faisant entendre des aboiements qui ressemblaient à la toux d'un asthmatique.

» — En voilà assez — dit mon oncle — il cns ait maintenant plus que nous; et, faisant un geste de la main, les douze bassets, qui attendaient non sans impatience la fin de cette cérémonie, repartirent en criant comme des démons. Mon oncle, moi et Ramoneau, réintégré dans sa hotte, nous nous dirigeâmes du côté de la queue de l'étang de Ragny.

» Comme nous en approchions, mon oncle, qui s'était arrêté un instant pour écouter, me dit brusquement :

» — Cours vite droit devant toi pendant quatre cents pas environ, et quand tu verras à ta gauche un gros poirier tout habillé de lierre, tu t'arrêteras. Ton fusil ne tardera pas alors à nous donner de tes nouvelles.

» Je suivis ce conseil, et je n'étais pas depuis cinq minutes blotti derrière mon poirier, que j'entendis venir le cerf et la biche qui ne s'étaient pas séparés encore. Quand ils furent à portée, je tirai sous le couvert, et la biche tomba percée d'une balle dans le flanc.

» — Maladroit ! — me dit mon oncle qui vit bondir le cerf. — Du reste, tant mieux — ajouta-t-il — c'est un bon prétexte pour continuer la chasse.

» Le cerf, débarrassé de sa compagne, fit une pointe de deux lieues, au bout de laquelle il se mêla à une harde de ses semblables. Les bassets, auxquels la terre inondée et gelée ôtait une partie de leurs moyens olfactifs, prirent le change sur une troisième tête. Mon oncle s'en aperçut le premier ; il tira une seconde fois le petit instrument de correction de sa guêtre et Ramoneau de sa hotte, et après une heure de recherche, l'animal de meute fut remis sur le pied. Il est inutile de dire que ce fut Ramoneau qui le retrouva.

» Le cerf revint à l'étang de Ragny. Mon oncle qui s'en était douté l'y attendait, et à quatre-vingt-dix pas, il lui logea une balle au-dessus de l'œil gauche.

» Il pouvait être trois heures de l'après-midi, et il y

en avait sept que nous marchions sans nous arrêter; de plus, il nous en fallait au moins deux pour revenir au château.

» — Marcassin, fais servir le dîner — dit mon oncle.

» Marcassin sonna deux ou trois appels qui firent venir le mulet et son conducteur.

» Celui-ci découvrit deux grands paniers qui étaient attachés aux flancs de sa bête; puis il en tira successivement une vaisselle d'argent complète, des verres, du pain, des bouteilles de vin et le reste du jambon qui avait servi à notre déjeuner. Quand tout cela fut placé sur une nappe de peau de cerf, il demanda à mon oncle s'il fallait *tremper la soupe.*

» Mon oncle fit un geste affirmatif; l'homme retourna à son mulet, qu'il acheva de débarrasser en enlevant de dessus son dos un appareil dans lequel cuisait à petits bouillons, depuis le matin, une excellentissime soupe aux choux.

» Nous eûmes un dîner qui me parut le meilleur que j'eusse fait de ma vie : toutefois il n'empêcha pas mon oncle de souper copieusement le soir.

— » Cela se répétait trois cent soixante-quatre fois par an — ajouta mon père en terminant le récit que je viens de transcrire.

» Quand le samedi saint arrivait, mon oncle ne manquait jamais de dire :

» — Comme Pâques est venu vite cette année. »

Trois ans après cette visite de mon père, mon pauvre grand-oncle, malgré ses quatre-vingts-hivers et sa vie inoffensive, fut arrêté au moment où il partait pour la chasse; on le fit monter en charrette et on le conduisit à Paris. Le *Moniteur* du temps vous dira le reste.

III

Une chasse au chevreuil. — Une retraite aux flambeaux.

Le château de Sully, qu'habite le marquis de Mac-Mahon, n'est séparé de celui que je possédais alors que par une distance de cinq à six lieues, et cependant mes relations de voisinage avec le propriétaire se bornaient à l'échange de quelques phrases de politesse, quand nous nous rencontrions dans le monde à Paris. Nos pères s'étaient beaucoup connus autrefois; mais l'âge, les circonstances, une disproportion assez notable dans les fortunes les avaient séparés, sans toutefois les rendre étrangers l'un à l'autre, car ils se retrouvaient toujours avec plaisir; il y avait donc pour leurs enfants des causes de rapprochements qui n'attendaient qu'une bonne occasion. Voici comment elle se présenta :

Chaque année, à l'époque de la Saint-Jean, la ville de Châlons-sur-Saône est le théâtre d'une foire célèbre dans le pays, qui attire, soit de la province, soit des provinces voisines, une prodigieuse affluence de curieux. Les personnes qui ont des chevaux à acheter; celles (et c'est le plus grand nombre) qui espèrent en vendre; les campagnards, fanatiques de spectacles; les oisifs, toujours prêts à saisir une occasion de changer de place, arrivent de tous les côtés, s'entassent comme ils peuvent dans trois ou quatre auberges assez bonnes, et passent un temps qui varie entre un jour et une semaine, à flâner, à maquignonner, à applaudir des danseuses de corde, et à prendre des glaces dont la température moyenne flotte entre cinq et six degrés... *au-dessus* de zéro. Les gens qui n'ont pas l'occasion de se voir ailleurs se rencontrent là; ceux qui ne se salueraient nulle part s'y serrent la main; tout le monde y paraît gai, loyal et prévenant; c'est, en un mot, une sorte d'âge d'or, pendant lequel, à cela près qu'on *enrosse* sans le moindre scrupule son meilleur ami, toutes choses se passent le plus agréablement du monde.

Ces circonstances réunies et invariables avaient un attrait particulier pour moi, et j'aurais regardé comme un malheur tout événement, quelque heureux qu'il fût d'ailleurs, qui m'aurait empêché de me montrer au joyeux rendez-vous. Quand les raisons me manquaient, j'imaginais des prétextes, je renvoyais à un autre moment les affaires pressantes de cette époque; bref, pour être toujours en mesure, chaque année régulièrement, du 1ᵉʳ au 15 juin, je me disais que mes chevaux ne valaient plus rien et qu'il était temps de les changer.

Nous avions, le marquis de Mac-Mahon et moi, un ami commun qui allait chez lui, qui venait chez moi, et auquel il n'était pas commode que nous n'allassions pas l'un chez l'autre. Il eut la très-excellente idée de profiter de la foire de Châlons pour nous mettre en rapports. Il s'y prit bien, nous étions parfaitement disposés, et la chose s'arrangea sans difficulté, comme tout ce qui n'est pas prévu d'avance.

Après quarante-huit heures passées dans la même auberge, j'engageai le marquis et son frère à s'arrêter chez moi en retournant chez eux. Il fallait pour cela qu'ils fissent un détour de quelques lieues ; mais que ne fait-on pas pour une nouvelle connaissance ? Ils vinrent donc ; je leur donnai un médiocre déjeuner, offert de bon cœur, et nous ne nous séparâmes qu'après que le marquis m'eut promis qu'il reviendrait le 20 septembre avec son équipage de chasse, et qu'il me donnerait une semaine.

J'avais entendu faire des récits qui me semblaient alors fabuleux sur la manière de chasser du marquis de Mac-Mahon : ce n'étaient que sangliers forcés en deux heures, chevreuils étouffés en quarante minutes, chiens rapides comme des lévriers et *criants* comme des bassets à jambes torses ; c'était aussi un certain piqueur, nommé Racot, qui surpassait en adresse, en intelligence, en détermination, toutes les célébrités de son espèce. Comme il est dans la nature humaine d'admettre difficilement la supériorité en quelque genre que ce soit, je n'étais qu'à demi convaincu de toutes ces merveilles, et j'attendais avec impatience le moment où je pourrais dire : « Je savais bien qu'il y avait de l'exagération. »

Le 19 septembre de l'an de grâce 1834, sur les cinq heures de l'après-midi et par un temps magnifique, un phaëton attelé de deux chevaux de poste montait rapidement l'avenue de mon château. Il amenait le marquis Charles de Mac-Mahon, le comte Joseph son frère, et, ce qui était de toute justice, l'ami qui nous avait mis en bons rapports. Derrière le phaëton galopaient deux domestiques conduisant quatre chevaux ; la meute, composée de quarante bâtards anglais, prenait en même temps ses quartiers dans un cabaret du village, sous la garde du grand Racot, dont la renommée m'était presque aussi importune que celle du juste Aristide l'était pour les Athéniens.

J'avais réuni chez moi quelques amis, bons compagnons et chasseurs déterminés : c'était le comte de Baussancourt, le comte de Pracomtal, le baron de Saint-Pierre, Gustave de Larifaudière et quelques autres dont les noms ne me reviennent pas en ce moment. La soirée fut gaie ; on causa de tout excepté de chasse : les vrais chasseurs comme les vrais amoureux ne parlent jamais de l'objet de leur passion ; ils se contentent de l'adorer dans le silence de leur cœur.

Le rendez-vous du lendemain était à un endroit nommé le Chêne-Égraffiné, et nous y étions tous réunis à neuf heures du matin. Nous y trouvâmes MM. Charles et Arthur de Vaublanc, voisins de campagne que j'avais fait avertir la veille, et M. Gustave de Beuverand, vieil ami que je chérissais et que je chéris encore comme un frère. Les deux premiers étaient montés sur des carrossiers danois, qui auraient été enchantés que mes doutes sur la vitesse des bâtards anglais devinssent des réalités.

La meute était là, tout à la fois impatiente et docile, et j'avoue que le premier coup-d'œil ne lui fut pas favorable. Il y avait des chiens gigantesques comme des levriers de Sibérie, et d'autres trapus comme des brouets de dévotes ; les uns avaient le nez court et les oreilles pendantes, les autres, le museau pointu et les oreilles écourtées ; ceux-ci étaient blancs et orangés ; ceux-là, blancs et noirs ; deux ou trois tigrés comme des épagneuls vulgaires : tous paraissaient ardents et vigoureux.

Racot, qui avait été faire le bois, revint accompagné de mon fidèle Henri, excellent garde-chasse dont il sera souvent question dans mes mémoires, si jamais je les écris ; ils avaient remis un brocart, et leur brisée n'était pas à dix minutes de marche de l'endroit où nous nous trouvions : ce fut une bonne nouvelle pour tout le monde, et en particulier pour les danois de MM. de Vaublanc.

Je me fis présenter à Racot, qui m'accueillit avec une sorte de dignité familière dont je fus charmé, et je remarquai tout de suite en lui tous les signes caractéristiques auxquels on reconnaît les génies supérieurs. Je le trouvai calme, réservé, sobre de paroles, attentif à tout sans être absorbé par rien, et surtout prodigieusement clair et positif dans les ordres qu'il donnait à son valet de chiens. Celui-ci, qu'on nommait La Jeunesse, gardait devant son chef l'attitude respectueuse d'un adorateur du grand Lama en présence de son idole. C'était d'ailleurs, envers tout le monde, l'homme le plus poli que j'eusse encore rencontré : à quelque distance et à quelque allure qu'on passât devant lui, il ôtait son chapeau. Je me souviens de l'avoir vu saluer des veneurs qui franchissaient une route à six cents mètres de sa coiffure. S'il se montrait à Paris avec ces façons-là, on le prendrait certainement pour l'ombre d'un courtisan du dix-septième siècle déguisé en piqueur du dix-neuvième.

Je reviens à mon récit. Le temps était admirable pour les amoureux, pour les poètes, pour la promenade, pour la pêche à la ligne, pour tout enfin, excepté pour la chasse à courre. Le ciel était caniculaire ; le sol, brûlé par une sécheresse de quarante jours, pouvait lutter d'aridité avec les rives peu fleuries du Niger ; une brise du sud-ouest, énervante comme le siroco, agitait les branches supérieures des grands arbres et soulevait la poussière des chemins ; et, pour dernier inconvénient, des myriades de champignons en putréfaction couvraient la terre, et répandaient une odeur pénétrante et nauséabonde qui devait affecter désagréablement les odorats subtils de la meute qu'on allait découpler.

En dépit de ces difficultés à vaincre, l'attaque fut magnifique. Racot, auquel je m'étais hasardé de demander s'il ne voulait pas faire un relai, m'avait répondu par un de ces sourires qui n'illuminent jamais que les fronts des vainqueurs, de sorte que les quarante chiens furent découplés à la fois. Pendant quelques minutes ils parcoururent le taillis en silence, puis une petite voix, aiguë comme la plus haute note d'un fifre, se fit entendre, quelques sons de trompe l'appuyèrent, d'autres voix lui répondirent, et bientôt la fanfare du chevreuil, qui suivit immédiatement celle du *lancer*, annonça que l'animal détourné était sur pied.

Je tirai ma montre, elle marquait dix heures cinq minutes ; cela fait, je mis mon cheval au galop pour gagner une large avenue que la chasse devait nécessairement traverser. Je vis en effet le chevreuil bondir ; la meute était à dix pas derrière lui.

— Ils n'iront pas longtemps comme cela — me dit mon garde Henri, qui se trouva sur mon chemin. — Le soleil est ardent, la terre est mauvaise; avant une demi-heure il y aura un défaut qu'on ne pourra jamais relever.

Je passai, car déjà les voix des chiens moins distinctes, les *bien-aller* plus faibles m'annonçaient que je ne devais pas perdre un instant si je ne voulais pas ne plus revoir la chasse. Tous mes amis avaient pris des partis différents, suivant leurs inspirations : ma parfaite connaissance du pays me mit à même d'en diriger quelques-uns que je rencontrai courant à droite et à gauche, et qui n'eurent pas à se repentir d'avoir suivi mes pas et mes conseils.

Le chevreuil fit une pointe d'une lieue avec une rapidité fantastique. Je crus qu'il allait débucher dans les vastes plaines que traverse la Saône ; mais, serré de près par la meute, il n'osa pas prendre ce parti qui exigeait une vigueur qu'il ne se sentait plus. Il revint donc sur ses pas plus vite encore qu'il n'était allé, franchit l'enceinte dans laquelle nous l'avions lancé, et traversa à la nage un petit étang qui longeait un des côtés de cette enceinte : les chiens auraient pu le lécher, il eût été facile à Racot de caresser ses chiens, car le drame se jouait dans un espace de quarante pieds carrés.

— C'est singulier — me dit Henri — que je trouvai sur la chaussée de l'étang — cet animal se fait battre comme un lièvre.

— Comment ! il se fait battre ! tu ne sais ce que tu dis : nous arrivons du fond des bois de Gergy.

Henri me regarda avec des yeux effarés. Il m'a avoué le lendemain qu'il s'était imaginé que l'ardeur du soleil m'avait rendu fou.

— Vos chevaux ont bien supporté cette course — dis-je à MM. de Vaublanc, que je rejoignis en ce moment : — cela leur fait honneur.

— De quelle course parlez-vous — me dirent-ils ! — nous n'avons pas bougé d'ici et nous avons parfaitement vu toute l'attaque. Maintenant nous allons suivre : ces chiens ne vont pas aussi vite qu'on le dit : tenez, les voilà déjà en défaut.

Sur ce dernier point ils ne se trompaient pas : à sa sortie de l'eau la meute avait perdu la trace du chevreuil, et il s'agissait de la retrouver ; Racot s'en occupait avec un calme que je prenais pour du découragement.

Une courte description des lieux fera mieux comprendre ce qui me reste à dire. Les chiens avaient mis bas dans une jeune taille d'une quarantaine d'arpents qui aboutissait d'un côté sur l'étang dont j'ai parlé, et de l'autre sur une petite plaine de cinq ou six cents pas de large, au bout de laquelle la forêt recommençait. Évidemment le chevreuil était entré dans cette taille en quittant l'eau, puisque Racot l'avait accompagné jusque sous le couvert ; s'y était-il rasé, ou l'avait-il traversée ? Telle était la question. Le sol interrogé attentivement, n'offrait aucune trace du passage de l'animal ; es chiens quêtaient mollement et revenaient à chaque nstant se désaltérer dans l'étang ; Racot et La Jeunesse avaient mis pied à terre et fouillaient les buissons ; moi j'avais la conviction que la chasse était manquée, mais je m'en consolais en songeant que mon incrédulité aurait raison : c'est une si bonne espèce que l'espèce humaine !

— Que fait donc ce chien ? — dis-je à Racot — il a l'air en arrêt.

Racot regarda dans la cépée que je lui désignais du bout de mon fouet ; puis je le vis jeter sa casquette et sa trompe, se baisser, saisir quelque chose, le tirer à lui, et j'aperçus alors un superbe brocard, parfaitement vivant et debout sur ses quatre jambes un peu raides.

— La Jeunesse ? — cria-t-il — sonne l'hallali sur pied et amène les chiens.

J'étais stupéfait, mais je me gardai bien de le laisser voir : mon étonnement eût trahi l'admiration que je voulais cacher, parce que je trouvais plus poli de faire croire que je m'attendais à ce qui arrivait.

La petite plaine était à vingt-cinq pas : on y conduisit le chevreuil : tous les chasseurs s'y réunirent ; la meute rassemblée fut tenue sous le fouet de La Jeunesse ; il avait été décidé que la chasse n'était pas finie.

Racot lâcha le chevreuil qui s'élança suivi de tous les chiens. Le pauvre animal courut pendant une centaine de toises, puis il tomba pour ne plus se relever.

Les trompes sonnèrent l'hallali par terre.

Je tirai ma montre, il était onze heures : en y comprenant le défaut qui avait duré un quart d'heure, cela faisait en tout cinquante-cinq minutes.

— Ce chevreuil était nouvellement marié — grommela mon garde, sans égard pour l'histoire naturelle.

3.

— Quelle charmante manière de chasser! — dirent MM. de Vaublanc en caressant la puissante encolure de leurs danois, aussi calmes que la monture du bon roi qui décore le Pont-Neuf. — En vérité, c'est une grande duperie que d'avoir des chevaux de selle.

A mon retour au château je trouvai le comte d'Archiac qui venait m'engager à passer quelques jours chez lui avec toutes les personnes qui étaient chez moi. Il avait à nous offrir, outre l'attrait de son élégante et gracieuse hospitalité, une chasse au sanglier dans la magnifique forêt de Cîteaux, voisine de sa terre. Son invitation fut acceptée avec joie et reconnaissance et il fut décidé que nous arriverions chez lui le lendemain pour dîner.

Il est inutile de dire que nous fûmes exacts comme des chasseurs. A l'heure convenue nous mettions pied à terre dans la cour du château d'Argilly ; le châtelain nous attendait sur le perron.

Sa réception cordiale est un de mes plus doux souvenirs. Politesse exquise et cependant facile ; empressement naturel ; bonne grâce et bonhomie ; recherche et simplicité, nous trouvâmes tout réuni dans une habitation où le *confort* de notre époque s'alliait aux habitudes larges de l'hospitalité du bon vieux temps.

Le programme du lendemain avait été réglé par notre hôte, c'est dire qu'il n'y manquait rien. On devait chasser le matin le sanglier promis, et, après la chasse, aller déjeuner vers les deux heures chez M. de Boullogne, propriétaire de la royale habitation de Cîteaux.

Tout cela faisait beaucoup de choses pour un seul jour ; mais la chasse miraculeuse de la veille avait monté toutes les têtes, et nous disions que, quoi qu'il pût arriver, le sanglier serait forcé au plus tard à midi, et qu'alors nous serions rendus à Citeaux à l'heure fixée. Nous tenions d'autant plus à être exacts, que M. de Boullogne avait engagé des femmes à déjeuner avec nous, et tout chasseurs que nous étions, il ne nous semblait pas convenable de les faire attendre.

Le lendemain, à six heures de l'après-midi, au moment où le soleil se couchait, nous arrivions à Citeaux, après une des plus laborieuses chasses qu'on puisse imaginer. On avait déjeuné depuis longtemps, et il ne fallut rien moins que le récit poétique et animé de toutes nos aventures de la journée, pour nous faire pardonner un retard qui accusait à bon droit notre galanterie. Le maintien de M. de Boullogne était solennel. On voyait qu'il nous en voulait de n'avoir pas partagé avec lui la douce tâche de faire les honneurs de sa maison à cinq ou six femmes charmantes, qui paraissaient cependant s'être fort peu préoccupées de notre absence, indulgence qui n'était peut-être qu'une manière ingénieuse et toute féminine de nous punir de notre manque de courtoisie. Encore si nous avions eu à alléguer l'excuse d'un triomphe! Mais non! nous étions tombés sur la famille de sangliers la plus unie, la plus patriarcale qu'on eût jamais vue, de mémoire de chasseurs. Quand l'un de ses membres, fatigué, harcelé, était au moment de se rendre, un autre prenait sa place, et les chiens, trompés par l'uniformité des parfums qui s'exhalaient des voies, passaient sans scrupule de l'animal sur ses fins à celui qui se dévouait pour le sauver. Ce manége, répété une douzaine de fois, avait mis sur les dents la meute et les chevaux, le tout sans résultat.

Malgré cet échec, et peut-être à cause de lui, notre hôte finit par reprendre toute sa bonne humeur. Le déjeuner, qui n'avait eu affaire qu'à des appétits féminins, était resté presque intact, et nous y fîmes honneur avec un empressement qui acheva de nous rendre les bonnes grâces du maître de la maison. Tout ce qui était froid et qui aurait dû être chaud, fut proclamé par nous bouillant ; le vin de Champagne, naguère à la glace, était devenu tiède ; nous déclarâmes qu'on ne le frappait pas aussi bien au café de Paris. Après le *déjeuner,* nous admirâmes, avec une sincérité de meilleur aloi, les beaux arbres du parc, poétiquement éclairés par les dernières lueurs du crépuscule ; nous visitâmes un théâtre sur lequel mademoiselle Duchesnois avait jadis joué la tragédie et la comédie. Nous eûmes même le bon goût de demander à examiner une fabrique de sucre indigène, et nous fîmes des raisonnements à perte de vue pour prouver la supériorité de la betterave sur la canne à sucre. J'ai souvent regretté depuis que la chambre des députés n'ai pas eu là un de ses sténographes pour recueillir nos lumineuses improvisations.

Enfin, il fallut songer à la retraite, car la nuit était venue depuis longtemps, et pour retourner à Argilly, où nous étions attendus *pour dîner*, nous avions encore deux grandes lieues à faire, toujours dans les bois, par des chemins affreux et sur des chevaux exténués. Les pauvres bêtes furent amenées à la porte du vestibule ; nous les enfourchâmes avec l'agilité affectée et incertaine de gens qui ont été bien abreuvés, et après avoir salué notre hôte par une triple salve d'acclamations, nous nous plongeâmes résolument dans la plus sombre des plus longues avenues de la forêt de Cîteaux.

Nous cheminions en silence et lentement, à chaque instant frappés au visage par les branches qui formaient une voûte sur nos fronts, lorsque le cri de : Halte ! retentit à la tête de notre petite colonne. Nous obéîmes machinalement, et quand nous fûmes au repos, le jeune vicomte Olivier d'Archiac nous avoua que, tandis que nous admirions la sucrerie de M. de Boullogne, il avait songé à la sécurité et au pittoresque de notre retour. Accompagné de Rostaing de Pracontal, il avait parcouru les différentes pièces du château, faisant main-basse sur toutes les bougies et sur toutes les chandelles qu'il avait pu trouver. Ses poches, ses bottes en étaient bourrées; sa poitrine en était farcie; enfin, nous pouvions en avoir chacun une, et même la renouveler lorsqu'elle serait finie ; et cependant nous étions douze.

Cette confidence fut reçue avec de grands applaudissements, comme on peut l'imaginer. Aussitôt on battit le briquet, les fumeurs avaient des allumettes chimiques, et en moins de cinq minutes les chênes séculaires de la forêt de Cîteaux purent croire à une distraction de l'aurore.

La clarté ramena la joie, et celle-ci chassa la fatigue. Nos chevaux égayés dressèrent les oreilles et marchèrent plus légèrement; nous, de silencieux que nous étions, nous devînmes bavards; on me demanda une chanson : je la choisis bonne, et tout le monde fit chorus avec moi.

Cette retraite aux flambeaux à travers les bois, avait quelque chose de vraiment féerique. Quand nous marchions à ciel découvert, la lumière, perdue dans un plus grand espace, devenait faible et tremblotante, et alors nous apercevions les étoiles qui brillaient au-dessus de nos têtes; quand nous suivions une allée ombreuse, la clarté plus concentrée était plus vive, et le feuillage étincelait comme s'il eût été frappé par les rayons du soleil. Nos chants eux-mêmes, rendus plus éclatants par le silence de la nuit, avaient quelque chose de grandiose, qui contrastait de la manière la plus originale avec les paroles burlesques qu'ils redisaient. Je ne sais si je me trompe, mais il me semble qu'aucun des acteurs de cette scène ne pourra jamais l'oublier.

Notre entrée à Argilly fit le plus grand effet. Un excellent souper nous y attendait.

Pendant que nous lui faisions fête, comme si nous n'avions pas déjeuné si tard, M. de Boullogne allait se coucher sans lumière, car Rostaing de Pracontal n'avait pas même respecté l'humble bougeoir du noble châtelain de Cîteaux.

IV

Denis.

En novembre 1770, mon père avait été invité par le digne abbé des Bernardins de La Ferté, à venir faire la Saint-Hubert dans les magnifiques forêts dépendantes de la communauté. Lui, ses gens, ses chevaux et ses chiens devaient être royalement hébergés à l'abbaye pendant quatre ou cinq jours, et il y avait certitude que les chasses seraient belles, car les bois étaient peuplés de cerfs, de chevreuils et de sangliers, et les bons religieux ne donnaient qu'à leurs meilleurs amis le droit de découpler dans les limites de leurs vastes domaines. Je pourrais peut-être intéresser quelques-uns de mes lecteurs en leur décrivant la réception qui fut faite à mon père ; mais il faudrait pour cela parler d'un moine aussi bon cuisinier que feu Carême, de glorieuse mémoire ; confier à notre siècle railleur et désenchanté, que les Bernardins de La Ferté avaient des viviers où l'on pêchait à volonté des carpes de trente livres et des brochets de quinze, lesquels étaient mis en matelotte ou au bleu dans du vin de Chambertin presque centenaire ; il faudrait enfin avouer que les joies honnêtes de ce monde n'étaient pas inconnues à des hommes qui aspiraient aux béatitudes de l'autre, et l'on m'accuserait peut-être de vouloir jeter du ridicule sur des choses que je regrette trop vivement pour ne pas les respecter beaucoup. Mes lecteurs auront donc la bonté de se contenter de l'assurance que je leur donnerai, que mon père, en revenant de La Ferté, gronda régulièrement deux fois par jour son cuisinier, pendant une semaine, et qu'il chargea son budget de l'année 1771, d'une dépense extraordinaire de cinquante louis au profit de sa cave.

Le premier jour de chasse on attaqua un vieux cerf dix-cors qui fit une magnifique et longue défense. Mon père, qui avait confié l'ardeur de ses dix-huit ans à une jument limousine de première vitesse, ne fut pas peu surpris de voir qu'un jeune gaillard, moins âgé que lui de deux ou trois ans, s'était attaché à ses pas et ne le perdait presque jamais de vue, malgré la rapidité de la course et les difficultés nombreuses du terrain. Le petit drôle avait allégé ses pieds en faisant passer ses sabots dans ses mains ; et, bravant les cailloux des sentiers et les ronces des taillis, il gambadait derrière mon père avec une vigueur et une agilité qui tenaient du prodige. Il y eut plusieurs débuchers qui doublèrent l'allure de la meute ; on eut à franchir, sans ponts, plusieurs cours d'eau assez profonds ; l'intrépide piéton ne recula devant aucun obstacle, et il se trouva présent quand le vieux piqueur La Broussaille sonna l'hallali sur pied : la chasse durait depuis cinq heures.

Le pied droit de l'animal offert à l'abbé qui était là, a trompe sur l'épaule, la curée faite et les chiens couplés pour revenir à La Ferté, on songea alors au vigoureux garçon qui avait pris sa part du plaisir de tous. Mon père l'avisa contre un tronc d'arbre, qui grignottait sans sourciller des pommes sauvages qu'il allait pêcher au fond d'une espèce de bissac formé par le devant de sa chemise relevée sur la ceinture de son pantalon. Il ne paraissait pas fatigué, et, tout en rongeant ses pommes, il contemplait avec une admiration naïve le spectacle, nouveau pour lui, qu'il avait sous les yeux.

— Qui es-tu, toi qui as de si bonnes jambes? — lui demanda mon père.

— Je me nomme Denis pour vous servir, monsieur le comte; et je suis un enfant de charbonnier.

— Tu aimes donc bien la chasse?

— Je l'aime tant, que je ne voudrais plus faire autre chose que chasser.

— Veux-tu me suivre? je te ferai valet de chiens, et plus tard tu pourras devenir piqueur.

— Je suis tout prêt, monsieur le comte — répondit l'enfant en bondissant de joie.

— Mais que dira ton père?

— Mon père? il croira que les loups m'ont mangé ou que les recruteurs de Beauvoisis qui courent la contrée m'ont emmené avec eux; d'ailleurs, il lui reste encore plus d'enfants qu'il n'en pourra nourrir.

— Eh bien! va faire ton paquet, et demain tu viendras nous joindre à La Ferté.

— Mon paquet? — dit l'enfant — je n'ai que cette paire de sabots, cette chemise et cette mauvaise culotte de toile.

— Mais nous avons quatre lieues à faire pour retourner à la Ferté — dit le vieux La Broussaille, qui devinait peut-être un successeur dans cet ardent néophyte.

— Quatre lieues — reprit celui-ci en souriant dédaigneusement — si votre cheval les fait, je puis bien les faire aussi.

Il n'y avait guère moyen de résister à une vocation aussi décidée, et Denis reçut, séance tenante, la permission d'accompagner l'équipage dans sa retraite vers La Ferté, où l'on arriva à la nuit close.

Le lendemain matin, Denis, auquel on laissa son nom, fut installé dans ses nouvelles fonctions, et pour le mettre sur-le-champ à l'épreuve, on lui confia un relais de douze chiens en lui expliquant brièvement ce qu'il avait à faire. Il le comprit si parfaitement, que la prise d'un sanglier fut due à l'à-propos avec lequel il donna son relais, dans une circonstance délicate qui aurait fait hésiter un piqueur. A dater de ce moment, l'étoile de La Broussaille commença à pâlir : quatre ans après elle s'éclipsa tout à fait, et celle de Denis brilla d'un éclat qui devait avoir une longue durée.

Ce nestor des piqueurs de France a vécu jusqu'en 1833, de sorte que, dans notre province de Bourgogne, tous les veneurs qui ont quelque réputation ont fait leurs premières armes sous Denis; moi, je l'ai particulièrement connu, car il est resté jusqu'à sa mort attaché au service de mon père, en qualité de brigadier-garde de ses bois.

C'était un petit homme sec, noir, alerte, parfaitement poli et infatigable causeur. Sa grande renommée comme piqueur l'avait mis autrefois dans des rapports presque familiers avec les derniers grands seigneurs de France, et il lui était resté de leur fréquentation des souvenirs qui le rendaient fort intéressant à entendre. Il avait chassé dans toute la France et avec les plus hauts personnages. En Lorraine, avec MM. les officiers supérieurs de la gendarmerie de Lunéville, dont il dirigeait, sous les ordres de mon père, l'équipage du vautrait; à Chantilly, avec M. le duc de Bourbon, qui ne dédaignait pas de le consulter dans les cas difficiles; dans le Maine, avec le comte de Menou, l'un des plus intrépides preneurs de cerfs de son temps. Plus tard, lorsque la gendarmerie de Lunéville fut licenciée, en 1784 ou 1785, mon père eut un genre de vie plus calme, et ses déplacements de chasse se bornèrent à la Champagne, où l'appelait le marquis de Bologne, et à la Bresse, où l'attirait le comte de Montrevel, dont je vous parlerai quelque jour.

Ce fut le beau temps de Denis, et s'il ne dura que cinq années, car l'émigration vint en 1790, du moins il fut bien rempli. Mon père avait une excellente meute, des chevaux parfaits, de vastes forêts giboyeuses comme les Plaisirs du roi; Denis jouissait de l'estime et de la confiance de son maître, et pouvait se vanter des plus illustres amitiés. Quand la Révolution arriva, le célèbre piqueur n'en fut pas immédiatement victime, car mon père en quittant la France où il croyait rentrer dans quelques mois, avait laissé à Denis ses chevaux et ses chiens, avec l'ordre ou la permission de les tenir en haleine. Ses recommandations furent si bien suivies, qu'en 1796 il n'y avait plus que deux équipages de chasse dans toute l'étendue de la république: celui de Denis et celui du directeur Barras. Il est inutile, j'espère, d'ajouter que la supériorité du premier sur le second était incontestable : Barras chassait par luxe, Denis chassait par passion.

Au retour de l'ordre, mon père, que la Révolution avait aux trois quarts ruiné, fut obligé d'avouer à Denis que sa fortune ne lui permettait plus d'avoir une meute, et qu'il chasserait désormais avec quelques bassets, qu'il le pria de lui chercher. Denis se résigna avec la fermeté des grands caractères ; mais quand les bassets furent achetés et organisés, il fit entendre à mon père qu'un homme qui avait eu quatre-vingt-dix chiens sous son fouet, ne pouvait plus décemment en diriger une demi-douzaine, et qu'il attendrait des temps plus heureux. Toutefois, il ajouta qu'il serait bien reconnaissant si mon père voulait lui permettre d'aller quelquefois entendre crier ses bassets. Mon père y consentit de la meilleure grâce du monde, ses revenus d'alors lui rendant plus facile d'avoir Denis pour compagnon que pour piqueur.

La carrière active de celui-ci pouvait être considérée comme terminée, mais une nouvelle existence et d'autres succès commençaient pour lui. La réputation qu'il s'était faite n'avait pas eu à souffrir du malheur des temps, et lorsque les émigrés commencèrent à reprendre dans leurs manoirs leurs existences d'autrefois, ce fut à qui aurait Denis, celui-ci pour organiser sa meute, celui-là pour lui apprendre à faire le bois, cet autre pour le perfectionner dans la science, un peu perdue à cette époque, de sonner élégamment de la trompe. Denis se prêtait à tout, était aimé de tous, et menait une vie qu'il aurait pu considérer comme le brillant reflet de son existence passée. Il n'y avait pas une chasse à laquelle il ne fût instamment prié d'assister ; si on faisait une battue au loup, c'est lui qui la dirigeait; si quelque contestation s'élevait entre deux veneurs, Denis était pris pour arbitre, et sa décision faisait loi. Personne ne rougissait d'être condamné par lui, car on pouvait être fort habile et ne pas savoir tout ce qu'il savait: il y a des supériorités qui sont si hautes qu'elles échappent à l'envie, vice bas qui n'atteint jamais que ce qui est à sa portée.

On aurait pu faire des mémoires charmants avec la conversation de Denis. Ce qu'il savait d'anecdotes était prodigieux, ce qu'il avait connu de gens était innombrable ; mais, toujours ingénieux, délicat, habile, il ne citait jamais que les morts. « C'est comme défunt M. le duc ou M. le comte un tel, » disait-il avant de commencer un récit. Cette réserve était un hommage rendu à cette maxime des biographes : « On doit des égards aux vivants, on ne doit aux morts que la vérité ; » elle avait aussi l'avantage de ne pas blesser les susceptibilités contemporaines, si l'histoire rappelait une de ces merveilleuses aventures, comme les chasseurs en racontent si souvent et en ont si peu. Denis ne souriait presque jamais, même en faisant ses relations en apparence les moins authentiques, parce qu'il savait, comme Mahomet, Cromwell et Napoléon, que celui qui veut persuader ne doit pas rire. Sur ses vieux jours, il était devenu plus indifférent ou plus sceptique; aussi trouvait-il alors quelques incrédules, et je me souviens d'avoir entendu dire à des gens qui n'avaient pas la réputation d'être malveillants : « Il pourrait bien se faire que ce diable de Denis eût passé sa vie à mentir. »

Denis ne refusait jamais un avis quand il lui était

demandé avec un véritable désir de s'instruire, mais il était sans pitié pour l'ignorance présomptueuse ou pour la fatuité indiscrète. Il ne tolérait pas surtout qu'on lui fît de ces demandes niaises qui équivalent à : deux et deux font-ils quatre ? A ce propos, je me rappelle qu'un jour à une Saint-Hubert, chez ce pauvre défunt monsieur de Changey (je parle en ce moment comme mon héros), un jeune fat adressa cette question niaise à Denis :

— Père Denis, qu'est-ce qu'un daguet?

— Un daguet ? — répondit le vieux piqueur — mais très-certainement un daguet... c'est un daguet.

— Ce pauvre Denis baisse beaucoup — me dit le questionneur en se penchant à mon oreille.

— Vous croyez? — repris-je en réprimant à grand'peine une envie de rire — moi, je ne trouve pas, et la chose en resta là.

Les deux hommes que Denis citait le plus souvent après le marquis de Bologne, dont je vous ai donné la biographie dans une des précédentes nouvelles de ce recueil, étaient le comte de Fussey, neveu de mon père, et mort dans l'émigration, et feu M. le curé de Chapaize. Le premier a laissé quelques fragments d'un grand ouvrage sur la chasse à courre, qui font regretter que l'ouvrage n'ait pas été terminé ou retrouvé en entier, car il a peut-être été fini. Le second n'a rien écrit à ma connaissance, mais Denis m'a parlé de lui si souvent, que je puis vous promettre pour l'un des chapitres prochains, un article ayant pour titre : *Pauvre défunt monsieur le curé de Chapaize*. Ce sera un chapitre des mémoires non écrits de Denis ; quant à l'authenticité, je la laisse à la charge de la mémoire du véritable auteur. hélas! c'est aussi un défunt!

Denis est mort en 1833, chargé d'ans et de gloire; malgré ses 81 ans, chassant toujours sur un petit cheval nommé Bijou, et, dans les grandes occasions, faisant encore le bois, c'est-à-dire ayant l'air de le faire. Peu de jours avant la maladie qui l'a emporté, il a suivi ou pour mieux dire guidé ma femme, pendant une longue et pénible chasse de sanglier, et il a su lui faire voir l'animal une douzaine de fois dans le courant de la journée.

Parmi les veneurs de notre temps qui ont connu Denis, je citerai le marquis de Mac-Mahon, le comte de Vitry, le comte de Wall et M. Marey-Gassendi, l'un des meilleurs chasseurs de lièvre de France. M. le prince de Condé, qui avait oublié en 1814 que M. de Talleyrand n'était plus évêque d'Autun, se souvenait parfaitement du vieux piqueur qu'il avait vu chasser à Chantilly en 1788, et il dit à mon père, la première fois qu'il le revit au palais Bourbon, après la Restauration : « J'espère que Denis se porte bien : Monsieur de Foudras, vous lui direz que je vous ai parlé de lui. »

J'ai dit que les décisions de Denis en matière de chasse, faisaient loi, même pour ceux qu'elles condamnaient, et j'en donnerai pour preuve une anecdote dans laquelle j'ai été appelé à jouer un rôle actif. Cette fois, je ne citerai que des personnages vivants, à l'exception d'un nom que je désignerai par une initiale quelconque. Cette réserve ne cache pas un mensonge : je ne chasse plus.

Mais avant de jeter cette dernière fleur sur la tombe du vieux Denis, je veux apprendre à mes lecteurs que cet illustre personnage a laissé un fils, restaurateur à Paris, cour des Fontaines. Ce fils s'appelle Coppenet, et il est connu d'un grand nombre de Bourguignons qui vont chez lui pour parler de son père. Voici maintenant mon histoire :

Avant d'éprouver les grandes émotions de la chasse à courre, j'ai connu des plaisirs plus modestes qui avaient bien leur charme, et qui m'ont laissé des regrets aussi vifs, mais moins amers, peut-être. C'étaient de longues et rudes chasses à pied, avec une douzaine d'excellents chiens, peu vites, point brillants, mais sûrs, tenaces, intrépides. Avec cet équipage dont personne ne parlait, qui n'excitait l'envie d'aucun de mes voisins, j'ai causé la mort de bien des animaux, depuis le lièvre jusqu'au loup et au sanglier. Cette dernière espèce surtout avait en moi un ennemi infatigable, et si je donnais le détail de toutes les victoires que j'ai remportées sur elle, on suspecterait ma véracité, ce qui pourrait me faire rayer de la liste des collaborateurs du *Journal des Chasseurs*, malheur que je veux éviter à tout prix, car je tiens plus que je ne peux le dire à ce dernier moyen de rester en communication d'idées avec une multitude de personnes dont les circonstances m'ont séparé, mais auxquelles je demeure attaché dans le silence de mon cœur.

L'année 1827 est mise dans mes souvenirs au premier rang de celles qui m'ont donné les plus beaux résultats et les plus vives jouissances. Les sangliers s'étaient tellement multipliés dans mes environs, que j'avais dû renoncer à chasser autre chose, car dès qu'on découplait, même dans les boqueteaux au bord de la plaine, il y avait dix à parier contre un, que ce serait un sanglier qu'on mettrait sur pied et qu'on suspendrait le soir au croc du garde-manger. Pour comble de bonheur, jamais ma petite meute n'avait chassé avec plus d'ensemble, et jamais non plus l'automne n'avait offert une série plus constante de ces jours humides, calmes et doux, qui font naître de pieux épanouissements dans l'âme des vrais chasseurs. Un ancien camarade de régiment était venu passer une partie de son semestre avec moi, et quoiqu'il n'eût presque jamais chassé de sa vie, j'avais trouvé en lui des dispositions telles, qu'après deux ou trois chasses il avait obtenu l'estime du vieux Denis qui ne la prodiguait pas.

Explique qui voudra ce phénomène : ce camarade de régiment, qui n'avait tué jusqu'alors que des cailles sous le nez d'un chien d'arrêt, logeait à quatre-vingts pas une balle dans l'oreille d'un sanglier qui roulait sous une futaie, ou dans l'épaule d'un chevreuil qui franchissait un sentier. Il avait en outre une faculté si extraordinaire pour s'orienter dans les bois qu'il ne connaissait pas, que mes gardes le regardaient comme un être surnaturel. Son ouïe était d'une extrême finesse, et il possédait l'instinct de deviner les bons postes à un degré si supérieur, que c'était toujours lui qui tirait. Du 1ᵉʳ octobre au 5 novembre, il a tiré sept sangliers, et sur les sept, six sont entrés chez moi suspendus au milieu d'une perche.

Un matin, pendant les vendanges, nous étions sortis dans l'espoir que le bruit qu'on faisait dans les vignes inquiéterait les sangliers et les obligerait à gagner le fond de la forêt. Mes chiens avaient chassé, la veille, un chevreuil pendant six heures, et nos prétentions se bornaient à leur faire lancer quelques lièvres que nous tuerions au départ ou après une courte randonnée. Dans ce but modeste, j'avais fait découpler dans un buisson de quatre ou cinq arpents, environné de champs et éloigné de la forêt d'une centaine de pas.

Après quelques minutes de quête, mes chiens se mirent à hurler comme s'ils tenaient un animal aux abois. Je crus d'abord qu'il s'agissait d'un chat sauvage qui s'était réfugié sur un chêne, et comme j'allais faire part de cette opinion à mon ami, je l'aperçus qui faisait glisser une balle sur la charge de plomb de son coup gauche. Au même instant mon piqueur Rémondey nous cria : « Gardez du côté de la forêt, c'est un sanglier. »

Ces mots étaient à peine prononcés, qu'un sanglier noir, velu et haut comme un ours, se présenta effrontément sur la lisière du buisson, après avoir éventré deux de mes meilleurs chiens. Il hésita un moment sur ce qu'il devait faire, puis il prit son parti et il se dirigea au petit galop vers la forêt : les dix chiens restants lui mordaient les jarrets.

Je n'avais dans mon fusil qu'une charge de lièvre ; Boityére, mon compagnon, n'avait pas eu le temps de retirer la baguette de son coup gauche. Il fit cette opération lestement, mais sans précipitation, et au moment où le sanglier posait les pieds de devant dans le grand bois, Boityére lui envoya sa balle. L'animal fit un bond énorme et il disparut. Nous reconnûmes bientôt, à la voix des chiens, qu'il avait pris de l'avance.

— Il faut vérifier votre coup, Monsieur — dit Rémondey qui nous rejoignait.

— Vérifier mon coup — reprit Boityére — c'est inutile ; je viens de compter à quelle distance j'ai tiré, et j'ai trouvé cent treize pas.

— Vos balles vont bien loin et bien droit — répliqua le piqueur — cherchons toujours.

Nous fîmes quelques pas dans le fourré, et nous ne tardâmes pas à reconnaître que le sanglier devait être gravement blessé, car les branches étaient arrosées de sang à une hauteur qui indiquait que la balle avait donné dans le corps. Toutefois l'allure de l'animal était assurée, et les voix des chiens qui s'éloignaient rapidement nous annonçaient que la chasse allait grand train.

— Maintenant — dit mon piqueur — il faut suivre de près, car si cette diable de bête se retourne, elle mettra notre meute en déroute, et nous serons obligés de faire notre Saint-Hubert en tuant des alouettes au miroir.

Nous rejoignîmes la chasse, mais malheureusement elle avait gagné un canton de bois mal percés, dans lesquels il nous fut impossible de nous poster pour tirer une seconde fois. De plus, le vent s'étant élevé, les cris de la meute devinrent moins distincts, et nous fûmes contraints de suivre un peu au hasard. Boityére s'était séparé de nous comme à son ordinaire, et mon piqueur et moi nous commencions à considérer la chasse comme manquée. Mon valet de chiens était resté auprès de Mirador et de Bruno, grièvement blessés au moment de l'attaque.

Tout à coup le bruit d'une arme à feu résonna dans la profondeur de la forêt, et presque au même instant nous cessâmes tout à fait d'entendre les chiens.

— Son affaire est faite — me dit Rémondey. — Cependant je n'ai pas reconnu le coup de fusil de M. Boityére, ce sera quelque charbonnier peut-être. Allons nous en assurer et voir surtout si nos chiens n'ont pas besoin de nous. .

Comme il n'y avait pas de chemin pour arriver dans l'endroit où nous supposions que le dénoûment du drame avait eu lieu, nous eûmes assez de peine à nous en approcher. Cependant, après vingt minutes de marche, nous aperçûmes dans le fourré nos chiens d'abord, groupés pittoresquement autour d'une masse noire qui était le sanglier, puis deux ou trois individus appuyés sur leurs fusils ; enfin un homme à cheval, en costume de piqueur, qui soulevait sa trompe pour se disposer à sonner : mon arrivée l'en empêcha.

Il y eut un moment de silence, pendant lequel j'examinai le sanglier. Il était couché sur le flanc droit et montrait deux blessures, l'une entre les yeux, au beau milieu du crâne, l'autre au défaut de l'épaule gauche. Cette dernière était entourée d'une auréole de sang coagulé, ce qui annonçait qu'elle était moins récente que celle de la tête.

Tous mes chiens étaient là ; il y en avait en outre parmi eux deux inconnus, marqués de la lettre L.

— A qui dois-je le service qu'on vient de me rendre ? — demandai-je à celui des personnages à pied qui me parut le plus important.

— Je ne sais de quel service vous voulez parler, monsieur — me répondit-il. — Votre chasse a croisé la mienne, vos chiens se sont ralliés aux miens, et j'ai tué le sanglier qui faisait tête aux deux meutes réunies.

— A qui ai-je l'honneur de parler ?

— Je suis monsieur A. de L.

— Eh bien ! monsieur A. de L., il ne m'est pas du tout prouvé que ce sanglier soit le vôtre, et tout annonce, au contraire, que c'est le mien. D'abord tous mes chiens sont présents, et je n'en vois que deux des vôtres; ensuite, notre animal a été tiré à l'attaque, et celui-ci porte au flanc gauche une blessure plus ancienne que celle que vous venez de lui faire.

— Mais j'avais deux balles dans mon fusil.

— J'en suis d'autant plus convaincu, que je pourrais vous montrer la seconde: la voici dans ce baliveau, ce qui est beaucoup plus naturel que si l'une avait frappé l'animal en face et l'autre par côté.

M. de L. se pinça les lèvres, mais il tenait à son sanglier.

— Écoutez — me dit-il — nous avons encore un buisson à peu de distance d'ici; foulons-le avec nos équipages réunis; tuons une seconde bête, et tout le monde sera content.

Cette proposition était conciliante, je l'acceptai. Par malheur, le buisson se trouva vide, et après avoir quêté à la billebaude pendant quelque temps, il fallut songer à la retraite.

— Je réclame mon sanglier — dit mon ami Boityére à M. de L.

— Mon Dieu — répondit-il avec embarras, — mon piqueur vient de m'apprendre qu'il l'avait fait conduire à la ferme des Gouttières, où nous sommes établis. Il persiste à dire que c'est bien notre animal de meute.

— Je serai plus réservé que lui, monsieur, car je n'affirmerai rien — repris-je à mon tour — mais je ferai examiner l'affaire par un homme compétent, et s'il déclare que ce sanglier est le mien, j'irai le chercher jusque dans les casseroles de votre cuisine, s'il le faut.

Cela dit d'un ton qu'on peut se figurer, nous fîmes

4.

notre retraite en passant sur tout le terrain que la chasse avait parcouru, et en marquant par des brisées les endroits où le *revoir* était le plus beau. Chemin faisant, nous rencontrâmes une douzaine de chiens à M. de L.; ils menaient mollement un animal qui paraissait forlongé. Nous reconnûmes au pas que c'était un ragot de 160 à 180 livres. Nos chasses s'étaient bien croisées en effet; mais le vent avait empêché M. de L. de suivre la sienne, et deux de ses chiens s'étaient ralliés aux miens : de là l'erreur.

Rentré chez moi, je fis prier Denis de monter au château, et je lui contai l'affaire.

— Vous avez agi prudemment, monsieur le marquis, —me dit-il d'un air grave—et vous méritez d'avoir raison. Toutefois, je ne me prononcerai que demain matin, après avoir examiné les choses sur les lieux mêmes. Pauvre défunt le comte de Menou a eu une fois une discussion pareille avec feu le marquis de Coislin, son meilleur ami, et peu s'en fallut que les épées ne fussent tirées. Bonsoir, messieurs ; vous aurez mon rapport demain à neuf heures précises.

Je ne vous donnerai pas le plaisir de lire ce rapport qui me fut remis à l'heure convenue, et je me bornerai à vous dire qu'il concluait en ma faveur, après des *considérants* fort remarquables.

Munis de cette pièce, nous montâmes à cheval, Boityère et moi, pour nous rendre à la ferme des Gouttières, où M. de L. avait établi son quartier-général.

Nous le trouvâmes à déjeuner, célébrant le verre à la main son triomphe de la veille, en compagnie d'une quinzaine de chasseurs, presque tous de ma connaissance.

—Monsieur — dis-je à M. de L. — si je n'ai pas insisté hier pour avoir mon sanglier, c'est que je n'étais pas parfaitement sûr qu'il fût à moi. Aujourd'hui je n'ai plus de doute et je viens le réclamer.

Alors j'expliquai ce que j'avais fait, je produisis le rapport de Denis, et j'attendis le résultat de ma déclaration.

M. de L. hésitait, lorsque tous ses convives prirent la parole à la fois pour le condamner. — Denis avait parlé, — Denis était infaillible, — Denis était incapable de mentir à sa conscience, en fait de chasse, — le sanglier devait m'être rendu sur l'heure, ou M. de L. finirait son déplacement sans autre compagnie que celle de son piqueur. Telles furent les diverses acclamations qui retentirent à ses oreilles.

On nous proposa de déjeuner, ce que nous refusâmes par égard pour M. de L. auquel notre présence ne devait pas être fort agréable, et nous revînmes chez moi, escortant notre sanglier couché sur une charrette. Denis avait exprimé une opinion, il n'était venu à l'esprit de personne qu'il ait pu se tromper.

Pauvre défunt M. le curé de Chapaize.

Pauvre défunt M. le curé de Chapaize ! Cette phrase, qui ne ressemble pas trop mal à une épitaphe, était le début obligé des meilleurs récits de chasse de ce vieux Denis, dont je vous ai conté l'histoire dans les pages précédentes de ce recueil.

J'ai trop de respect pour les personnes qui me liront, pour leur répéter ici les anecdotes vraiment fantastiques du nestor des piqueurs bourguignons : je me bornerai à leur dire qu'elles m'avaient trouvé incrédule, moi qui crois tout comme une vieille femme de la Basse-Bretagne ; mais de même que les annales des nations ont leurs temps fabuleux, il y avait une partie vraie dans l'existence du personnage dont je vous ai promis la vie : c'est de cette partie seulement que je vous entretiendrai, mes beaux seigneurs ; et si vous n'êtes pas touchés de la recherche ingénieuse de ce procédé, vous me permettrez de vous dire que vous êtes bien difficiles en fait de flatteries délicates : j'entre en matière.

Nous faisions le dernier quart de lieue d'une longue retraite, pendant laquelle Denis cherchait à nous faire oublier les désagréments d'une froide pluie de novembre et les humiliations d'un change survenu après un hallali sur pied sonné *prématurément*, lorsque le vieux comte de M...., qui était des nôtres, se pencha à mon oreille, et me dit :

— Connaissez-vous, c'est-à-dire, avez-vous connu, car il paraît qu'il est mort, ce curé de Chapaize, dont ce diable de Denis nous raconte des histoires si invraisemblables ?

Ma foi non — répondis-je — je ne l'ai pas connu et je ne voudrais pas répondre qu'il ait jamais existé ; mais ces contes m'amusent, et, pour m'y intéresser, je veux croire à la réalité du personnage. C'est ma façon de procéder en toutes choses : je déteste le doute, et pour m'en garantir, je ne questionne jamais.

— J'ai un système tout différent, mon cher — me dit le vieux comte — et si vous le trouvez bon, je demanderai ce soir à votre père ce que c'est que ce curé de Chapaize. S'il a réellement existé, votre père doit l'avoir connu.

— C'est probable ; faites donc ce que vous voudrez.

En ce moment nous mettions pied à terre dans la cour du château : on nous attendait depuis une demi-heure pour dîner.

Au dessert, les femmes se retirèrent, non qu'elles redoutassent la joyeuseté de nos propos, toujours assez voilés pour qu'ils fussent à la fois égrillards et acceptables ; mais on avait parlé de faire du punch, et l'on sait que les visages féminins préfèrent le galant éclat des bougies à la lueur sinistre de la flamme du rhum.

On m'érigea en vestale de ce feu sacré, et tandis que je l'entretenais à l'aide d'une longue cuiller d'argent à manche d'ébène, M*** dit à mon père :

— Avez-vous connu, mon cher comte, feu M. le curé de Chapaize?

— Si je l'ai connu ! — dit mon père — j'ai passé une partie de ma jeunesse avec lui, chez moi et chez le marquis de Montrevel. Mais pourquoi cette question?

— Parce que Denis nous a débité des contes à dormir debout sur ce personnage, et que cela me fait un peu douter de son existence.

— Denis a tort d'exagérer dans ce cas-ci ; la vérité suffit quand elle est intéressante.

— Vous seriez bien aimable de rectifier les faits, — reprit M***.

— Très volontiers — dit mon père. — Ce n'est pas à mon âge qu'on se fait tirer l'oreille pour revenir sur le passé. Il s'agit d'un radotage, cela me regarde de droit.

Je soufflai sur la flamme du punch, afin de n'être plus distrait par les soins qu'elle réclamait, puis je remplis les verres, et mon père commença en ces termes :

« Dans les derniers jours d'octobre 1779, je me rendais d'ici en Bresse chez le marquis de Montrevel, mon parent, qui réunissait chaque année, dans sa royale habitation de Châles, tous les gentilshommes de la province, à l'occasion de la Saint-Hubert. Je voyageais à cheval, accompagné de mon piqueur Denis, d'un valet de chambre et d'un palefrenier, lorsque je rencontrai à peu de distance de la petite ville de Tournus, où je comptais déjeuner, un voyageur qui suivait la même direction que moi, et qui, comme moi, faisait route à cheval. C'était un homme de quarante-cinq à cinquante ans, grand, sec, vigoureux de corps, avec un visage plein, haut en couleur et jovial, qui donnait l'idée d'un bon compagnon. Il portait un costume de chasse qui me frappa par sa bizarrerie, car il ne ressemblait à rien de ce que j'avais vu jusqu'alors. La couleur verte, adoptée à cette époque comme aujourd'hui, en était bannie avec la plus rigoureuse exactitude. Ses bottes à chaudron laissaient apercevoir des bas de filoselle noire; sa culotte courte était en velours gris de fer, et son habit d'une ampleur magistrale était en drap de la même couleur que ses bas, et recouvrait une veste pareille. Du reste, pas un seul bouton brillant ni le moindre bout de galon d'argent ou d'or pour relever la sévérité de cet accoutrement, qui était complété par un chapeau de forme basse et à larges bords. Le voyageur avait la trompe sur l'épaule, le couteau de chasse au côté, et il montait un petit *Morvandeau* bai-brun aux naseaux marqués de feu, qui avait toute l'apparence de pouvoir tenir tête à mes chevaux anglais.

» Ce fut l'étranger qui me rejoignit, et lorsqu'il passa près de moi il m'ôta poliment son chapeau et il ralentit e pas relevé de sa monture.

— Vous avez là un vaillant cheval, monsieur — lui dis-je, pour répondre à sa politesse en engageant la conversation.

— Malheureusement, il y a longtemps qu'il est bon — me répondit-il — et quand il sera fini j'aurai de la peine à le remplacer. J'espère cependant qu'il fournira encore une bonne carrière, et surtout qu'il ne me laissera pas dans l'embarras durant la campagne que nous allons entreprendre.

— Vous rendez-vous bien loin d'ici ?

— Je vais jusqu'à Châles, chez M. le marquis de Montrevel, qui m'a fait l'honneur de m'inviter à sa Saint-Hubert.

— Pardieu, j'en suis charmé, car j'y vais aussi. Nous ferons route ensemble, dis-je à mon tour.

— C'est beaucoup d'honneur pour moi, Monsieur le comte ; et j'accepte avec reconnaissance, si toutefois votre grande et belle jument veut avoir égard aux jambes courtes de mon pauvre Ragotin.

— D'où diable me connaissez-vous ? — demandai-je à l'étranger avec cette familiarité qui est habituelle aux chasseurs, aux buveurs et aux militaires.

— J'ai suivi plusieurs de vos chasses dans les bois des moines de La Ferté ; mais je me suis toujours tenu à l'écart, parce que j'étais en brouille avec l'abbé qui m'a soufflé un limier pour lequel j'étais en marché, et qui m'avait précédemment débauché mon marguillier.

— Et qu'en voulait-il faire ? je parle du marguillier.

— Ce que j'en faisais moi-même : un piqueur.

— Vous êtes donc ?...

— Curé de la paroisse de Chapaize... Quand M. le comte voudra chasser quinze jours de suite sans craindre le buisson creux une seule fois, il n'aura qu'à me faire l'honneur de venir s'établir dans mon presbytère.

— Ce sera à notre retour de Châles, si vous le trou-

5

vez bon, mon cher monsieur — lui répondis-je — Puis-je faire venir mes chiens ?

— Certainement, afin que nous puissions chasser tous les jours. J'en ai aussi une trentaine qui ne sont pas mauvais.

» La connaissance était bien commencée, comme vous voyez ; elle s'acheva à l'hôtel du Sauvage à Tournus, où nous déjeunâmes avant de nous remettre en route pour aller coucher à Mâcon.

» Chemin faisant, il ne fut guère question que de chasse, et mon compagnon en parlait avec une science et une passion que je ne me serais jamais attendu à trouver dans un homme de son état. Il n'y avait pas l'ombre de *vantarderie* dans son fait (cette expression de mon père ne se trouve pas dans le dictionnaire), et il racontait les prouesses les plus merveilleuses avec une simplicité qui ne permettait pas d'en douter, en même temps qu'il était facile de voir que le narrateur n'était inspiré que par l'amour du plus noble et du plus moral des délassements ; c'est ainsi qu'il appelait la chasse : « Je sais, me disait-il, que mes confrères me blâment ; que mes voisins me dénoncent à monseigneur l'évêque ; que les dévotes prétendent que mes messes basses sont trop courtes, et que je ne chôme pas tous les saints ; mais je les laisse dire, car, après tout, il n'y a pas un seul pauvre dans ma paroisse, et j'ai donné des dots à mes nièces au lieu de leur donner l'hospitalité. Si je ne chassais pas, les cerfs dévoreraient les blés verts, les sangliers laboureraient les maïs et les sarrasins, et les loups lèveraient de fameuses dîmes sur les troupeaux de moutons. Les canons me condamnent, mais l'humanité m'absout ; et quand je dis mon bréviaire en allant à cheval au rendez-vous, j'ai peut-être moins de distractions que lorsque je le dis au coin du feu les jours de pluie. La grande affaire, pour nous autres prêtres, c'est que nous ne soyons jamais dans l'oisiveté : le reste va tout seul. »

» Tout cela me parut fort raisonnable, et je ne fus inquiet que de la manière dont cet homme de mœurs si simples s'arrangerait de la vie qu'on menait à Châles pendant la réunion de la Saint-Hubert. J'avais à cet égard des renseignements et des souvenirs qui m'inquiétaient un peu pour lui, et je crus qu'il était de mon devoir de le pressentir sur l'élégante dissipation dont il serait forcément témoin.

» — Je vais à Châles pour chasser — me répondit-il, — le reste ne me regarde pas. Vous me dites qu'on dansera, qu'on jouera la comédie, eh bien! le soir je me retirerai dans ma chambre, et je préparerai mes sermons de l'Avent et du Carême. A table, si la conversation est un peu plus gaie qu'il ne convient pour un homme de mon caractère, je penserai à mes grands bois si peuplés de Charolais, et je n'entendrai pas un mot de ce qui se dira autour de moi. Et puis, tenez, je suis sûr qu'on respectera le bon curé, quand on saura que son goût pour la chasse ne le détourne pas des devoirs de son état. J'en ai fait souvent l'expérience, et je n'ai pas encore eu l'occasion de m'en repentir. Vous verrez, Monsieur le comte.

» Le lendemain, nous arrivâmes à Châles pour l'heure du dîner. La réunion était brillante et nombreuse. Elle se composait d'abord du noble châtelain et de ses nièces qu'il n'avait pas encore *dotées*, suivant le principe de l'honnête curé de Chapaize; puis il y avait bon nombre de gentilshommes des environs avec leurs femmes, pour la plupart remarquablement jolies et passablement coquettes; des chevaliers de Malte qui portaient joyeusement leur vœu de célibat; des chanoinesses du chapitre noble de Neuville-les-Dames qui attachaient leurs croix très-bas, parce que leurs robes ne montaient pas très-haut; des officiers des garnisons voisines, rieurs, étourdis, prompts de la langue, ardents du regard, véritables héros des romans de Crébillon fils; enfin, pour compléter cette société suffisamment gaie, le marquis de Montrevel avait fait venir de Paris Madame Saint-Huberti, première chanteuse de la Comédie-Italienne, celle-là même qui fut assassinée à Londres avec le chevalier d'Entraigues pendant l'émigration. Madame Saint-Huberti devait donner plusieurs représentations de ses meilleurs rôles, conjointement avec les hôtes du château.

» J'examinai avec soin la physionomie du bon curé, lorsqu'il fit son entrée dans le salon, au milieu de la belle compagnie dont je vous ai donné le menu, et j'avoue que j'en fus parfaitement satisfait. D'abord, il avait remplacé son costume de chasse et de voyage par une soutane parfaitement propre, quoiqu'elle ne fût pas neuve. Ses cheveux étaient poudrés avec soin, ce qui donnait à sa figure un peu commune une certaine distinction que je n'avais pas remarquée. Il se présenta sans timidité et sans assurance, et ce fut aussi sans affectation qu'il alla se perdre dans le groupe le plus grave de l'assemblée. Peu de moments après, on annonça que le dîner était servi.

» Le marquis de Montrevel, avec sa facile aisance de grand seigneur, indiqua à chacun sa place, en commençant, naturellement, par les personnes les plus qualifiées. Il résulta de cet arrangement que les deux convives qui restèrent pour la fin furent le bon curé de Chapaize et Madame Saint-Huberti, la touchante Nina et la piquante Colombine de la Comédie-Italienne : ils furent donc forcément l'un à côté de l'autre.

» Les chuchotements de mes voisines m'avertirent de cette circonstance, et grand fut mon étonnement lorsque je vis que le curé, loin d'être embarrassé de son voisinage, paraissait s'en arranger à merveille. Il causait gaîment avec sa voisine, et, tout en causant, il lui rendait avec une aisance parfaite tous ces petits services qu'on rend à table aux gens près desquels on est placé.

» — Connaissez-vous ce curé ? — me dit le comte de Clermont-Mont-Saint-Jean, jeune et charmant capitaine de grenadiers dans Vermandois.

» — J'ai fait route hier et ce matin avec lui pour venir ici ; c'est un chasseur déterminé.

» — Il me paraît qu'il est encore autre chose, si j'en juge par la manière dont il soutient la conversation avec la petite Saint-Huberti — me dit Clermont — elle lui fera voir du pays.

» — On ne fait pas voir du pays aux gens qui ne veulent pas voyager, et le curé qui vous occupe me semble dans ce cas. J'ai beaucoup causé avec lui ; il n'a pas d'autre passion que la chasse.

» — Avec ce regard si vif et ce teint vermeil ? cela n'est pas possible. D'ailleurs, voyez comme la conversation est animée. La Saint-Huberti a l'air ému.

» — Nous lui demanderons, après le dîner, ce qui la

trouble ainsi — dis-je un peu piqué de l'idée que j'avais été dupe de la fausse bonhomie du brave curé.

» Lorsqu'on se leva de table, j'offris mon bras à Madame Saint-Huberti pour retourner dans les salons. Clermont me suivait à peu de distance, et nous profitâmes de ce rapprochement pour demander à la belle et célèbre actrice quel parti elle avait tiré de son voisin ?

» — Un excellent. J'ai promis de lui accorder tout ce qu'il m'a demandé.

» — Vous voulez donc que nous le prenions en horreur ? — dit Clermont avec un emportement plein de galanterie.

» — Au contraire, vous m'aiderez à combler ses vœux.

» — Ceci devient trop fort — dis-je à mon tour — Charmante Nina, expliquez-vous.

» — Rien ne sera plus facile : M. le curé de… de… ma foi, j'ai oublié le nom du village, m'a demandé de donner une représentation à Mâcon au bénéfice de ses pauvres, avant de retourner à Paris, et j'espère bien que M. le marquis de Montrevel me prêtera la salle qu'il vient de faire construire, et que vous y viendrez tous, Messieurs.

» — Je retiens une place et je la paie deux louis — dis-je aussitôt.

» — Et moi — reprit Clermont — j'en donnerai cinq, quoique je sois obligé probablement de retourner à mon régiment avant le jour de votre représentation. Mais, dites-nous — ajouta-t-il — vous a-t-il parlé un peu de galanterie, pour obtenir si promptement de vous une aussi grande faveur ?

» — Il ne m'a parlé que de charité.

» — Le flatteur! — s'écria Clermont — il en sait dix fois plus long que nous.

» Madame Saint-Huberti paya cet aimable propos du plus charmant de ses sourires, puis les choses en restèrent là pour le moment.

» Je cherchai ensuite le curé dans les salons, mais je ne l'y trouvai pas ; et, ayant par hasard regardé par une fenêtre, je l'aperçus qui disait son bréviaire sous une charmille, à quelque distance du château. Le soir, il ne parut pas au souper, de sorte que je fus obligé, pour le voir, d'aller lui faire une visite dans son appartement.

» Je le trouvai occupé à écrire. Quand il me vit, il ramassa tous ses papiers, les serra dans un grand portefeuille noir qui était béant sur sa table, puis nous nous mîmes à causer.

» — Comment trouvez-vous cette réunion ? — lui dis-je.

» — Fort belle ; toutes ces dames sont très-aimables, à ce qu'il me semble, et, pour ma part, je n'ai pas à me plaindre, car le hasard m'a donné ce matin une charmante voisine à dîner.

» — Vous avez bien pris la chose ; moi j'en ai été contrarié pour vous.

» — Pourquoi cela? Cette dame est très-gracieuse et très-charitable. Je lui ai demandé de jouer pour mes pauvres, elle y a consenti sans hésiter. J'ai fait une bonne journée.

» — Celle de demain ne sera pas moins bonne — dis-je en indiquant du doigt la direction du chenil d'où venaient des hurlements d'un bien favorable augure.

» — Cette musique est effectivement délicieuse — dit le curé avec exaltation. — Si elle devait durer toute la nuit, je ne songerais guère à dormir, et j'espère bien qu'on aura soin de la faire taire demain matin pendant que je dirai la messe. Vous savez que c'est pour sept heures précises? Le rendez-vous est loin d'ici.

» — A demain donc, mon cher curé. Je serai présent à votre premier *Kyrie eleison.* »

Mon père s'arrêta un moment pour reprendre haleine; puis il me fit signe de remplir les verres une troisième fois (ils l'avaient été une seconde pendant sa narration), et il continua ainsi :

» Je vous intéresserais probablement si je vous racontais en détail la vie que nous menions à Châles; mais il faudrait pour cela sortir de mon sujet, et cette excursion me prendrait un temps que je veux consacrer au curé de Chapaize. Si vous avez pris goût à mes radotages, je pourrai, un de ces jours, vous en faire un second que j'appellerai : *Quarante-huit heures chez le marquis de Montrevel.* »

Nous prîmes acte de l'engagement, et mon père poursuivit :

« Le lendemain, à sept heures précises, une cloche au timbre harmonieux et gai comme la voix d'une jeune fille, nous appela à la chapelle du château. A ce signal, les longs corridors de la demeure seigneuriale retentirent du bruit des pas et du murmure des colloques. Les plus diligents allaient éveiller les plus paresseux; ceux-ci criaient à s'égosiller pour avoir leurs valets de chambres, trop fidèles à l'adage bien connu : *tel maître*, etc., vous savez le reste. Quelques-uns ne paraissaient pas encore, quoiqu'ils fussent déjà sortis de leur appartement, mais on savait qu'ils n'attendaient pour se montrer que l'heure où, tout le monde étant à la messe, les corridors deviendraient un peu plus solitaires. Dans cette circonstance, il y avait toujours là un ami intime pour dire : « Je sais où il est, mais il ne serait pas délicat d'aller le chercher. »

» En dépit de toutes les lenteurs et de tous les déplacements de domicile, la cloche n'avait pas sonné depuis un quart d'heure, que tout le monde était réuni dans la chapelle. Le curé de Chapaize, l'*Introïbo* sur les lèvres, attendait, debout au pied du maitre-autel, l'arrivée du châtelain, lequel, par courtoisie, n'entrait jamais que le dernier, afin de se charger des torts de tout le monde. Il parut dans sa tribune, accompagné de quelques dames qui devaient suivre la chasse, et la messe commença immédiatement.

» Je tirai ma montre, elle marquait sept heure dix-huit minutes ; elle en marquait quinze de plus lorsque l'*Ite Missa est* vint calmer les plus impatientes ardeurs.

» C'était donc un quart-d'heure pour une messe : je conviens que c'est peu ; toutefois il y avait tant d'onction dans le débit du digne curé, chaque mot qu'il prononçait arrivait si distinctement à l'oreille, qu'on n'était nullement choqué de sa façon expéditive d'opérer. Il était prompt, mais il n'était pas distrait, et quelle que fût sa passion pour la chasse, il n'aurait jamais rien fait de semblable à l'oubli d'un certain abbé B..., que j'ai beaucoup connu, lequel, ayant passé la nuit à jouer au quinze, substitua au premier *Dominus vobiscum* qu'il devait dire, ce terrible *lapsus linguæ : Je fais mon argent.* »

» Je vous fais grâce des détails du déjeuner, de la

réunion dans la cour principale du château, du départ au bruit des fanfares, de la marche, animée d'abord par la conversation et toujours plus silencieuse à mesure qu'on approchait du rendez-vous, et j'arrive brusquement au rapport des valets de limier.

» Il était fort satisfaisant, car il annonçait un vieux sanglier solitaire qui avait plus d'une fois aiguisé ses défenses sur les côtes de l'équipage du marquis de Montrevel. Denis, mon piqueur, l'avait remis à peu de distance, et répondait de sa brisée avec la prudente réserve qui était dans ses habitudes. La Broussaille, chef d'équipage du marquis, avait, de son côté, détourné un cerf à sa quatrième tête, qui promettait, par toutes les allées et venues de sa nuit, un animal vigoureux.

» — Eh bien ! Mesdames, que ferons-nous ? — dit le marquis de Montrevel — nous sommes dans l'embarras des richesses.

» — Ne nous consultez pas — reprirent les belles amazones — car si les choses tournaient mal, on dirait que c'est de notre faute.

» — La chasse du cerf est la plus brillante — dirent les jeunes élégants.

» — Oui, mais celle du sanglier est bien plus dramatique.

» — Le sanglier se fera battre comme un lapin, et il tuera une vingtaine de chiens.

» — Le cerf ira prendre l'eau dans les étangs de Meillonaz, où l'on ne peut entrer sans péril.

» — Nous sommes pour le cerf — disaient les uns.

» — Nous sommes pour le sanglier — reprenaient les autres.

» — Il faut pourtant faire un choix — ajoutait le marquis de Montrevel d'une voix conciliante

» — Je crois que cela n'est pas nécessaire, monsieur le marquis — interrompit à son tour le curé de Chapaize. — Il n'est que huit heures et demie, par conséquent nous avons au moins neuf heures de jour. Qui empêcherait dès-lors d'attaquer d'abord le sanglier? Il est tout près d'ici; il est probable qu'il se fera battre, comme l'observait fort judicieusement M. le comte de Monspey. Eh bien! on lui tirera une balle dans l'oreille la première fois qu'il fera tête aux chiens, et on ira ensuite frapper aux brisées du cerf: par ce moyen, nous aurons deux plaisirs pour un.

» Cet avis passablement énergique rallia toutes les opinions, et le sanglier fut attaqué. Quatre-vingts chiens et vingt trompes l'obligèrent à quitter sa bauge et à modifier l'impertinente lenteur de son allure habituelle.

» Au moment du lancer, j'observais le curé de Chapaize. Sa figure était rayonnante, et sa main vigoureuse contenait à grand'-peine l'ardeur de Ragotin. Quand l'animal eut bondi, l'intrépide Morvandeau s'élança avec la rapidité de la foudre, et il fut en quelques secondes au beau milieu des chiens qui traversaient un champ de genêts à la poursuite du sanglier.

» Je crus que je ne pouvais rien faire de mieux que de suivre mon ami le curé, de sorte que je lâchai la bride à une excellente jument anglaise que je montais, et qui me transporta bientôt à côté de l'abbé Duverger; c'était le nom de mon nouveau compagnon, que j'ai oublié de vous dire jusqu'à ce moment.

» Si vous n'avez jamais chassé en Bresse, vous ne

pouvez que bien difficilement vous figurer ce que c'est que ce pays ; et quand je vous aurai dit qu'il est traversé par des routes fangeuses, que les bois sont de véritables marais, que chaque pré, chaque petit champ est clos par un large fossé bordé de pieux des deux côtés, vous aurez encore une très-imparfaite idée des obstacles qui éprouvent l'intrépidité et l'adresse du chasseur, surtout dans les forêts des environs de Bourg.

» Ce jour-là, grâce à mon guide, je me tirai de toutes les difficultés, et j'eus le bonheur d'arriver un des premiers à l'entrée d'un pont d'une seule arche, sous laquelle le sanglier, fatigué, s'était réfugié. Ce pont n'était pas jeté sur une rivière, mais sur une espèce de cloaque, qui devenait torrent les jours d'orage ou lors de la fonte des neiges. Dans cette position inexpugnable, le sanglier ne pouvait être atteint par une balle, et les chiens, n'ayant, pour se mouvoir, qu'un espace fort resserré, étaient obligés de l'attaquer de front. Les plus braves d'entre eux avaient déjà payé de leur sang l'honneur de se dévouer les premiers, lorsque l'abbé Duverger, qui avait mis pied à terre pour reconnaître les lieux, revint à moi et me dit :

» — Je suis désespéré d'avoir conseillé cette chasse. Toute la meute va y passer.

» Effectivement, une douzaine de chiens revinrent en ce moment dans un état déplorable ; d'autres allèrent prendre leur place et ne tardèrent pas à reparaître : ils étaient encore plus maltraités que leurs devanciers.

» — Je n'y tiens plus ! — s'écria le curé. — Ces nobles bêtes ne périront pas sans défense, autrement je me le reprocherais toute ma vie.

» Et avant que j'eusse le temps de deviner l'intention de M. Duverger, il s'engagea résolument dans le cloaque et il disparut sous l'arche du pont : il tenait son couteau de chasse d'une main et sa trompe de l'autre.

» — Il est perdu ! — fut le cri de toutes les personnes qui assistaient à cette action vraiment folle ; mais ce cri fut couvert par les sons d'une éclatante fanfare qui résonnait sous la voûte, que nous regardions comme le tombeau de l'intrépide curé.

» Cette fanfare était un moyen d'attirer l'attention du sanglier, et de l'obliger à ne plus s'occuper de la meute d'une manière aussi déplorablement spéciale. Le calcul, en ce sens, était bon, car à peine l'animal aux abois s'était-il vu ainsi provoqué, qu'il avait fait tête au chasseur, ce qui avait permis aux chiens de l'attaquer par-derrière.

» Il y eut un instant d'incertitude vraiment terrible : le son du cor avait subitement cessé, et l'on n'entendait plus que les cris furieux de la meute et les grognemens sourds du sanglier.

» Tout à coup, le cor retentit de nouveau, et, cette fois, il sonnait la joyeuse fanfare de l'*hallali*.

» Au même moment, l'abbé Duverger se montra à la sortie de la voûte. Ses bottes à chaudron, son pantalon de velours gris, son habit et sa veste de drap noir, tout cela était, en y comprenant encore son visage et ses mains, du plus beau vert bouteille qui se puisse imaginer : c'était la couleur du ruisseau dans lequel il venait de prendre un bain. Un seul objet avait échappé à la teinte générale, c'était la lame du couteau de chasse : elle était, depuis la pointe jusqu'à la garde, du plus admirable vermillon possible.

» — N'êtes-vous pas blessé, mon cher abbé? — m'écriai-je en courant à lui.

» — Oh! rien, une égratignure... Je ne sais pas bien où ; nous verrons cela ce soir ou demain.

» — Mais quelle imprudence!

» — Pas le moins du monde.... C'est le cinquième que je prends de cette manière.

» Comprenez-vous ce qu'il avait fallu chasser de sangliers, pour en prendre cinq sous des ponts?

» Quand tout le monde fut réuni, et que les derniers venus eurent entendu le récit de ce qui s'était passé, il n'y eut qu'un cri d'admiration sur la conduite courageuse de l'abbé. Il était devenu le héros de la journée, et malgré son caractère sacré et la couche épaisse de vase dont il était recouvert, plus d'une œillade féminine chercha le côté faible de sa vertu : j'ose affirmer qu'aucune ne le rencontra.

» Il n'y avait qu'une vingtaine de chiens hors de combat ; les soixante qui étaient intacts montraient une vigueur qui détermina le marquis de Montrevel à suivre la seconde partie de l'avis du curé ; c'est vous dire qu'on alla attaquer la quatrième tête.

» Avant de partir, nous avions tous changé de chevaux, et le marquis de Montrevel avait dit :

» — Monsieur le curé, j'ai un relais à votre disposition ; vous me ferez plaisir d'en user sans le moindre scrupule.

» M. Duverger avait refusé en disant que cette première chasse ne comptait pas. Effectivement, Ragotin frappait du pied comme s'il fût sorti de l'écurie à l'instant même.

» On eut quelque peine à lancer le cerf, parce que le

bruit l'avait mis sur pied ; mais lorsque la meute l'eut rejoint, la chasse fut vraiment magnifique. L'animal, fier et présomptueux comme la jeunesse, dédaigna la timide ressource des ruses, et après avoir traversé deux immenses cantons de bois, il passa l'Ain à la nage et débucha résolument dans les plaines du pays de Dombes. Ragotin, c'est-à-dire le curé de Chapaize, tenait la tête des veneurs qui volaient sur les traces de la meute.

» — Il a fait un pacte avec le diable — disaient les uns.

» — C'est Lucifer en personne — murmuraient les autres en crevant leurs chevaux, pour voir si Ragotin ne finirait pas par crever lui-même.

» — En supposant qu'il résiste à la journée d'aujourd'hui — reprenaient les hommes sérieux — il sera sur la litière demain.

» Mais l'infatigable Morvandeau redoublait de vitesse, comme s'il eût entendu tous les propos dont il était le sujet. Les haies les plus hautes et les plus épaisses, les fossés les plus larges, les chemins encaissés les plus boueux, n'avaient pas le pouvoir de l'arrêter ni même de le ralentir. On eût dit qu'il avait des ailes.

» Nous étions quatre en avant du gros des chasseurs, le curé de Chapaize, le piqueur La Broussaille, Denis et moi. Le cerf n'était pas à plus de cinquante pas des chiens que nous serrions de près.

» Cette course, près de laquelle vos chasses au clocher sont bien peu de chose, durait depuis cinq quart-d'heure environ, lorsque nous aperçûmes une grande étendue d'eau jaunâtre, vers laquelle le cerf se dirigeait.

» — Voilà les étangs de Meillonaz — me dit Denis — mauvaise affaire.

» — Pourquoi cela ? — lui demandai-je.

» — Parce qu'il y a là trois pieds d'eau partout et dix-huit pieds de boue en certains endroits. Quand on y entre on n'en sort pas toujours.

» Je regardai La Broussaille : je le trouvai toujours résolu, mais il me sembla qu'il était plus pâle qu'il n'aurait dû l'être après une course aussi longue et aussi animée.

» Cinq minutes après cette remarque, le cerf entrait dans les étangs de Meillonaz, et après avoir fait choix d'un petit îlot couvert de joncs, il se mit à tenir tête aux chiens. Nous l'observions du rivage.

» Les veneurs arrivaient en foule, les trompes sonnaient le bat-l'eau, tout le monde était sous l'influence de cet enivrement qu'on éprouve toujours en pareille circonstance quand on a le feu sacré. La Broussaille, excité par la présence d'un public aussi connaisseur, porta son cheval en avant pour le faire entrer dans l'étang ; la bête résista d'abord avec opiniâtreté, mais enfin elle céda, et le brave piqueur se dirigea vers l'îlot.

» Il allait l'atteindre, lorsque tout à coup nous les vîmes disparaître, lui et son cheval. Lui parvint à se dégager un moment, mais ce fut pour s'enfoncer une seconde fois. Il était déjà dans la vase jusqu'aux aisselles, et quoiqu'il eût étendu ses bras en croix, il entrait toujours et il appelait à son aide avec désespoir.

» Nous essayâmes tous, les uns après les autres, d'aller à son secours : pas un cheval ne voulut se hasarder dans cet abîme.

» Pendant ces tentatives infructueuses, M. Duverger

s'était prestement débarrassé de ses bottes à chaudron, de sa trompe et de son habit, puis il était remonté sur Ragotin, qui s'élança dans l'étang à la première requête de son vaillant maître.

» Tous deux arrivèrent sans accident jusqu'à une longueur de trait du malheureux La Broussaille, mais là ils commencèrent à enfoncer comme lui. Le vigoureux Morvandeau fit des efforts inouïs, mais l'instinct de la conservation l'emportant, il gagna l'îlot, au grand désespoir du bon curé, qui voulait à tout prix sauver le pauvre piqueur.

» — Il est perdu ! il est perdu ! — criait M. de Montrevel — mon cher curé, je vous en supplie, restez où vous êtes ! ce sera déjà trop s'il y a une victime !

» Mais M. Duverger, sans tenir aucun compte de cette prière, abandonna son cheval, cette fois indocile, et il rentra à pied dans l'étang.

» Nous eûmes alors un horrible spectacle. La Broussaille était dans la vase jusqu'au menton, et il faisait de vains efforts pour renverser sa tête en arrière et reculer ainsi l'instant terrible et inévitable qu'il voyait arriver ; l'intrépide curé se rapprochait de lui, mais à chaque pas qu'il faisait, nous nous apercevions qu'il entrait aussi dans ce gouffre implacable, et nous frémissions d'épouvante. Déjà il tendait la main à l'infortuné piqueur, lorsque celui-ci, vaincu par la frayeur et la fatigue, et persuadé peut-être que rien ne pourrait le sauver, s'affaissa sur lui-même et disparut bientôt tout à fait. Au moment où il fermait les yeux, nous vîmes distinctement le curé couvrir de sa bénédiction cette tête que nous ne devions plus revoir qu'enveloppée des ombres de la mort, car le corps fut retrouvé le lendemain et rapporté au château.

» Ce fut un bien triste retour de chasse que celui-là. Le surlendemain, presque tout le monde quitta Châles, après avoir assisté aux funérailles du malheureux La Broussaille. Madame Saint-Huberti, fidèle à sa promesse, se rendit à Mâcon, où elle donna la représentation promise aux pauvres de M. le curé de Chapaize. Quelques jours après, en me rendant chez l'abbé pour passer une semaine, je fus chargé par la célèbre cantatrice d'une somme de 1,200 fr., qui était le produit de la représentation à laquelle j'avais assisté.

» Maintenant — continua mon père — je vais vous donner une idée de ce qu'était le curé de Chapaize dans son ntérieur. Verse-moi un quatrième verre de punch.

» J'avais annoncé à l'abbé Duverger que j'arriverais chez lui pour l'heure du souper, c'est-à-dire vers le milieu de la soirée ; mais le cheval que je montais s'étant déferré, je fus obligé de faire une halte sur laquelle je ne comptais pas, de sorte que je me trouvai à la nuit close dans des chemins de traverse qui m'étaient inconnus. Si j'avais eu Denis avec moi, son merveilleux instinct nous eût tirés d'affaire ; malheureusement je l'avais envoyé en avant avec mon équipage, ainsi j'étais livré à mes propres inspirations, ce qui équivalait à zéro en fait de science pour m'orienter. Les paysans que je rencontrais me saluaient poliment lorsque je m'arrêtais pour leur parler, mais quand je leur demandais mon chemin, ils me répondaient invariablement : « Un chasseur qui ne connait pas la route de Chapaize ! c'est comme si un mendiant ne connaissait pas celle de la cure. Allez, allez, mon beau monsieur; vous vous gaussez du pauvre monde, cela n'est pas bien. »

» Par bonheur, le temps était magnifique, et sans la crainte de me faire attendre j'aurais été enchanté de parcourir ces belles collines du Charolais, de traverser les villages égayés par les flammes des foyers, et embaumés par l'odeur si provoquante de l'omelette au lard, base solide des festins rustiques. Il y a en effet peu de jouissances plus douces que celle de se sentir balancé par l'allure d'un cheval vigoureux et docile, que d'entendre les aboiements lointains qui attestent la présence des hommes, et le tintement des cloches qui donne de la gravité aux pensées. Tout alors fait réfléchir: les vallées enveloppées de brume, la lumière isolée qui scintille dans la nuit, le chant joyeux du voyageur attardé, le roulement des chars dans les chemins cailloutteux, le murmure des sources, les plaintes du vent, et parfois les tendres et mystérieux colloques derrière la haie d'églantiers. Mes meilleurs souvenirs sont remplis de ces détails.

» Ne pouvant rien voir d'une manière distincte, je marchais en écoutant, quand tout à coup je crus entendre les sons éloignés d'un cor. J'arrêtai mon cheval pour prêter l'oreille avec une attention plus soutenue, et je ne tardai pas à reconnaître que je ne m'étais pas trompé : il y avait même deux trompes au lieu d'une; je pus aussi distinguer le ton lent de Denis qui appartenait à l'école normande, et la manière alerte de mon excellent ami le curé de Chapaize, zélé partisan du système opposé.

» C'était moi qu'on appelait. Je mis mon cheval au grand trot, après avoir rallié mon domestique que j'avais envoyé à la découverte, et, peu de moments après, j'atteignis le haut d'une colline, au bas de laquelle j'aperçus à la clarté de la lune les toits pressés d'un village et la flèche pointue d'une église. Les sons du cor, plus rapprochés, m'indiquèrent que j'allais arriver à Chapaize, et me conduisirent jusqu'à la porte du presbytère, grille hospitalière dont les gonds soudés par la rouille n'avaient pas fonctionné depuis le jour où l'abbé Duverger, en prenant possession du logis, avait dit : « Ma maison sera ouverte jour et nuit. »

» Je fus reçu avec une cordialité respectueuse qui tenait à la fois de la bonhomie du chasseur et de la réserve du prêtre. Mes chevaux furent placés dans une excellente écurie, voisine du chenil où étaient déjà mes chiens ; le curé me conduisit ensuite dans une petite chambre très-convenablement meublée, et quand je me fus débarrassé de mon couteau de chasse, de ma trompe et de mon surtout, nous passâmes dans la salle à manger où le souper venait d'être servi.

» Je n'ai fait de ma vie un meilleur repas, quoiqu'il n'y eût que trois plats sur la table ; mais ces trois plats étaient un gigot de mouton, fondant à force d'être tendre, un chapon de Bresse, rôti à point et mollement couché sur un lit de cresson, et enfin un salmis de bécasse qui *bouillotait* coquettement sur un réchaud d'argent. Il n'y avait aussi qu'une espèce de vin, mais c'était du Vougeot de troisième cuvée, envoyé par le père cellerier de Cîteaux, qui avait accompagné son présent de ce billet plus laconique que monastique, que l'abbé Duverger me montra. « Il est vieux, il est franc ; faites comme moi, c'est-à-dire buvez-en beaucoup. *Vale*.

» Je pris ma part du conseil ; après le souper, qui

fut égayé par a conversation spirituelle et attachante du curé, nous descendîmes à la cuisine du presbytère, où nous trouvâmes mon valet de chambre Lamalle et mon piqueur Denis, attablés avec le maître Jacques de l'abbé Duverger.

» — Rameau — lui dit celui-ci — demain matin tu sonneras la messe en même temps que l'Angelus, puis tu prendras Roméo et tu iras faire le bois dans le triage de Gueugnon. Le rendez-vous sera à neuf heures moins un quart à la feuillée des Ribauds. C'est l'équipage de M. le comte qui chassera.

» — Ces messieurs ont-ils décidé ce qu'ils veulent chasser?

» — Mais ce qu'il y aura — répondis-je.

» — C'est que nous avons toujours le choix ici — reprit avec un certain orgueil le marguiller-piqueur.

» — Eh bien! servez-nous un loup, mon ami; mes chiens le chassent parfaitement.

» — M. le comte en aura un, aussi vrai que je m'appelle Rameau.

» — Voilà une jolie promesse — s'écria le curé en riant aux éclats. — Il se nomme Célestin Piolard! Rameau est son nom de chasse.

» — Vous auriez pu en choisir un plus significatif, répliquai-je pendant que nous retournions à la salle à manger.

» — C'est ce que j'avais fait en l'appelant Labranche; mais sur l'observation de mon curé de canton, que ce n'était pas un nom convenable pour un sacristain, je l'ai baptisé Rameau.

» — Voilà ce qui s'appelle tourner habilement une difficulté — dis-je en riant à mon tour. — Maintenant, mon cher curé, si vous le trouvez bon, j'irai me coucher, car j'ai une grande impatience d'être à demain.

» Le lendemain, avant huit heures, le curé avait dit sa messe, visité trois malades, distribué vingt livres de pain à deux familles indigentes, déjeuné en compagnie de votre serviteur, enfourché Ragotin, et nous trottinions vers le lieu du rendez-vous.

» — Eh bien ! Rameau, quelle nouvelle ?

» — J'ai remis un grand loup dans le bois brûlé. Le drôle ne doit pas avoir faim, car il a pris une brebis hier soir au père Marnay.

» — Tant mieux — dit le curé — il en aura plus de fond et moins de train. Rameau, tu porteras ce soir deux écus de six livres au père Marnay, et tu lui feras mes amitiés.

» Un quart d'heure après, le loup était sur pied ; mes quarante Ardennais le *buvaient*, pour me servir de l'expression pittoresque de l'abbé Duverger.

» La chasse dura huit heures sans un seul défaut et avec des incidents variés qui la rendirent vraiment brillante. A quatre heures de l'après-midi, le jour commençait à baisser, et le loup, qui avait eu le temps de digérer la brebis du père Marnay, était plus frais que le matin.

» — Nous avons tout l'air de rentrer bredouille — dis-je au curé.

» J'avais manqué le loup deux fois.

» — Nous finirons quand vous voudrez.

» — Ce serait pourtant dommage de rompre des chiens qui chassent si bien.

» — Qui parle de les rompre ? Il ne s'agit pas de cela ; mais de tuer l'animal.

» — Cela est plus facile à dire qu'à faire.

» — C'est ce que nous allons voir : suivez-moi.

Et Ragotin prit le galop.

» Nous courûmes une bonne demi-heure sans échanger une parole. Je croyais que nous avions perdu la chasse, car je n'entendais plus les chiens.

» — Arrêtons-nous ici — dit le curé en mettant pied à terre — attachons nos chevaux, vérifions nos amorces et attendons.

» Nous étions dans une petite lande de trois cents pas de largeur, entourée de bois de tous les côtés. Le soleil avait déjà disparu derrière les arbres, et le jour baissait rapidement.

» Je voulus parler, le curé fit un signe qui m'indiqua que je devais me taire ; alors je me mis à écouter, et j'entendis bientôt la chasse qui se dirigeait de notre côté. Dix minutes après ce renseignement irréfragable, le loup parut à la lisière du bois ; il hésita un moment, puis il prit son parti et il s'embarqua au galop dans la petite lande, en la partageant par le milieu. Comme nous étions postés sur le bord, l'animal était à peu près à quatre-vingts pas de nous.

» Lorsqu'il fut à notre hauteur, je lui envoyai mes deux coups de fusil. Au premier il bondit de côté, au second il se retourna et nous ne vîmes plus que son dos, c'est-à-dire sa queue.

» L'abbé Duverger mit en joue et lâcha son coup.

» Le loup fit la culbute comme un jeune chien qui folâtre, mais il ne se releva pas.

» — Je vous avais bien dit que cela finirait quand vous voudriez, monsieur le comte.

Et le bon curé, dégageant sa trompe, sonna l'hallali.

» Rameau et Denis arrivèrent à la suite des chiens. Ils me trouvèrent examinant le loup dans le... dos duquel je ne trouvai pas une seule blessure.

» — Où diable la balle aura-t-elle passé ? demandai-je ?

» — Elle sera sortie par la gueule — me dit Rameau d'un ton goguenard — et à moins qu'elle n'ait cassé une dent, ce ne sera pas facile à savoir.

» — Mais par où est-elle entrée ? — continuai-je.

» — Il faut si peu de place à une balle — répliqua le curé en baissant les yeux — Denis, recouplez vos chiens et partons. Nous avons deux bonnes lieues à faire pour regagner la cure.

» Le souper fut, comme la veille, solide et délicat tout à la fois ; l'ordre du jour fut aussi le même quant aux heures ; seulement on décida qu'on chasserait un cerf. C'était le tour de la meute du curé.

» Le cerf fut pris en quatre heures. L'abbé Duverger montait encore Ragotin. Comme nous revenions au presbytère, il me demanda la permission de me quitter pour aller visiter un malade à cinq quarts de lieues de Chapaize ; je lui offris un de mes chevaux de relais dont je n'avais pas fait usage ; il me répondit en s'éloignant au petit galop.

» Le soir, au moment où l'abbé me souhaitait une bonne nuit, il me dit :

» — Monsieur le comte, si vous le trouvez bon, nous nous bornerons demain à chasser un lièvre. J'ai un mariage à célébrer et mon catéchisme à faire : tout cela me conduira jusqu'à près de midi.

» J'assistai au mariage et j'en revins édifié : le discours du curé avait été excellent. Dans l'après-midi, nous prîmes deux lièvres, et Ragotin fut encore de la partie. Les quatre chevaux que j'avais amenés pour Denis et moi étaient sur les dents : cette considération me détermina à demander que le jour suivant fût un jour de repos.

» — Voulez-vous, — me dit le curé, — que nous fassions une battue à la bécasse? j'ai des enfants de chœur qui rabattent comme des anges.

» J'acceptai, comme bien vous pensez, et nous fîmes vraiment une chasse délicieuse. Le piqueur-sacristain plaçait les enfants de cœur en ligne, puis, lorsque nous étions postés sur l'autre lisière du bois qu'ils devaient fouiller, l'abbé donnait un signal, et les petits drôles, frappant de la main chaque cépée, et du pied chaque touffe de genêt ou de fougère, faisaient passer des bécasses au-dessus de nos têtes et des lièvres dans nos jambes. Je tirai trente coups de fusil pour tuer onze pièces ; l'abbé Duverger n'en tira que vingt, mais ils firent dix-neuf victimes.

» Ceci se passait le mercredi; le jeudi nous prîmes un ragot avec nos deux meutes réunies ; le vendredi repos pour les chevaux et les chiens, mais pour nous chasse aux alouettes au miroir. J'en tuai quarante, le curé cent cinquante-six, et cependant c'était lui qui tirait la ficelle.

» Je devais partir le dimanche, par conséquent il ne me restait plus qu'un jour à utiliser, après quoi je pourrais me vanter d'avoir passé une semaine comme peu de chasseurs doivent en avoir de semblables dans leurs souvenirs.

» — Que ferons-nous demain? — dis-je à l'abbé avant de me retirer.

» — On conduira les deux meutes au rendez-vous ; le bon Dieu fera le reste.

» Savez-vous ce que fut ce reste ? en neuf heures et demie nous forçâmes une deuxième tête, une laie bréhaigne, haute comme une vache et maigre comme un lévrier, enfin un brocard qui s'amusa entre autres ruses à suivre pendant un quart de lieue le lit d'un ruisseau, après quoi il se mit à battre les chemins, jusqu'à ce qu'il fût pris au-dessus d'une pile de fagots.

» Ce que l'abbé Duverger déploya de ténacité, de patience et d'esprit dans cette dernière journée, et particulièrement dans la chasse qui la termina, ne se peut expliquer, et serait encore moins aisément compris, aujourd'hui que le romantisme a aussi envahi la science du veneur. J'ai connu les plus intrépides et les plus savants chasseurs de France ; j'ai suivi leurs meutes vraiment royales ; j'ai assisté aux débuchers les plus enivrants, aux hallalis les plus dramatiques ; mais je n'ai vu qu'une fois dans ma vie forcer le même jour un cerf, un sanglier, un chevreuil, et c'est chez le curé de Chapaize que je l'ai vu. Convenez maintenant, mes chers amis, que Denis peut raconter, imaginer même tout ce qu'il voudra de ce personnage extraordinaire : il peut se faire qu'il ne mente pas autant qu'il le croit. »

Tel fut le récit de mon père. Je l'écrivis le lendemain même du jour où il nous fut fait, en tâchant de conserver à cette petite biographie le caractère de simple causerie qu'elle avait eu pendant la narration ; et quand je montrai à mon père le résultat de mon travail qu'il voulut bien approuver, je le priai de me dire s'il savait ce que le bon curé était devenu.

« Certainement, mon ami ; et je vais satisfaire ta cu-curiosité à cet égard. D'abord, à dater de l'époque dont je t'ai parlé, nous ne passâmes pas une année, le curé et moi, sans nous réunir, soit dans son presbytère, soit dans mon château. Cela dura jusqu'aux mauvais jours de la révolution, environ onze ans. Au mois de novembre 1790, j'allai encore faire la Saint-Hubert à Chapaize ; mais le temps fut affreux pendant les huit jours que je passai chez l'abbé Duverger, que j'avais d'ailleurs trouvé profondément et justement attristé par les malheurs du pays. « — C'est la ruine de tout ! — me disait-il. — Ruine de la religion, ruine du trône, ruine de la noblesse, et ruine aussi de la chasse, car lorsqu'il n'y aura plus de gentilshommes, il n'y aura plus d'équipages. Tout le monde s'en mêlera, on détruira tout le gibier... Malheureuse France ! »

» J'émigrai peu de mois après cette dernière réunion, et avant de partir j'écrivis à l'abbé Duverger pour lui faire mes adieux, et lui annoncer l'arrivée de six de mes meilleurs chiens que je lui envoyais. Je reçus sa réponse à Lausanne. Sa lettre était toute mélancolique, car l'Assemblée nationale venait de rendre son ridicule décret sur la chasse. « Je vous l'avais bien dit ! » — s'écriait le bon curé en terminant son élégie épistolaire.

» Trois ans plus tard, vers 1794, je traversais, par une belle matinée d'automne, un des districts les plus sauvages de la Pologne prussienne, lorsque j'entendis deux chiens courants qui chassaient merveilleusement bien dans une petite vallée au-dessous de moi. Je m'avançai sur le bord d'une roche qui surplombait l'endroit où j'entendais les chiens, et j'aperçus distinctement un homme embusqué sur la lisière d'un bois. Une petite prairie à laquelle il faisait face le séparait d'un autre bois dans lequel l'animal chassé se faisait battre. Comme rien n'est plus rare dans le nord que d'entendre des chiens courants, je me figurai que ceux qui avaient éveillé mon attention appartenaient à quelque pauvre diable d'émigré comme moi. Cette pensée et aussi la curiosité me firent rester sur mon rocher, jusqu'au moment où je vis un cerf et une biche débucher du bois, et se diriger, à travers la petite prairie, du côté du chasseur en embuscade. Ils en étaient loin encore, lorsqu'une fumée blanche s'éleva dans les airs et me fit prévoir la double détonation qui ne tarda pas à retentir avec éclat et ensuite à gronder sourdement. Le cerf et la biche étaient étendus l'un à côté de l'autre sur l'herbe encore scintillante de la rosée du matin. Les chiens arrivaient d'un côté, le chasseur s'avançait de l'autre : le tableau était ravissant.

» Le chemin que je devais suivre descendait vers la vallée. Je continuai donc ma route, et j'arrivai bientôt où s'était passé le petit drame dont je viens de parler. Le chasseur faisait tranquillement la curée de ses deux victimes, tandis que ses chiens se tenaient à l'écart avec une soumission qui faisait le plus grand honneur à l'épucation qu'ils avaient reçue. Au bruit du pas de mon cheval, le chasseur se retourna, et je reconnus mon excellent et vieil ami le curé de Chapaize.

» — Comment, c'est vous, monsieur le comte ! Comment, c'est vous, mon cher abbé ? — nous écriâmes — nous en même temps. — Par quel hasard ?

» — Je me suis remarié en Silésie à une journée d'ici. — J'ai une petite cure en Pologne, derrière ces grand sapins que vous voyez là-bas. Allons y déjeuner.

« J'acceptai, et je passai là une dernière matinée charmante. Le bon curé avait encore deux chiens courants et un chien d'arrêt. Il était toujours actif, charitable, tolérant; on l'adorait dans le pays.

» — Au total, comment vous trouvez-vous ici, — lui demandai-je en entamant un excellent jambon de sanglier fumé au genièvre.

» — Pas mal, je vous assure. — me répondit-il avec une gaité un peu mélancolique. — Le peuple de ce pays est religieux, nos forêts fourmillent de gibier de toutes les espèces: je prie et je chasse... Que peut souhaiter de mieux un pauvre exilé?

» Nous nous nous séparâmes en nous promettant de nous revoir: Hélas! la mort ne l'a pas voulu! le bon curé périt victime de son dévouement dans un de ces incendies si fréquents en Pologne. Quand je revins pour le voir, je ne trouvai plus qu'une pierre sans inscription qu'on me dit être son tombeau. Tu peux croire que je rentrai chez moi bien triste. Il n'y a plus d'hommes comme cela, ajouta mon père. Vous autres, vous n'êtes que des chasseurs de la vierge Marie, et Denis a raison quand il dit: *Pauvre défunt monsieur le curé de Chapaize!* »

VII

Simple Histoire

Nous sommes en plein carême, mes chers lecteurs : si vous ne le savez pas, je vous l'apprends ; et d'ailleurs, pour peu que vous ayez de la perspicacité, et vous en avez beaucoup, vous le verrez à la maigreur du récit que je vais vous faire, pour ma pénitence et la vôtre. Oubliez donc pour un moment la royale hospitalité du marquis de Montrevel, les chasses fabuleuses du marquis de Bologne ; bannissez de vos imaginations, si vous le pouvez, les meutes de 150 chiens, les piqueurs galonnés, les grands seigneurs aussi brillants de paillettes que le ciel l'était hier d'étoiles ; laissez dormir au fond de vos mémoires les marquises, les chanoinesses et même les abbesses de l'ancien régime, sauf à évoquer leurs ombres le jour de Pâques à l'alléluia, et résignez-vous de bonne grâce à faire une excursion des plus paisibles dans les souvenirs quelque peu innocents d'un écolier.

Il s'agit de vous raconter tout simplement comment je me servis du premier lièvre que je tuai pour sauver la vie à un homme, et quel était cet homme.

Convenez que ce programme ne vaut pas ceux que je vous ai donnés jusqu'à ce jour ; comme par exemple : *Pauvre défunt M. le curé de Chapaize*. Et cependant je prends à témoin le plus grand saint du paradis, c'est-à-dire saint Hubert, que je voudrais répondre autrement aux bienveillants encouragements que j'ai reçus dans un très-spirituel article du *Journal des Chasseurs*. Mais l'inspiration, comme la gloire, comme la fortune, est femme, et si elle vous sollicite souvent quand vous ne la recherchez pas, elle fuit plus souvent encore quand on l'appelle... j'en ai fait en mainte occasion la triste expérience, et ceux qui ont la bonté de me lire depuis six ans, s'il en existe qui aient eu cette persévérance, ont dû s'en apercevoir.

J'ai dit et je commence.

Je venais d'entendre sonner la dernière heure de ma treizième année, et j'avais déjà pour le noble délassement de la chasse ce goût qui devait être plus tard une passion, et qui est encore pour moi le plus doux de mes souvenirs en même temps que le plus amer de mes regrets. Trop jeune encore jusqu'à cette époque, pour qu'il fût prudent de me confier une arme à feu, je ne laissais pas pour cela de suivre avec une infatigable ardeur toutes les chasses, de quelque nature qu'elles fussent, qui se faisaient dans le pays. Tantôt j'accompagnais dans ses tournées le garde-champêtre de la commune, bien qu'il ne portât sous son unique bras, car il était manchot, qu'un vieux mousqueton qui ne grondait qu'une fois l'an pour la fête de l'empereur ;

tantôt je me faufilais parmi les notables du pays, lorsque, guidés par mon ami le vieux Denis, ils allaient au milieu de l'hiver faire des battues où l'on tuait force lièvres, sous le prétexte ingénieux de détruire les loups. Si je voyais briller un miroir dans la plaine, j'allais intriguer pour tirer la ficelle, ou pour obtenir la mission de confiance de faire lever les alouettes blotties dans le creux des sillons; si j'entendais un basset donner de la voix dans les vignes, j'allais m'embusquer dans un carrefour, et je couchais en joue, avec un échalas, le lièvre qui ne tardait pas à se montrer, alerte, joyeux et tout brillant de la rosée du matin. Mon père, qui reconnaissait sa jeunesse évanouie dans ces précoces instincts, ne les combattait que pour l'acquit de sa conscience, ce qui signifiait qu'il se bornait à ne pas les encourager, au grand mécontentement de l'abbé Garchery, mon précepteur, excellent homme dont la pénétration était grande, car il ne cessait de répéter ces paroles, que j'ai pris le soin de rendre prophétiques :

« Mon cher ami, vous ne serez jamais qu'un ignorant, si vous continuez à aimer la chasse avec une passion aussi désordonnée. Hier, vous n'avez pas fait votre thème, et aujourd'hui vous m'avez tout l'air de ne pas faire votre version.

— Mais, monsieur l'abbé, — répondais-je, — le latin me sera très-inutile.

— Pourquoi cela, monsieur le raisonneur?

— Parce que mon père ne voulant pas que je serve l'empereur, je n'aurai rien de mieux à faire que d'entrer dans les ordres, et alors vous comprenez que le latin...

— Oui, oui, je comprends, petit insolent, — s'écriait

l'abbé, qui était d'autant plus indigné que je négligeasse mon latin, qu'il profitait pour l'apprendre un peu des leçons qu'il me donnait. — Mais vous allez avoir affaire à moi.

En deux bonds j'étais hors de la salle d'études, en quatre autres j'atteignais le jardin, cinq minutes après je rejoignais le garde-champêtre, que j'avais vu passer, le mousqueton sur l'épaule, et pendant que je parcourais les champs, le bon abbé Garchery disait bénignement son bréviaire... en français.

Je rentrais à l'heure du dîner, le front baigné de sueur, les joues écarlates, les vêtements en désordre; l'abbé venait se placer à côté de moi : il avait l'air solennel et même sévère.

— Il paraît que les leçons ont mal été aujourd'hui — disait mon père.

— Il n'y en a pas eu — reprenait l'abbé.

— Ah! c'est différent — continuait mon père — j'aime mieux qu'on ne fasse rien que de mal travailler.

Les choses en étaient là, quand arriva le jour de mes treize ans accomplis, 29 octobre 1813. L'abbé Garchery et moi nous prenions *notre leçon* de latin, paisiblement assis aux deux coins d'un bon feu, une table entre nous, dans la petite chambre que nous occupions au rez-de-chaussée du château. Le bon abbé était un peu mélancolique... je venais de lui demander l'explication d'un passage de mon *De Viris*, et il n'était pas bien sûr de me l'avoir donnée bonne.

— Voyez donc comme c'est honteux, mon enfant, pour un garçon de votre âge, de n'en être encore qu'aux premiers éléments du latin — me disait-il d'une voix paternellement triste.—Vous ne saurez jamais cette langue sans laquelle il n'y a pas de bonne éducation.

— Je m'y mettrai, monsieur l'abbé, je vous le promets — répondis-je en tournant la tête du côté de la fenêtre, contre les vitres de laquelle fouettait une formidable pluie d'automne qui me faisait dire qu'il ne fallait pas songer à une escapade ce jour-là.

— Vous vous y mettrez, dites-vous : et quand comptez-vous commencer ?

— A l'instant même.

Et pour joindre l'action à la parole, je fis semblant de chercher un mot dans mon dictionnaire.

En ce moment la porte de notre chambre s'ouvrit sans que j'aperçusse la main qui tenait la clef, et deux charmants bassets, couplés ensemble par une laisse de soie amaranthe, entrèrent résolûment et vinrent me flairer les mains.

Il y avait un chien et une chienne, ce qui, même pour une innocence d'écolier qui n'a pas fréquenté les colléges, signifiait l'espérance d'une postérité. Ils étaient noirs, marqués de feu, admirablement bien coiffés, et ils avaient les jambes droites, ce qui leur donnait un air dégagé qui me plut au premier abord.

Néanmoins cette apparition me causait plus de surprise que de joie, car j'étais à mille lieues de la vérité, lorsque la porte s'ouvrant tout à fait, me montra mon père debout sur le seuil.

Sa figure était radieuse d'une joie sans mélange. Il tenait à la main un objet renfermé dans un fourreau de serge verte, dont la forme allongée fit battre mon cœur.

— L'abbé — dit-il avec un embarras admirablement

joué, — vous allez me gronder, mais, ma foi, cela s'est toujours fait ainsi dans ma famille; Mon fils entre aujourd'hui dans sa quatorzième année.

— Ce qui signifie, monsieur le comte, qu'il doit redoubler de zèle pour ses leçons.

— Je suis de cette opinion ; mais cela signifie aussi qu'il a atteint la majorité légale pour chasser, et que je lui donne ces deux chiens et ce fusil.

Je poussai un cri de joie et je courus me précipiter dans les bras de mon père, que je priai de répéter encore ce qu'il venait de me dire, car je ne pouvais en croire mes yeux et mes oreilles.

— Voilà aussi — continua mon père, en ramenant devant lui sa main gauche qu'il tenait derrière son dos, ce que je n'avais pas remarqué, tant j'étais occupé par ce que je voyais — voilà aussi une carnassière, un fouet de chasse, des sacs à plomb, une poire à poudre, des pierres de rechange, et quelques menus ustensiles que tu trouveras quand tu en auras besoin.

— Vous avez oublié les bourres, monsieur le comte... — permettez-moi de réparer cette omission.

Et l'abbé prenant sur la table mon rudiment, me le tendit d'un air navré.

— Allons, allons, l'abbé — dit mon père — ne lui gâtez pas son plaisir; il travaillera mieux maintenant. Une passion satisfaite prend moins de temps qu'une passion malheureuse, parce qu'on ne peut pas toujours agir, au lieu qu'on peut toujours rêver. Vous verrez que vous serez plus content de lui.

J'ai souvent été à même, depuis lors, d'éprouver l'excellence de la théorie de mon père sur les passions satisfaites, et il est certain qu'il en avait fait une application heureuse dans la circonstance que je viens de rapporter, car, à dater de ce moment, je travaillai si bien, que l'abbé Garchery, dans l'impossibilité de suivre mes progrès, dut céder sa place à un jeune séminariste qui en savait un peu plus long que lui, et qui en outre aimait la chasse encore plus que moi, si c'est possible.

Aussi quelles bonnes parties nous avons faites ensemble pendant quelques mois, et cela sans que mes études en souffrissent le moins du monde ! Nous avions deux classes : l'une, le matin, qui commençait à six heures pour finir à neuf ; l'autre, dans l'après-midi, qui durait de deux à cinq. La soirée était consacrée à ma famille depuis le dîner jusqu'à huit heures, et le reste était employé à préparer les devoirs du lendemain. Nous chassions donc tous les matins pendant quatre heures dans les vignes autour du château, chasses bien innocentes, puisqu'elles consistaient à poursuivre de noyer en noyer et de haie en haie des bandes de pinsons ou quelque merle jaseur. Le jeudi, après l'unique classe du matin, raccourcie d'une heure, et le dimanche, après la messe, c'était autre chose : les deux bassets étaient conduits au bois par notre domestique Henry, celui-là même qui est devenu un excellent valet de limier plus tard, et nous chassions un ou deux lièvres que je tirais souvent, que je blessais toujours, prétendait Henry, et qu'il se dépêchait d'achever pour plus de sûreté, disait-il. L'automne avait marché au milieu de ses brumes épaisses ; l'hiver était venu avec ses pluies glacées, ses neiges, son verglas, ses jours aussitôt finis que commencés, rien n'avait pu calmer mon ardeur, dont aucun succès n'avait cependant encore justifié la durée, car je n'avais mis à mort que quelques oiseaux paralysés par le froid ou assourdis par la bise. Tout ce qui se présentait brusquement devant moi, tout ce qui partait inopinément sous mes pieds, me causait des émotions, des tressaillements qui redoublaient ma maladresse et mon inexpérience. Henry avait beau dire dans ces occasions : *j'ai vu sauter le poil, j'ai vu voler la plume...* le poil en effet sautait, la plume à coup sûr volait, mais moi je ne ramassais jamais rien, ce qui ne m'empêchait pas de recommencer à espérer pour le lendemain.

Un jour cependant, jour trois fois heureux, et tout resplendissant au milieu de mes plus beaux souvenirs ; un jour — dis-je — j'eus le bonheur de rouler un lièvre sans le secours de personne, c'est-à-dire que personne ne l'avait tiré avant moi et que personne ne le tira après. Mes bassets l'avaient lancé dans la forêt ; il était venu faire un tour en plaine, puis il s'était rasé dans une terre labourée où Lumino et Bellaude le cherchaient derrière chaque motte. J'étais seul avec eux et je les regardais faire, quand tout à coup le lièvre part sous mes pieds. Comme à l'ordinaire, mon cœur bondit dans ma poitrine, ma main trembla ; cependant je couche en joue tant bien que mal, je jette mon coup au hasard, et un grain égaré de sa route va atteindre derrière la nuque le lièvre qui tombe comme frappé de la foudre. Je crie : quel bonheur ! et je cours m'emparer du bouquin que, triomphant, je montre à mon précepteur et à Henry qui me rejoignaient en ce moment. Mais en ce moment aussi arrivait, pâle et effaré, un paysan qui nous jeta ces mots entrecoupés par la peur :

— Monsieur le comte m'envoie vous dire de cacher vos fusils et de revenir bien vite au château.

Voici l'explication de ce message :

L'année 1814 était commencée depuis quinze jours environ, et il y avait un mois que la France était envahie par les armées de la coalition. Trois ou quatre fois déjà nous avions été visités la nuit par des patrouilles de cavalerie autrichienne ; puis nous avions cessé d'en voir, et le bruit s'étant répandu que des troupes françaises avaient occupé Dijon et se dirigeaient sur Châlons-sur-Saône, nous nous étions imaginé que nous ne reverrions plus nos amis les ennemis, comme on disait dans ce temps là, grâce à la tyrannie un peu lourde du grand Napoléon. Il était résulté de cette espèce de sécurité, que les fusils, cachés d'abord derrière les livres de la bibliothèque, avaient repris leur place accoutumée au coin du poêle de la salle à manger, et que les chasses, un moment interrompues, faisaient de nouveau mes délices.

Or, il était arrivé que, tandis que je tuais mon premier lièvre, cent cinquante dragons de la Tour, un bataillon de Croates et deux compagnies de chasseurs tyroliens occupaient notre village. C'était de cet événement que mon père me faisait avertir, et le paysan porteur de la nouvelle avait commencé par nous dire de cacher nos fusils, parce que c'était une recommandation que ma mère lui avait glissée dans l'oreille, pendant qu'il était déjà en chemin pour venir nous trouver.

Rentrer dans le bois, chercher dans un épais taillis la place la plus touffue, enfouir nos armes et nos ustensiles de chasse sous un lit de feuilles sèches, tout cela fut l'affaire d'un moment. Restait le lièvre que je ne voulais pas abandonner.

— Si nous le montrons — disait mon précepteur — on devinera bien qu'il n'est pas mort de la goutte, et on nous demandera ce que nous avons fait de nos fusils. Cela peut attirer des tracasseries sans fin à monsieur votre père, sans compter qu'il faudra revenir chercher les armes que nous laissons ici, ce qui sera une perte et une humiliation.

— Mais je veux que mon père sache que j'ai tué un lièvre — répondis-je.

— Je le lui dirai, et il me croira.

— Songez encore — repris-je vivement — que ma mère a peut-être vingt officiers à nourrir, et que le garde-manger est probablement fort dégarni... mon lièvre peut la tirer d'un grand embarras.

Pendant que je défendais mon opinion par des moyens assez spécieux, ainsi qu'on vient de le voir, j'examinais attentivement le messager qu'on m'avait envoyé, comme s'il pouvait m'aider à exécuter mon projet.

— C'est cela — m'écriai-je, tout à coup comme frappé d'une inspiration soudaine — attachez-moi mon lièvre autour du corps — dis-je à l'abbé.

— Maintenant — continuai-je quand ce fut fait et en m'adressant au paysan — prête-moi ta blouse.

Cette blouse était longue et large ; je m'en affublai. Ainsi vêtu, j'aurais pu cacher quatre lièvres au lieu d'un. Mon précepteur lui-même fut de cet avis.

Mes deux bassets s'étaient remis en quête depuis longtemps ; nous les laissâmes libres de revenir quand bon leur semblerait : c'était d'ailleurs comme cela que ses choses se passaient ordinairement. Nous reprîme donc gaîment le chemin du château, où nous ne tardâmes pas à arriver.

Tout y était dans un désordre plus facile à comprendre qu'à dépeindre, quoiqu'il n'offrît rien qu'on ne doive voir en pareille circonstance. Un bivouac de dragons était établi sur la pelouse du jardin; un autre de Croates s'était organisé dans une arrière-cour, auprès d'une pile de fagots, ce qui était fort commode pour la cuisine de ces messieurs; un poste de chasseurs tyroliens occupait le vestibule du château, et tandis que l'état-major se reposait de ses fatigues dans le salon, les corridors étaient remplis d'une foule bruyante et pressée d'ordonnances, de domestiques, de paysans, les uns allant exécuter des ordres, les autres venant faire des réclamations, tous ayant l'air affairé ou effaré, suivant qu'ils étaient vainqueurs ou vaincus.

Je gagnai ma chambre sans accident, comme on peut le croire, et après avoir mis en sûreté mon lièvre dans un des tiroirs de la commode de mon précepteur, je réparai aussi promptement que je pus le désordre de ma toilette, et j'allai rejoindre mes parents au salon.

La société y était nombreuse; mais la vérité veut que je dise qu'elle ne répondit pas à l'idée que je m'en étais faite. Je croyais trouver des hommes à figures farouches, grossiers, exigeants, enivrés de leur triomphe, et j'arrivais au milieu d'officiers, jeunes pour la plupart, parfaitement polis, incroyablement discrets, et modestes jusqu'à paraître embarrassés de leur triomphe. Mon père me présenta au chef d'abord, qui était un major de dragons, puis successivement à tous ses compagnons, et au bout d'un quart-d'heure, j'étais dans les meilleurs termes avec tout ce monde.

Je profitai d'un moment où la conversation était plus animée que lors de mon arrivée, pour confier à ma mère que j'avais un lièvre à sa disposition. Elle me répondit que pour ce jour-là il lui serait inutile; mais que, selon toute apparence, il deviendrait une grande ressource pour le lendemain. Peu de moments après on vint annoncer que le dîner était servi, et nous passâmes dans la salle à manger. Le major voulut m'avoir à son côté.

Il commença par me questionner sur mon âge, sur mes études, sur mes goûts; puis me regardant fixement, il me dit:

— Aimez-vous la chasse?

— Beaucoup, monsieur le major?

— Y allez-vous souvent?

— Tous les jours.

— Êtes-vous adroit?

— Je commençais à le devenir, mais tout ceci va bien retarder mes progrès.

— Que ferez-vous si je vous donne un port d'armes?

— Je vous en demanderai immédiatement deux autres; l'un, pour mon précepteur que vous voyez là-bas, parlant latin avec votre adjudant; l'autre, pour ce garçon qui vous sert à table et qui est mon chasseur (1).

— Eh bien! je vous les accorde tous les trois; mais c'est à la condition que si je reviens ici, vous me ferez manger du gibier.

Cela m'encouragea tout à fait, et sans hésiter plus

---

(1) Les Allemands ne se servent pas du mot piqueur : je savais cela.

longtemps je contai au digne major toute mon histoire du matin, et je lui promis que le lendemain matin il aurait mon lièvre pour déjeuner.

Mon récit l'amusa beaucoup; il le traduisit à ses officiers qui ne s'en divertirent pas moins, de sorte que mon succès fut complet; mais ce qui me le rendit particulièrement agréable, c'est que, séance tenante, les trois ports d'armes me furent délivrés. Il ne dépendait donc que de moi de me remettre en chasse dès le lendemain.

Pendant que la conversation allait son train, les réclamations des paysans allaient le leur. Il y en avait à chaque instant, et les plus risibles du monde. L'un se plaignait qu'on lui buvait son vin, l'autre qu'on lui brûlait son bois; celui-ci s'était vu arracher sa soupe d'entre *les bras;* celui-là avait laissé sa femme en grand danger d'être embrassée, et tous s'étonnaient que le major comprît leur patois et leur répondît en français aussi bon que celui de monsieur le curé. Du reste, ce brave officier écoutait sans rire les plaintes les plus grotesques, et il y avait égard pour peu qu'elles fussent un peu fondées.

Tout cela nous avait conduit à la fin du dîner, et nous allions quitter la table pour retourner au salon, lorsque notre domestique introduisit dans la salle à manger quatre chasseurs tyroliens, au milieu desquels marchait, tête nue et les mains attachées derrière le dos, un individu portant le costume des artisans aisés des villes.

Il pouvait avoir de vingt-huit à trente ans; il était grand, mince, pâle; et si on ne l'eût pas jugé dans une situation périlleuse, il est probable que sa physionomie n'eût pas inspiré d'intérêt pour sa personne, car l'expression en était tout à la fois lâche et cruelle.

Celui des chasseurs tyroliens qui marchait le premier se plaça devant le major dans une attitude respectueuse; et celui-ci l'ayant interrogé, il commença dans sa langue un assez long récit, pendant lequel il désigna plusieurs fois de la main l'homme garrotté. Quand son rapport fut terminé, il ôta sa coiffure militaire et il fit voir au major qu'elle était percée d'une balle à quelques lignes au-dessus du front.

Quand il avait commencé à parler, le visage souriant et jovial du major était devenu soucieux, et quelque effort qu'il fit ensuite pour se contraindre, il ne reprit pas sa sérénité.

J'interrogeai du regard ma mère, qui savait parfaitement l'allemand; elle me sembla fort émue, surtout au moment où le major prononça quelques paroles en faisant signe d'emmener le prisonnier.

Après le départ de celui-ci, le major, dont la physionomie, de sévère qu'elle était, avait pris une teinte de tristesse, se tourna du côté de mon père, et élevant la voix il lui dit, mais cette fois en français:

— Monsieur le comte, je suis désolé pour vous de ce qui nous arrive.

— De quoi s'agit-il donc, monsieur le major?

— Est-ce que vous n'avez pas entendu? Je croyais que votre long séjour en Allemagne, pendant l'émigration, vous avait rendu notre langue familière?

— Je ne l'ai jamais sue qu'un peu et je l'ai oubliée beaucoup — repartit mon père avec une bonhomie charmante; — ce qui fait qu'aujourd'hui il me serait difficile de suivre une conversation un peu rapide.

La vérité est que mon excellent père avait été un de ces braves émigrés qui disaient à tout venant :

« Il faut convenir que ces Allemands sont un peuple bien sauvage : voilà dix ans que nous sommes chez eux, ils n'ont pas encore eu l'esprit d'apprendre le français. »

— Puisque vous n'avez pas compris — continua os plutôt reprit le major — il faut que je vous dise que cet homme n'est pas militaire, et qu'il a été pris les armeu à la main, après avoir fait feu sur une de mes patrouilles.

— C'était peut-être un chasseur comme mon fils l'était ce matin — répondit vivement mon père.

— Je le souhaiterais autant que vous, monsieur le comte, dit mélancoliquement le major ; mais malheureusement je ne puis me faire aucune illusion à cet égard. Cet homme faisait partie d'un détachement qui gardait la route, pendant que des ouvriers cherchaient à couper une chaussée d'étang sur laquelle nous devons passer demain matin. Quand ce détachement et ces travailleurs ont vu venir ma patrouille, ils ont pris tous la fuite, à l'exception de ce pauvre diable qui n'a pas voulu suivre leur exemple avant d'avoir tiré un coup de fusil. La balle a percé le schako de mon sergent, comme vous avez pu le voir, et le coupable n'ayant pas eu le temps ou l'agilité de rejoindre ses compagnons, a été pris, ce qui m'oblige à faire un rapport au général en chef. Cette affaire aura une triste issue.

— Comment cela ? — demanda vivement mon père.

— Les lois de la guerre sont positives, vous le savez, monsieur le comte, puisque vous avez servi : *Tout individu non militaire, pris les armes à la main, sera fusillé.* Voilà la règle ; mais je tâcherai de faire mon rapport de manière à ce que ce pauvre diable en soit quitte pour une cinquantaine de coups de *schlague* (1).

— S'il n'avait ni femme ni enfants, il vaudrait mieux pour lui qu'on le fusillât — dit mon père — ce qu'il a fait semblerait prouver qu'il a du courage et de l'honneur.

— Je me permettrai d'en juger autrement, monsieur le comte — répondit le major avec une urbanité pleine de déférence — j'ai examiné attentivement la physionomie de cet homme, et je parierais que c'est un poltron révolté, ou un coquin qui avait besoin d'une réhabilitation.

— Quel qu'il soit, monsieur le major — répliqua mon père — il est mon compatriote, et je vous demanderai en grâce de faire tout ce que vous pourrez pour le sauver de l'ignominie d'une punition honteuse d'abord, et ensuite de la mort.

— Faites une chose, monsieur le comte. Allez jusqu'à Chagny avec l'ordonnance qui portera mon rapport. Vous trouverez là le général Scheiter qui commande la brigade : c'est un vieux soldat rude au premier abord, mais dont le cœur est au fond excellent. Adressez-vous à lui comme un ancien militaire vous-même, je ne doute pas que vous n'en obteniez une grâce complète, et j'en serai pour le moins aussi heureux que vous, puisque s'il y a une punition je serai chargé de la faire exécuter.

(1) C'est ainsi qu'on appelait les petites cannes de coudrier que portaient les sergents des troupes allemandes : se servir de cette *arme* ou être frappé par elle, se nommait donner ou recevoir *la schlague.*

—Ma foi, major, vous êtes un galant homme! — s'écria mon père — et je suivrai votre conseil. Henry, dites qu'on selle mon cheval; et, en attendant qu'il soit prêt, allons au salon pour prendre le café. Major, je boirai à votre santé avec de l'eau-de-vie qui a soixante ans.

On se leva de table, et dans l'espèce de désordre qui acompagna ce mouvement, mon père se rapprocha de moi et me dit à l'oreille :

— Va voir où l'on a mis le prisonnier, et tu tâcheras ensuite de m'indiquer l'endroit, de manière à ne donner de soupçons à personne.

Dix minutes après je rentrais dans le salon : il ne m'avait pas été difficile d'exécuter les ordres de mon père, qui, de son côté, n'eut pas l'air de remarquer mon arrivée après tout le monde.

— Je parie — dit le major, comme s'il eût été mon complice — que cet aimable enfant est allé savoir ce qu'était devenu le prisonnier?

— C'est la vérité monsieur le major. Ce pauvre homme! il est bien malheureux, je vous en réponds.

— J'espère cependant qu'on ne le maltraite pas?

— Oh! mon Dieu! non: il est dans la cuisine, au coin du feu, mais ses mains sont toujours garottées, et il pleure; il m'a dit qu'il avait une femme et trois enfants tout petits.

Mon père, tout en causant avec un jeune officier des dragons de la Tour, me fit comprendre par un signe qu'il n'avait pas besoin d'en savoir davantage. Quelques instants après, le domestique vint lui dire que son cheval, sellé et bridé, l'attendait dans la cour, et comme dans l'intervalle le major avait écrit son rapport, nous nous dirigeâmes tous vers la cuisine, où se tenaient les sous-officiers de cavalerie qui devaient fournir une ordonnance pour accompagner mon père au quartier-général

Il commençait à faire nuit dehors; mais la cuisine, dans la cheminée de laquelle pétillait un feu comme en font les vainqueurs avec le bois des vaincus, la cuisine, dis-je, était inondée de lumière comme si elle eût été éclairée par le soleil de midi d'un jour de canicule.

Le prisonnier était toujours à la même place, c'est-à-dire auprès du foyer : les mains attachées derrière le dos, il était assis ou plutôt appuyé contre un petit buffet placé dans l'embrasure d'une fenêtre qui ouvrait sur le jardin. La cuisine, comme toutes les cuisines, était au rez-de-chaussée.

Pendant que le major expliquait ses instructions à son ordonnance, mon père s'approcha du prisonnier pour lui adresser quelques questions et lui redonner un peu de courage en le mettant au fait de la démarche qu'il allait tenter.

— Cet homme m'a tout l'air d'un coquin — me dit-il à voix basse — n'importe, je remuerai ciel et terre pour le sauver.

Je regardai attentivement le prisonnier, et je remarquai qu'en effet sa mine ne prévenait pas en sa faveur. Son visage n'exprimait pas ce désir ferme et digne de conserver la vie, qui possède les êtres dont la conscience leur dit qu'ils sont utiles à leurs semblables. Son regard oblique et fauve mendiait bassement la pitié de ses gardiens, au lieu d'en appeler à la sympathie de ses compatriotes; son front bas et fuyant était inondé de la sueur froide de la peur; quoique placé à quatre pas d'un feu formidable, tout son corps était agité par un tremblement nerveux ; en un mot, un profond sentiment de dégoût se mêlait involontairement à l'intérêt qu'il inspirait d'abord, tant sa personne faisait tort à sa position.

— Il ne faut pas trembler comme cela — lui dit mon père — ces hommes vous regardent et ils vous prendront pour un poltron. — Major, continua-t-il en voyant que le prisonnier ne comprenait pas ces paroles, ce brave garçon a la fièvre — ne voudriez-vous pas prendre sur vous de lui permettre de se coucher dans un lit bien bassiné, où il finirait par se réchauffer.

— Dites-lui, monsieur le maire, que vous allez demander sa grâce : ce moyen sera encore plus efficace.

Mon père vit bien que son intention avait été pénétrée, alors il expliqua brièvement au prisonnier ce qu'il allait faire pour lui.

— On n'accorde jamais la grâce de ceux qu'on doit exécuter — murmura celui-ci d'une voix sourde.

— Quel est votre état ? — continua mon père.

— Domestique à Châlons.

— Chez qui ?

— Chez M. Cazes.

— Je ne connais personne de ce nom à Châlons... que fait votre maître ? est-il négociant ?

— C'est le...

Le mot, prononcé à voix basse, expira entre les lèvres du prisonnier, de sorte que je ne l'entendis pas : seulement, je remarquai que mon père se recula vivement, comme s'il eût aperçu un reptile sous son pied.

— Monsieur le maire — dit le major — mon ordonnance est prête à vous suivre ; maintenant croyez bien que mes vœux vous accompagneront dans vos démarches. Le général résistera, soyez-en sûr ; mais ne craignez pas d'insister, et vous réussirez.

— Je crains de ne pas être aussi éloquent que je le voudrais — répondit mon père tristement. — N'importe, partons toujours.

Et mon père, suivi d'un bas-officier de dragons, se dirigea du côté du perron, au bas duquel son cheval l'attendait.

Pendant qu'il examinait les sangles et la bride avec l'attention scrupuleuse d'un ancien colonel de cavalerie, il me dit à voix basse :

— Je vais faire une démarche dont j'espère un bon résultat, mon cher enfant ; cependant je serais plus confiant que je ne le suis, si je pouvais penser que ce drôle... que ce pauvre diable aura l'esprit de se tirer d'affaire lui-même. Cette fenêtre n'est qu'à deux pieds du sol, le jardin est au-dessous, la forêt n'est pas loin, et si j'étais à sa place je crois que je coucherais cette nuit dans mon lit.

— Mais ces liens qui le garrottent ?

— Bah ! c'est la moindre des choses ; la cuisinière en allant et venant peu les couper avec son couteau.

— Mais cette fenêtre qui est fermée ?

— On l'ouvre sous un prétexte quelconque : trop de feu ou un peu de fumée.

— S'il se sauvait, est-ce que vous ne seriez pas responsable ?

— Responsable ? allons donc ? me prends-tu pour le geôlier de la coalition ? au surplus, ne te mêle pas de cette affaire : je ferai de mon mieux pour avoir sa grâce, et si je ne réussis pas, nous aviserons. Au revoir, mon enfant, pas de folies jusqu'à mon retour.

Et mon père, malgré ses soixante ans et son embonpoint, enfourcha lestement son cheval et s'éloigna au petit galop, escorté par le dragon qui portait le rapport du major.

Il y avait dans le village deux ou trois jacobins retirés des affaires depuis une quinzaine d'années. Quand ils virent passer mon père accompagné d'un cavalier autrichien, l'un d'eux cria à son voisin :

— Ces émigrés sont toujours les mêmes, maître Flachot : voilà le ci-devant comte qui va trouver le général ennemi pour lui dénoncer les braves gens de la *commune*. Mais, patience ! l'empereur viendra, et...

— Bonsoir, père Lamalle — cria à son tour mon père qui avait tout entendu — rentrez chez vous, mon vieux ; la nuit est froide, et vous êtes sujet aux catharres.

Puis il donna de l'éperon à son cheval, et il disparut dans l'ombre toujours croissante.

Ce Lamalle était un ancien serviteur de la famille. Il avait été valet de chambre de mon père, et sa femme avait nourri ma sœur aînée. En 1792, ayant échangé la livrée du domestique contre la carmagnole du sans-culotte, il était venu piller le château par amour pour la patrie... et pour la vaisselle de ses anciens maîtres.

Je vous dirai en passant qu'un mois après l'événement que je vous raconte et les paroles que je viens de vous rapporter, ce père Lamalle, pris pour ôtage et conduit au quartier-général du prince de Hesse-Hombourg, à Dijon, dut la liberté et peut-être la vie aux sollicitations de mon père, qui se porta sa caution et le ramena dans sa propre voiture chez lui. Ces gentilshommes sont si haineux et si vindicatifs !

Quant au père Lamalle, il fut très-reconnaissant ; mais comme il était patriote avant tout, pendant les Cent-Jours il alla dénoncer mon père. Fort heureusement pour nous, le maréchal Suchet, auquel il s'adressa, le fit jeter à la porte par ses aides-de-camp. Là, finit la carrière politique de ce grand citoyen.

Je ferme cette longue parenthèse pour revenir à notre prisonnier, près duquel je retournai aussitôt après le départ de mon père.

Je le trouvai toujours plus abattu, et quoique son muet désespoir n'eût rien de touchant, il me serra le cœur. Alors les dernières paroles de mon père me revinrent à l'esprit ; je regardai tour à tour les liens qui retenaient le prisonnier, la fenêtre donnant sur le jardin, et la cuisinière allant et venant, un grand couteau à la main, une paire de ciseaux suspendue aux cordons de son tablier ; il n'y eut qu'une chose que je n'aperçus pas, ce fut la défense qui m'était faite, ou, si elle se présenta à mon esprit, ce fut pour rêver aux moyens de la braver ou de l'éluder.

Néanmoins je me rendis dans le salon, mais je m'y montrai inquiet, rêveur, agité. L'invasion étrangère, que j'avais considérée le matin même comme une sorte de parade militaire, me parut un malheur et une humiliation. Je songeai à ce pauvre homme, que sa femme et ses enfants attendaient peut-être, et que peut-être aussi on fusillerait sous nos yeux, sans égard pour nos supplications, sans respect pour notre toit toujours secourable aux malheureux. Enfin, mon trouble devint si visible, que le major s'en aperçut et qu'il m'en demanda la cause de la manière la plus affectueuse.

— Je crains que mon père ne réussisse pas dans ses démarches — lui répondis-je brusquement — ce serait affreux pour nous.

Au lieu de me répondre, le major m'embrassa avec une affection toute paternelle.

— Sur mon honneur — s'écria-t-il — vous êtes un excellent enfant! Eh bien! si votre père, comme je n'en doute pas, obtient la grâce de ce malheureux, c'est vous qui irez la lui annoncer et qui briserez ses liens; je veux que nous soyons bons amis. Mais aussi pourquoi ce nigaud s'est-il laissé prendre? — continua-t-il d'un ton de regret.

— Ou pourquoi ne cherche-t-il pas à se sauver maintenant? — repris-je vivement.

— Ceci serait plus difficile — dit le major en me quittant pour aller rejoindre ma mère à l'extrémité du salon.

Peu d'instants après les officiers demandèrent à se retirer, et je les conduisis dans les appartements qui leur étaient destinés. Au moment de nous séparer, le major me pria de venir le réveiller aussitôt que mon père serait de retour. Je le lui promis, puis je me hâta de retourner à la cuisine.

Tout y était beaucoup plus calme que lorsque je l'avais quittée, car il n'y restait plus que le prisonnier et les quatre chasseurs tyroliens qui le gardaient.

— Avez-vous encore du vin? — demandai-je à ces derniers.

— Oui, oui, *donne du vin* — répondirent-ils en me montrant plusieurs bouteilles vides.

Je courus à la salle à manger, et j'en revins bientôt, rapportant une énorme dame-jeanne pleine d'eau-de-vie, et deux carafes de vin blanc excellent et surtout capiteux.

— A présent, *mangir* — me dirent les chasseurs.

J'ouvris tous les buffets, toutes les armoires de la cuisine, je n'y trouvai que du pain, à ma grande consternation.

— Pas *bonne le pain* — dirent les chasseurs. — *La viande! la viande! nous pas Français.*

De la viande! il n'y en avait pas d'autre dans le château qu'un veau qu'on avait tué dans la soirée pour parer aux nécessités du lendemain; encore n'était-il pas dépecé, et pour plus de sûreté, on l'avait mis dans un caveau dont la cuisinière avait la clé dans sa poche, c'est-à-dire sous son chevet.

Tout à coup un éclair traversa mon cerveau, et me montra le lièvre que j'avais tué le matin, gisant au fond de la commode de mon précepteur.

Je ne fis qu'un bond jusqu'à sa chambre.

— Que cherchez-vous, mon enfant? — me demanda l'abbé Prieur en me voyant ouvrir avec précipitation un des tiroirs dont il avait la jouissance.

— Ce que je cherche? monsieur l'abbé, mon lièvre.

— Votre lièvre! il n'y a là-dedans que ma culotte de velours noir et ma soutane des jours de grande fête.

— Voilà comme on se trompe — répondis-je en tirant le *capucin* de sa cellule improvisée.

Puis je repartis encore plus vite que je n'étais venu, laissant d'un côté l'abbé stupéfait, et de l'autre la soutane neuve aussi velue qu'un *vitchoura*.

Je rentrai triomphant dans la cuisine. A la vue du lièvre, les visages des tyroliens s'épanouirent. Je crus un instant que ces braves gens allaient m'embrasser, ce qui m'eût gravement compromis aux yeux du père Lamalle, dont la politique rétrospective en était encore à Pitt et à Cobourg.

Pour bien faire comprendre ce que je vais raconter, il est nécessaire que je remette sous les yeux de mes lecteurs la topographie des lieux et la position des personnages.

La cheminée près laquelle la scène se passait, était située au milieu d'un renfoncement de dix pieds de large environ, qui était destiné à donner un asile à ceux qui venaient se chauffer dans la cuisine, sans que leur présence pût gêner la cuisinière dans ses manœuvres autour de ses fourneaux. Cette cheminée était haute, profonde et d'une imposante largeur. A gauche de l'emplacement qu'elle occupait étaient la fenêtre et le petit buffet dont j'ai parlé; c'est là que se tenait le prisonnier, toujours immobile et sombre; à droite il y avait une grande armoire de sapin peinte en gris, et, adossé à cette armoire, un banc de bois que les Tyroliens avaient apporté là pour se chauffer, s'appuyer et surveiller le malheureux que nous voulions tirer d'affaire. Des verres et des bouteilles étaient placés sur une grande table, à quelque distance, et les Tyroliens quittaient de temps en temps leur banc pour aller boire: je crois avoir dit qu'ils étaient quatre.

Le lièvre offert et accepté, il fallut songer à le dépouiller et à le faire cuire, et l'un n'était pas plus difficile que l'autre, puisqu'il y avait dans un des panneaux de l'armoire un crochet de fer pour le suspendre, et dans la cheminée un brasier qui ne demandait que quelques branches bien sèches pour flamber de nouveau.

Deux chasseurs allèrent chercher un fagot dans la cour, où il y avait une provision de bois, visitée bien des fois par eux depuis le matin.

Les deux autres accrochèrent le lièvre à l'armoire et se mirent en devoir de le dépouiller. Dans cette position ils tournaient le dos à la fenêtre et au prisonnier ; moi je les regardais faire, les mains derrière le dos, à la manière du grand Napoléon.

Tous les chasseurs savent qu'un lièvre qu'on dépouille exhale une odeur pénétrante et nauséabonde pour ceux qui ne l'ont pas tué. Quoique je ne fusse pas dans ce cas, et que les facultés de mon odorat fussent chatouillées agréablement, je dissimulai cette douce sensation et je poussai quelques-unes de ces exclamations de dégoût qui appartiennent à tous les idiomes de la terre.

Puis, voyant que les soldats de l'empereur François II m'avaient parfaitement compris dans mes paroles et très-mal deviné dans mes pensées, je pris mon parti résolûment, et, avec l'assurance d'un gamin de Paris, j'allai ouvrir la fenêtre derrière le prisonnier.

Les Tyroliens firent un mouvement, comme pour s'opposer à mon action ; mais leurs regards tombèrent sur les liens qui retenaient le captif, et ils se mirent à continuer leur besogne.

Moi je replaçai mes mains derrière mon dos et je restai près de mon malheureux compatriote : nous étions si voisins l'un de l'autre que l'extrémité de mes doigts frôlaient les cordes qui ficelaient le pauvre diable.

Ce frôlement, cette fenêtre entr'ouverte, certains mouvements de mes mains lui firent comprendre ma résolution. Il se rapprocha de moi tout doucement, je le sentis frémir d'anxiété, peut-être d'espérance ; en ce moment mes ongles rencontrèrent le nœud qui réunissait les deux bouts de la corde : ce nœud était à la hauteur de la hanche du prisonnier, mais plus près de son dos que de son estomac.

Je me mis à l'œuvre sur-le-champ, et à mesure que j'avançais dans ma périlleuse entreprise, le prisonnier se tournait insensiblement pour faire face à la fenêtre, que le vent ouvrait toujours un peu plus.

Deux ou trois fois les Tyroliens se retournèrent : dans ces moments-là je montrais le lièvre d'un signe de tête et je disais : — *Pouah !* — et eux de rire, et moi de siffler de l'air le plus dégagé du monde.

Enfin, le dernier nœud céda à mes nombreuses tentatives ; le reste ne me regardait plus ; alors je me rapprochai des Tyroliens pour tâcher de détourner leur attention.

Je leur fis comprendre par des signes que je ne cherchais pas à rendre trop intelligibles, afin de tendre leur esprit, que c'était moi qui avais tué l'animal qu'ils allaient manger, et je leur montrai, dans sa nuque, le grain de plomb qui avait causé sa mort.

— *Pon ! pon ! pien direr ! fous fénir en Dyrol : peaucoup pons chasseurs en Dyrol !*

En ce moment, ceux qui avaient été chercher du bois, rentrèrent ayant chacun sur leur tête deux fagots qu'ils laissèrent tomber avec fracas sur le pavé retentissant de la cuisine.

Comme j'avais l'oreille au guet, ce bruit ne m'empêcha pas d'en entendre un autre moins fort derrière moi.

C'était la chute d'un corps lourd sur un terrain humide et par conséquent discret, puis un frôlement de branches, et enfin le pas léger d'un homme qui s'enfuit.

Je restai à mon poste, immobile comme une statue : j'avais atteint mon but, mais je ne voulais pas passer pour le complice du fugitif.

Un des chasseurs qui avait été chercher du bois, et qui s'était baissé pour se débarrasser de sa charge, releva la tête, s'aperçut de l'évasion du prisonnier, et s'écria en allemand :

— *Tausend Teufeln! der Gefangene ist fortgelaufen. Tausend Teufeln!* (1).

Ceux qui dépouillaient le lièvre sautèrent sur leurs carabines placées dans un des coins de la cheminée, puis ils coururent à la fenêtre, jetèrent deux coups de feu au hasard, et firent retentir le cri : *Aux armes !*

En un clin-d'œil les détachements bivouaqués dans la cour furent sur pied : les tambours battirent la générale, les trompettes sonnèrent à cheval, bientôt la cuisine se remplit d'officiers à demi vêtus, qui venaient s'enquérir de la cause de tout ce désordre et de tout ce bruit. Le major arriva à son tour, et on lui dit que le prisonnier s'était enfui par la fenêtre encore ouverte.

— Et qui l'a ouverte ? — demanda-t-il en allemand à

---

(1) Mille diables ! le prisonnier s'est envolé : mille diables !

ses soldats qui sentaient déjà le terrible vent de la *schlague* siffler autour de leurs épaules.

Les chasseurs tyroliens me désignèrent du doigt.

Moi je montrai le lièvre, et je dis avec un sang-froid vraiment respectable :

— Monsieur le major, c'est la faute de cet animal qui empestait la cuisine.

— Mais que faisiez-vous ici à cette heure de la nuit, monsieur ? — me demanda le major.

— J'apportais à boire et à manger à vos hommes.

— C'est du vin qui pourra coûter cher à votre maison, monsieur.

— Eh bien ! eh bien, major, que signifie tout ce bruit ? Vos dragons montent à cheval, votre infanterie se rassemble en armes : avez-vous quelqu'avis d'une attaque ?

— Non, monsieur le comte, mais je soupçonne une trahison. On a favorisé la fuite de mon prisonnier.

— N'est-ce que cela ? — s'écria gaiment mon père, car c'était lui qui venait de paraître sur la scène — je vous apporte la grâce pleine et entière de ce pauvre diable.

Et mon père tira une lettre de sa poche qu'il remit au major, dont le visage se dérida subitement.

Il en avait à peine achevé la lecture avec une satisfaction toujours croissante, qu'il me manifestait particulièrement par des sourires et des clignements d'œil, qu'un hussard entra dans la cuisine, s'approcha du major et lui remit respectueusement une seconde lettre qu'il avait tirée de sa sabretache.

Il fallut lire encore une fois; mais ce fut avec moins de satisfaction que la première.

— Ma foi ! — s'écria-t-il comme un homme qui prend son parti — ce qui est fait est fait. On lui a donné sa grâce, on m'ordonne maintenant de le faire fusiller, je dirai que la grâce est arrivée à temps, mais que l'ordre est venu trop tard. Messieurs — continua le major en se tournant vers les officiers qui l'entouraient — allez dire à vos homme que tout ceci n'est qu'une fausse alerte et que rien n'est changé aux dispositions que j'ai prises hier.

Au bout de quelques minutes, nous fûmes seuls dans la cuisine, le major, mon père et moi ; les Tyroliens eux-mêmes avaient disparu, sans oublier leur lièvre toutefois. Alors le major me dit :

— Maintenant à nous deux... embrassons-nous.

— Que s'est-il donc passé ? — demanda mon père.

— Il s'est passé que votre fils est un brave enfant, car c'est lui qui a sauvé ce pauvre diable.

— Mais sa grâce que j'ai rapportée...

— Est retirée : cinq minutes après votre départ de Chagny, le général a reçu l'avis qu'on avait fait feu sur une autre patrouille, et il m'a envoyé en toute hâte ce hussard pour m'ordonner de faire un exemple. Je lui dirai demain que son ordre est arrivé trop tard.

— Comment as-tu fait ? — me demanda mon père en m'embrassant à son tour.

Je racontai toute l'histoire, qu'on trouva la plus simple du monde : c'est pour cela qu'avant de vous la raconter aussi, je l'ai intitulée *Simple histoire*.

Le lendemain, ou pour mieux dire, le matin suivant, car le lendemain était déjà commencé, ma mère s'étonna de ne pas voir figurer le lièvre au milieu des cinq ou six ragoûts ou rôtis de veau qui couvraient la table du déjeuner.

On lui expliqua l'affaire d'un bout à l'autre, et l'orgueil de la mère n'eût pas de peine à consoler la petite vanité de la maîtresse de maison.

L'année suivante, après ou pendant la seconde invasion, j'étais au camp de Dijon au milieu de vingt mille badauds qui regardaient défiler l'armée autrichienne. Je contemplais le mélancolique empereur chef de la coalition que je trouvais bien beau, et l'heureux vainqueur de Waterloo qui me semblait bien laid, lorsque mon attention fut attirée par l'arrivée d'un nouveau corps précédé d'un musique excellente.

C'était le régiment des dragons de la Tour.

A sa tête caracolait un brillant officier. Il salua d'abord de son sabre le splendide état-major qui était à sa droite, puis il se retourna de mon côté, me reconnut, et m'adressa un sourire plein d'affection.

Cet officier était le bon major Wistoff qui ne m'avait point oublié.

Maintenant vous voulez sans doute savoir quel était cet homme pour le salut duquel j'avais fait tant de frais d'imagination. Mon père n'avait pas voulu me le dire; mais comme je l'appris plus tard, je n'en ferai pas mystère, et je vous le dirai en manière d'épilogue.

Cinq ans s'étaient écoulés : je n'étais plus un enfant et je n'étais pas encore un homme, bien que j'eusse la bride sur le cou depuis longtemps déjà. Je n'avais pas oublié l'invasion étrangère, parce que ce souvenir était devenu une souffrance pour moi, le jour où j'avais eu l'honneur d'entrer dans l'armée française; mais ma mémoire avait été moins fidèle à l'égard du pauvre diable auquel j'avais sauvé la vie, par humanité comme un homme, et par étourderie comme un écolier.

Du midi de la France, où mon régiment tenait garnison, j'étais venu passer un semestre dans ma famille. J'avais retrouvé notre domestique Henri, élevé à la dignité de garde-chasse, et mes deux bassets, qui ne quittaient plus guère le coin du feu de la cuisine, avaient mis au monde toute une postérité hurlante et frétillante, à laquelle je pouvais, sans trop d'exagération, donner le nom pompeux de meute : on sait que les chasseurs n'ont pas de grands scrupules en semblable matière.

Un jour, j'avais été chasser dans les bois de Sassenay, et un vigoureux *bouquin* nous avait menés, Henri et moi, jusqu'au milieu de Saint-Jean-des-Vignes, joli petit village situé à le porte de la ville de Châlons-sur-Saône, dont il est un de faubourgs. Les maraîchères de l'endroit, en me voyant gambader au milieu de leurs oignons, m'avaient assez mal reçu, de sorte que je m'étais décidé, quoiqu'à regret, à rompre mes chiens et à revenir chez moi.

Mais j'avais trois grandes lieues à faire, après en avoir fait déjà cinq ou six depuis le matin, et la chaleur était accablante, bien qu'on fût au milieu d'octobre. D'un côté, je voyais la route qui ramenait à mon gîte se dérouler en *ruban de queue*, comme disent les fantassins et les postillons ; de l'autre, j'entendais les rumeurs de la ville, dont cinq minutes de chemin seulement me séparaient. Ici j'avais la perspective de marcher pendant deux heures et demie pour finir par arriver beaucoup trop tard pour le déjeuner et beaucoup trop tôt pour le dîner ; là j'étais sûr de trouver un excellent repas aux *Trois Faisans* ou au *Chevreuil*, ces auberges de mérite et de renom qui sont connues depuis Brest jusqu'à Marseille de toute la gente voyageuse. Je consultai donc tour à tour mes jambes, mon cœur, mon estomac et... je me dirigeai vers Châlons-sur-Saône, comme si j'eusse été député, au lieu d'être sous-lieutenant de dragons.

Un grand mouvement régnait dans la ville, ce dont je ne m'étonnai pas d'abord, car Henri me dit que c'était jour de marché. Cependant, en cheminant par les rues, il me sembla que la foule qui les remplissait était en proie à une de ces émotions bruyantes, qui révèlent l'attente d'un spectacle inaccoutumé.

Pour sortir d'inquiétude, et ne voulant pas prendre au collet un passant pour le questionner, j'entrai dans la boutique d'un perruquier de ma connaissance.

— Que se passe-t-il donc aujourd'hui dans votre ville maître Ardin? — lui demandai-je.

— C'est cet homme de Chagny qui a mis sa femme dans un four sous prétexte de la guérir d'un rhumatisme; on le guillotine ce matin, et les cabaretiers de la ville vont faire une bonne journée. Si vous voulez rester dans ma boutique — ajouta-t-il — vous verrez le cortége.

Je fis un bond en arrière et me retrouvai au milieu de la rue, que je me mis à arpenter comme si j'avais eu une légion de démons à mes trousses.

Mais je ne gagnai rien à cette retraite précipitée, car en arrivant près de la place des Carmes, au milieu de laquelle l'instrument du supplice était dressé, j'y trouvai la foule tellement compacte qu'il me fut impossible de me faire jour à travers ses rangs pressés.

Il y avait des hommes debout sur des bornes, des gamins à califourchon sur des supports d'enseignes ou étendus sur des auvents de boutiques ; puis tout un océan de têtes féminines. Ces dames avaient peut-être des rhumatismes, et elles venaient sans doute là par esprit de corps.

Je cherchai encore à avancer, pour fuir au moins la vue de la guillotine qui s'élevait en face de moi : impossible de faire un pas.

Tout à coup les clameurs de la foule cessèrent, et tous les regards prirent la direction de la rue par laquelle j'étais venu.

C'était le cortége qui arrivait : quatre gendarmes, au milieu desquels était le patient, marchant d'un pas fort délibéré, ma foi.

Derrière ce groupe, trois hommes s'avançaient sur la même ligne : celui du milieu avait une mise décente et une physionomie respectable, les deux autres avaient l'air de francs coquins.

Ces trois hommes étaient maître Cazes, l'exécuteur des hautes-œuvres, accompagné de ses aides.

J'attachai mes regards sur eux pour les détourner de leur victime.

Quand ils furent à ma hauteur, celui qui était le plus près de moi tourna les yeux de mon côté, et, après avoir hésité un moment, il me fit de la tête un petit signe d'intelligence, et il me salua avec une affectueuse familiarité..... c'était mon prisonnier de 1814.

J'avais sauvé la vie au valet du bourreau !!!

Ayez donc de l'orgueil pour vos bonnes actions.

VI

Quarante-huit heures chez le marquis de Montrevel.

Entre la ville de Mâcon et celle de Bourg-en-Bresse, et à peu de distance d'un petit bourg nommé Neuville-les-Dames, autrefois célèbre par un chapitre de demoiselles nobles, on trouve à quelque distance de la grande route, un pauvre village qui porte le nom de Châles sur la carte du département de l'Ain. Soixante maisons construites en pisé (1) et couvertes de chaume, sont irrégulièrement dispersées à droite et à gauche d'un large chemin vicinal, qui devient une infranchissable fondrière dès que les pluies d'automne ont détrempé le sol spongieux de la grasse et fertile Bresse, mais qui, pendant l'été, est commode comme une des grandes allées du bois de Boulogne. Ce village, ou pour parler plus correctement, ce hameau possède une petite église assez coquette, et un presbytère spacieux et commode, qui contrastent tous deux d'une manière frappante avec les masures qui l'avoisinent, et qu'on trouve beaucoup trop vastes pour le pasteur d'une population de trois ou quatre cents âmes.

(1) Terre glaise.

Le pays est bas, humide et frais. Les champs, séparés les uns des autres par des haies larges et hautes, lui donnent un aspect riant dans la belle saison, et le font paraître accidenté quoiqu'il soit plat. Ce qui contribue aussi à cette apparence, c'est que, semblables à toutes les plaines du Bugey et de la Dombes, celle au milieu de laquelle le village de Châles est situé offre à chaque instant des ondulations assez marquées, anciens ravins que la persévérance d'une population essentiellement agricole a convertis en petites vallées. En faisant une lieue et demie dans la direction de l'est, on rencontre de vieilles et imposantes forêts; puis d'autres petites plaines avec des étangs et des marais ; et enfin quelques collines : c'est là que commence la partie montagneuse du Bugey, ce premier échelon des Alpes.

Le commis-voyageur, le colporteur savoyard, le poète qui cherche des inspirations, le peintre qui rêve de beaux sites, passent avec indifférence ou mépris au milieu de cette obscure bourgade, dont la population illettrée n'achète tout au plus que des almanachs. Les uns et les autres ne se doutent même pas qu'un demi-siècle s'est à peine écoulé, depuis que vivait là, dans une somptueuse demeure, un grand seigneur magnifique et libéral, qui eût dit au commis-voyageur : envoyez-moi cinq cents bouteilles de votre meilleur vin de Champagne ; au colporteur : voilà dix louis, laisse ta balle ouverte au milieu de la rue du village ; qui eût fait asseoir le poète à la place d'honneur de sa table, et qui eût glissé au peintre ces mots : « Monsieur, je n'ai à vous offrir ni sombres rochers, ni torrents fougueux, ni tours croulantes, mais si vous voulez me faire l'honneur de passer quinze jours chez moi, je mettrai au service de vos pinceaux les visages des plus jolies femmes de la province. »

Ce grand seigneur, qui n'a fait que du bien, et dont nul ne se souvient aujourd'hui, était le marquis de Montrevel, dernier descendant d'une des plus anciennes familles du Forez, cette petite province que le brave et bon Henri IV, qui s'y connaissait, appelait une pépinière de gentilhommes.

Le marquis de Montrevel était l'arrière-petit-fils de ce maréchal de Montrevel, dont la renommée avait été tristement célèbre pendant les persécutions qui suivirent la révocation de l'édit de Nantes. Ami intime de Bâville ; moins courtisan, mais aussi ardent et aussi inflexible que l'intendant du Languedoc, il avait légué à ses héritiers, avec une fortune immense, la charge d'une mémoire exécrée par les descendants des familles qui avaient eu à souffrir de ses rigueurs. De bonne heure, le marquis de Montrevel eut le sentiment de cette situation, et il se donna la noble tâche d'effacer autant que cela dépendrait de lui, les dernières années de la vie de son bisaïeul. Il commença donc par se retirer de la cour, et il s'établit à Mâcon dont il était gouverneur, en attendant que le château qu'il faisait construire à Châles fût achevé.

Il ne tarda pas à recueillir les fruits de cette sage résolution et de la noble conduite dont elle fut suivie. Toutes les conditions, tous les états, tous les âges furent unanimes pour célébrer les louanges de M. le gouverneur du Mâconnais. Affable, prévenant, magnifique par devoir et charitable par instinct, il devint l'ami des riches et des pauvres, et le lien de tous. Il venait par des prêts un secours des grandes fortunes embarrassées, et il créait par des dons des existences modestes à des gens qu'il jugeait dignes de ses bienfaits. Pendant la belle saison il animait le pays par des fêtes splendides; dans les hivers rigoureux il le consolait par de larges et intelligentes aumônes. Un vieux monument menaçait-il ruine, le marquis de Montrevel donnait des fonds pour le relever; un nouvel établissement public devenait-il nécessaire, le gouverneur du Mâconnais le faisait construire à ses frais; et tout cela, non-seulement sans ostentation, mais encore avec une certaine insouciance de grand seigneur qui semblait vouloir échapper à la reconnaissance. Son château de Châles était une demeure presque royale. Quel que fût le nombre des visiteurs, il y avait place pour chacun. Les écuries renfermaient cent chevaux au service de tout le monde; le chenil nourrissait des meutes qui n'avait de rivales que celles de monseigneur le prince de Condé à Chantilly. Point de tourne-bride; ce misérable compromis entre la vanité et la parcimonie, que la noblesse avait inventé lorsqu'elle était descendue de la féodalité à l'aristocratie, n'avait pas obtenu droit d'entrée dans les domaines de M. de Montrevel; et pendant qu'il faisait les honneurs de sa table à ses nobles convives, ses gens traitaient dans les communs du château les serviteurs de ses hôtes. Si le marquis vivait de nos jours, sa famille serait probablement en instance devant les tribunaux pour obtenir son interdiction.

Quand la révolution arriva, M. de Montrevel perdit ses emplois sans se plaindre, et s'il supprima son faste pour ne pas insulter au malheur des temps, il redoubla de zèle et de dépense pour faire du bien. « Le gouverneur est mort — disait-il — le gentilhomme est bien malade, mais le citoyen se porte à merveille. » Alors il fondait une douzaine de lits dans l'hôpital de Mâcon ; la ville n'avait pas de salle de spectacle, il lui donna celle qu'il avait fait construire pour son usage particulier ; elle manquait d'une maison communale, il lui fit hommage de son hôtel, qui était magnifique ; le blé devenait cher, aussitôt les récoltes de ses terres arrivaient sur le marché, et elles étaient vendues au prix des années d'abondance. Ce fut le dernier bienfait de M. de Montrevel ; il ne voulut pas émigrer, et la révolution, qui regardait la vertu comme une distinction sociale, lui fit couper la tête comme accapareur de grains. Elle trouvait sans doute plus commode de prendre, en une seule fois, cette fortune qu'on lui aurait donnée généreusement petit à petit.

J'avais souvent entendu conter cette histoire à mon père et à quelques-uns de ses vieux amis, qui gardaient un précieux souvenir de la joyeuse vie qu'ils avaient menée à Châles *avant la révolution*. Quand la conversation tombait sur ce sujet, elle ne tarissait plus : on sautait d'une aventure de chasse à une aventure galante, et l'hallali obligé ne manquait pas plus à l'une qu'à l'autre, j'en demande pardon à mes grand'mères et à mes grand'tantes. Je passais ordinairement dans une violente agitation les nuits qui suivaient les soirées où l'on me faisait ces fabuleux récits. Je voyais errer autour de moi, dans mes hallucinations, les belles marquises avec leurs immenses paniers, leurs corps baleinés, leurs coiffures d'où s'échappaient les nuages embaumés de la poudre à la maréchale. Derrière elles venaient les piquantes chanoinesses, la croix sur l'épaule, le rouge à la joue et la mouche à l'œil.

Tout ce monde était pimpant, babillant, coquet, spirituel et poli; et quand je comparais le lendemain les fées de mes rêves aux châtelaines en robes de mousseline à cinquante sous l'aune, de notre voisinage, on peut croire que j'aurais consenti volontiers à échanger mes réalités contre les souvenirs de mon père, dussé-je donner ma jeunesse en retour.

J'avais une bonne et aimable tante, nommée la marquise de Chevigné, qui, sans avoir émigré, avait traversé saine et sauve la révolution, grâce à un mari joueur qui avait pris la sage précaution de la ruiner de fond en comble. Comme elle avait été chanoinesse avant son mariage, elle s'était retirée à Neuville-les-Dames, dans la petite maison qu'avaient habitée autrefois mes grand'tantes mesdames de Choiseul et de Foudras, successivement abbesses du chapitre noble dont j'ai parlé.

Au mois d'août 1819, mon père me dit un jour qu'il y avait longtemps qu'il promettait une visite à sa sœur, et que si j'étais disposé à l'accompagner, il ferait volontiers ce petit voyage, pendant lequel—ajoutait-il—bien de la tristesse se mêlerait sans doute à sa joie, car il n'avait revu ni Neuville ni Châles depuis 1789.

Nous passâmes chez ma tante une semaine qui s'écoula rapidement pour tout le monde, car le frère et la sœur employèrent le temps à faire de longues et fréquentes excursions dans les souvenirs de leur jeunesse. On suppose que les faits et gestes du seigneur de Châles et la chronique du chapitre noble ne furent pas oubliés; j'ajouterai que ce fut à eux que l'on revint le plus souvent.

C'était principalement le soir que ces bonnes causeries étaient animées, et elles avaient lieu dans un joli salon dont les fenêtres donnaient sur la petite place du bourg. De ces fenêtres, habituellement ouvertes à cause de la chaleur de la saison, on voyait en face, à droite et à gauche, une douzaine de charmantes maisons en briques, toutes pareilles les unes aux autres, et ayant six ouvertures pour deux étages : trois aux rez-de-chaussée, celle du milieu servant de porte ; trois au premier, celle correspondant à cette porte ayant un balcon de fer qui avançait assez pour donner place à deux fauteuils.

L'histoire de ces douze maisons ferait un livre amusant, et si Dieu me prête vie, je l'écrirai quelque jour. En attendant, je prends date dès à présent, et je prie ceux de mes honorables confrères qui mettent un volume au monde en soufflant sur un sujet, de vouloir bien se souvenir que j'ai *sous presse*—ils savent ce que signifient ces mots—un ouvrage en dix volumes, ayant pour titre : *les Mystères du Chapitre noble de.,.* Je ne suis pas encore fixé sur le nombre d'étoiles qui remplacera le nom que je ne veux pas livrer à la publicité.

Mais j'oublie que j'écris en ce moment un autre ouvrage, et que cette histoire est intitulée : *Quarante-huit heures chez le marquis de Montrevel.*

« Te souviens-tu, mon ami — dit un soir ma tante à mon père, de ta première visite à Châles, après le licenciement de la gendarmerie de Lunéville?

— Je me la rappelle comme si tout cela s'était passé hier — répondit mon père en humant savoureusement une prise de tabac, et en détournant ses yeux d'un des balcons de la petite place qu'il regardait toujours de préférence à tous les autres : — c'était en 1785.

— Le 1ᵉʳ et le 2 septembre, si j'ai bonne mémoire.

— Précisément. Pardieu, ma sœur, vous étiez bien jolie dans ce temps-là, quoique vous fussiez au moment de devenir grand'mère.

Ma tante sourit gracieusement à cette galanterie fraternelle, et je pris la parole.

— Puisque cette époque est aussi présente à votre mémoire—dis-je à mon père—vous devriez bien me raconter en détail la visite dont ma tante vient de parler.

— Avec plaisir, mon ami. Ma sœur, dites à Rose d'emporter les bougies. »

Cet ordre fut donné et exécuté à l'instant même, et quand il n'y eut plus que la douce lumière de la lune pour éclairer le salon, mon père prit la parole en ces termes :

C'était donc en l'année 1785. L'année précédente, il m'avait été impossible de me trouver à l'ouverture des chasses à courre de Châles, de sorte que le marquis de Montrevel m'avait écrit dès le milieu de juillet une lettre aimable et pressante, pour me rappeler ce qu'il nommait ma désertion, et me dire qu'il comptait sur moi pour le 31 août au soir. Il ajoutait que, hors le cas de mort subite, il ne recevrait aucune excuse.

Deux de mes amis, MM. de Clermont et de Mandelot, et un de mes voisins, le comte de Rully, avaient reçu aussi des invitations, et nous nous étions donné rendez-vous pour le 31 août au matin, à l'hôtel des Trois-Faisans, à Châlons-sur-Saône.

Tout le monde fut exact, et comme neuf heures sonnaient à l'horloge de Saint-Vincent, quatre chaises de poste brûlaient le pavé de la route de Mâcon. Les deux premières emmenaient les quatre maîtres, les deux autres les quatre valets de chambre. Nos chevaux de selle étaient partis depuis l'avant-veille.

Arrivés au relais de Mâcon, le maître de poste vint nous dire d'un air piteux qu'il n'avait pas un seul cheval à notre disposition. Depuis la veille au soir il avait conduit à Châles plus de vingt voitures.

Nous commencions à nous désespérer de cet incident, qui menaçait tout au moins de nous empêcher d'arriver pour l'heure du souper, lorsque nous vîmes venir de loin un cavalier à la livrée de Montrevel; il était suivi de quatre postillons et de huit chevaux au noble marquis. Celui-ci avait prévu l'événement, et il y pourvoyait avec sa bonne grâce habituelle.

Les postillons avaient la tournure leste et le visage blanc et rose; les chevaux étaient entiers, noirs, piaffants, hennissants; ils se ressemblaient comme des sangliers de la même portée.

En un clin d'œil tout fut attelé; les malliers prirent le grand trot, les porteurs s'embarquèrent au galop, et nous traversâmes le pont de Mâcon au milieu d'une foule de curieux qui nous saluèrent de leurs acclamations. Nous étions pour eux des personnages, car nous allions chez monsieur le gouverneur, et nous étions conduits par ses gens et ses chevaux.

Nous fîmes en moins de deux heures, et par des chemins bien différents des grandes routes d'aujourd'hui, un trajet de six mortelles lieues de Bresse, et nous arrivâmes à Châles à l'entrée de la nuit.

9

La journée avait été chaude, et la soirée était d'une extrême douceur. Toutes les fenêtres du château étaient ouvertes, et pendant que nous parcourions rapidement une des allées du parc, c'était un charmant spectacle que de voir, dans les salons remplis de monde et déjà éclairés, les groupes passer et repasser, les fines silhouettes des visages féminins se dessiner sur l'étoffe transparente des rideaux, et d'entendre murmurer les conversations mystérieuses, sur deux ou trois balcons qui semblaient par leur construction uniquement destinés aux plaisirs discrets du tête-à-tête. Au bruit des fouets de nos postillons, toutes les fenêtres se peuplèrent comme par enchantement, et chacun de nous y chercha un souvenir ou une espérance.

Nous fûmes reçus dans le vestibule par le marquis, qui ne crut pas déroger à sa dignité de gouverneur, ni faire une chose trop prévenante pour un homme de son âge, en accourant à la rencontre de quatre jeunes gens. Je lui présentai le comte de Rully, qui venait à Châles pour la première fois, et l'aimable châtelain nous conduisit immédiatement dans les appartements qui nous étaient destinés.

Une heure après, nous étions rasés, retapés, poudrés, parfumés; nos surtouts de voyage avaient été remplacés par d'élégants habits de soie richement brodés, et, l'épée au côté, le chapeau sous le bras, nous faisions notre entrée au salon.

Tout ce que le pays, à cinquante lieues à la ronde, comptait d'hommes aimables et distingués et de femmes charmantes y était déjà réuni. C'était le comte de Thiard, parfait modèle du grand seigneur de la fin du dix-huitième siècle, c'est-à-dire poli et brillant comme le duc de Lauzun-Biron, dont il était l'ami, et penseur comme Vauvenargues; c'était encore le marquis de Galiffet, gentilhomme de la vieille roche et adversaire ardent des idées nouvelles qui commençaient à remuer l'antique société française; puis le comte de la Guiche, le marquis et le comte de Fussey, veneurs émérites dont l'existence active était un perpétuel hallali. Il y avait aussi le comte Edme de Foudras Courcenay, mon cousin; le vicomte de Sassenay, spirituel comme Rivarol et frondeur comme Lauraguais; enfin, monseigneur du Chilloux, évêque de Châlons-sur-Saône, prélat galant de l'école des Jarente et des Bernis, et mon excellent ami le curé de Chapaize, qui causait à l'écart avec le commandeur de Balathier.

Les femmes étaient mesdames de Mandelot, de la Guiche, de Monteynard, de Sénozan, de Messey, de la Rodde, d'Apchier, les deux nièces de l'évêque de Châlons, ravissantes personnes qui portaient gaiement un célibat volontaire, et l'élite du chapitre de Neuville-les-Dames, composée de quatre chanoinesses, dont une seule eût suffi pour brûler le monde, comme disait madame de Sévigné de sa petite-fille, la marquise de Simiane.

Ce qu'il y avait de grâce, d'esprit, de beauté et de coquetterie chez ces femmes, suffirait à indemniser toutes les sottes et tous les laidrons de la terre. Ne songeant qu'à plaire, et sûres d'y réussir, on ne remarquait chez aucune d'elles ni les inégalités de la jalousie, ni les tristesses peu intéressantes de la vanité inquiète. La vie, pour elles, était légère comme une des plumes de leur coiffure et brillante comme les diamants de leur collier. Leurs rivalités mêmes étaient gaies, et quand elles aimaient, ce qui arrivait quelquefois, il y avait dans l'oubli de leurs devoirs un soin de leur dignité et un respect des convenances qui commandaient les égards de ceux mêmes qui étaient dans le secret de leurs faiblesses, car il n'y avait chez elles ni le cynisme du vice, ni l'hypocrisie de la fausse vertu. Les sociétés frivoles ont cela de bon, que la corruption n'y est jamais profonde jusqu'à regarder le scandale comme un héroïsme.

A neuf heures précises, les portes du salon s'ouvrirent à deux battants, et un maître d'hôtel, l'épée au côté, vint annoncer que le souper était servi : les hommes offrirent la main aux femmes, et l'on passa dans la salle à manger.

Au moment où l'on sortait de table, des coups de fouet retentirent encore dans l'avenue du château, et peu d'instants après on vint annoncer au marquis de Montrevel l'arrivée d'un nouvel hôte : le marquis sortit immédiatement pour le recevoir.

Quand il revint dans le salon, sa figure habituellement sereine avait une expression visible de mécontentement. Je fus le premier à m'en apercevoir, et je lui demandai ce qu'il avait.

» Je suis fort contrarié, mon cher cousin — me dit-il — il vient de m'arriver un trouble-fête.

— Serait-ce votre Anglais de l'année dernière?

— Justement : je m'étais bien gardé de le prier, mais il connaît la régularité de l'époque de nos réunions, et il arrive du fond de l'Italie pour se joindre à nous.

— Comment cela va-t-il se passer avec Clermont?

— Ma foi, mon ami, je n'en sais rien ; mais je suis

fort ennuyé. Au surplus, nous en sommes débarrassés pour ce soir, car je l'ai engagé à aller se coucher. »

Cet Anglais, qui vit encore, et que, pour cette raison, je ne vous désignerai que sous le nom de lord Henry, était venu à Châles l'année précédente, et il s'y était rendu insupportable à tout le monde par son humeur fantasque, sa susceptibilité, sa morgue et ses prétentions en tous genres. Il s'était figuré avoir une belle passion pour la charmante comtesse de Sénozan, qui ne pouvait pas le souffrir, et il avait pris en haine le comte de Clermont qu'elle aimait. Clermont, en homme bien élevé, avait mis tant de mesure dans sa conduite, qu'un éclat fâcheux avait pu être évité; mais il avait juré que si lord Henry revenait, il le mettrait à sa place à la première impertinence qu'il en recevrait. Voilà ce qui inquiétait notre excellent hôte.

« Messieurs — nous dit le marquis — voulez-vous, pendant que ces dames décideront de quelle manière nous finirons la soirée, que nous descendions au vestibule pour régler les dispositions de la chasse de demain? »

Comme il s'agissait d'un usage établi, on ne répondit à cette proposition qu'en suivant M. de Montrevel qui avait pris le chemin du vestibule.

Nous trouvâmes dans cette pièce le chef d'équipage et les quatre piqueurs du marquis, tous cinq en costume de veneurs et le chapeau à la main.

« Eh bien! Renaud — dit le marquis à son chef d'équipage — aurons-nous une belle journée demain?

— Je le crois — répondit respectueusement le vieux piqueur — car le temps paraît vouloir se rafraîchir.

— Quel est le résultat de votre tournée d'aujourd'hui?

— J'ai connaissance de plusieurs animaux, tous cerfs et biches, dans les taillis de Cézériat : on peut y aller à coup sûr pour en détourner un. La Brisée a travaillé deux compagnies de sangliers, qui se tiennent depuis une quinzaine autour des mares de Pontbriand. L'Épine a toujours sa portée de louveteaux en terre rouge, et La Plaine a vu par corps un grand brocard, qui, à ce qu'il paraît, ne quitte pas les bruyères de la Charmée.

M. Renaud ayant ainsi fait son rapport avec la clarté et le laconisme d'un chef d'état-major, attendit la décision de son maître.

— Choisissez, messieurs — nous dit gracieusement le marquis en se tournant de notre côté, et en contemplant avec satisfaction nos visages épanouis par ce magnifique bilan.

— Ce serait une haute inconvenance, ce me semble — dit le comte de Fussey — que de ne pas commencer par un cerf.

Quand le comte de Fussey donnait son avis en matière de chasse, c'était absolument comme lorsque le vieux duc de Richelieu avait décidé qu'une femme était jolie : c'est-à-dire que tout le monde criait amen. Il fut donc arrêté que les piqueurs feraient le bois dans les taillis de Cézériat, et les ordres furent donnés en conséquence.

Rien ne se répand plus vite qu'une mauvaise nouvelle, alors même qu'on la tient secrète : quand nous rentrâmes dans le salon, on y connaissait déjà l'arrivée de lord Henry, et toutes les femmes étaient dans la consternation.

Réunies en un seul groupe, elles se communiquaient

leurs doléances à voix basse, pour ne pas affliger notre excellent hôte, et quand je m'approchai d'elles, elles me firent la confidence de leurs ennuis.

« Il n'y aura plus moyens de rire en présence de cette face patibulaire — dit la comtesse de Mandelot en montrant les trente-deux plus belles dents du royaume.

— On ne pourra pas non plus jouer la comédie devant un spectateur aussi dénigrant — reprit madame de Monteynard qui venait de passer quinze jours à Paris pour étudier le rôle de Célimène avec mademoiselle Contat.

— Il faudra se garder de parler à demi-voix — ajouta madame de la Rodde — car il croirait qu'on se moque de lui.

— Ma chère comtesse — dit madame de Sénozan — vous devriez vous dévouer.... en lui faisant quelques coquetteries, vous le rendriez sûrement fou, et alors il serait peut-être aussi aimable que tous ces messieurs.

— J'ai essayé l'année dernière — répondit la comtesse — et vous avez vu le beau résultat que j'ai obtenu.

— C'est désolant! c'est ennuyeux! pourquoi le roi a-t-il fait la paix? Qui nous en débarrassera? — répétèrent toutes ces dames en chœur, mais toujours à demi-voix.

— Vous demandez qui vous en débarrassera? — repris-je à mon tour — : eh bien! ce sera moi!

— Vous! vous! vous!... s'écrièrent-elles. Et comment?

— C'est mon secret. Qu'il vous suffise de savoir que demain il ne couchera pas ici; et comme il passera vraisemblablement la journée à la chasse, vous n'aurez donc à le subir que pendant le déjeuner. Une seule chose est nécessaire à la réussite de mon plan, c'est que madame la comtesse de Sénozan veuille bien consentir à suivre la chasse.

— C'était mon intention — dit la comtesse avec étonnement.

— Et qu'elle monte la jument de mon piqueur Denis.

— Je la monterai — répartit résolûment la comtesse, qui était la meilleure écuyère de France.

— Maintenant, je suis sûr de mon fait, Mesdames ; vous en serez délivrées — ajoutai-je d'un ton de profonde conviction.

Cette promesse ramena le sourire sur tous les visages, et la soirée s'écoula avec la plus entraînante gaîté. Ce n'était pas que ces dames eussent une confiance absolue dans la réussite de mon projet, mais elles avaient une mystification en perspective, et d'ailleurs, quand on donne un mystère en pâture à des imaginations féminines, on est toujours certain de leur plaire et de les occuper agréablement.

Quand tout le monde fut retiré, j'allai trouver Clermont dans sa chambre, et je lui fis confidence de mon plan, parce que son approbation m'était nécessaire. Il me la donna de très-bon cœur, et il se chargea même d'obtenir celle de M. de Sénozan, excellent homme qui allait habituellement à la pêche pendant que sa femme allait à la chasse.

Le lendemain, comme neuf heures sonnaient à l'horloge du château, on se réunissait dans la salle à manger. Les femmes qui devaient suivre la chasse étaient en habit de cheval ; tous les hommes, à l'exception du curé de Chapaize, portaient le costume adopté pour les réunions de Châles : habit à la française en drap bleu céleste, galonné sur toutes les tailles, culotte de daim blanche, veste de casimir chamois, bottes à chaudron, chapeau à lampion, relevé d'argent comme l'habit, couteau de chasse à fourreau de velours rouge et à poignée d'ébène sculptée et incrustée du même métal que les galons.

La présence de lord Henry était désagréable à tout le monde, et cependant, quand il entra dans la salle à manger, chacun de nous lui fit bon accueil. Comme de coutume, il répondit froidement à nos politesses, et il chercha du regard madame de Sénozan qui était déjà à table entre Clermont et moi. Elle fit un gracieux sourire à lord Henry, qui alla de très-mauvaise grâce s'asseoir en face d'elle.

« Mylord — dit le marquis — j'ai donné l'ordre de mettre quatre chevaux de mes écuries à votre disposition.

— Je vous suis obligé de votre attention, monsieur le marquis — répondit l'Anglais — mais je n'aime pas monter vos chevaux de France qui ne savent pas courir et qui ne veulent pas sauter ; aussi j'en ai fait venir quatre d'Angleterre, et je crois qu'ils sont arrivés hier soir.

— Dans le cas contraire, n'oubliez pas que les miens sont à vos ordres — reprit poliment M. de Montrevel. — L'habitude qu'ils ont des difficultés du pays supplée à ce qui leur manque du côté de la vitesse.

— Au surplus, mylord, voilà mon maître-d'hôtel qui me dit que vos chevaux sont effectivement arrivés hier soir, ainsi tout est pour le mieux.

— Madame la comtesse voudra-t-elle me permettre de m'attacher à sa suite ? — demanda lord Henry à madame de Sénozan.

— J'en serai charmée — répondit la comtesse, avec

laquelle nous avions eu, Clermont et moi, un quart-d'heure de conversation avant le déjeuner.

— Mylord — dis-je à mon tour — madame de Sénozan me fait l'honneur de monter un de mes chevaux : une pauvre petite jument limousine qui passerait sous le ventre d'un de vos coureurs : je vous demande en grâce d'avoir pitié d'elle.

— Je n'ai pas le projet de devancer madame la comtesse, monsieur — répliqua lord Henry avec humeur : ainsi c'est à elle et non à moi que vous devez demander d'épargner votre bête.

Les choses en restèrent là : on se levait de table pour aller se réunir sur le perron qui descendait dans la grande cour du château.

Le tableau qu'offraient ce perron et cette cour était vraiment magique, et je ne résisterai pas au plaisir de vous le représenter aussi brièvement que je pourrai.

La cour était en forme de fer à cheval et fermée par une magnifique grille cintrée, à travers laquelle on apercevait une large pelouse encadrée entre deux immenses futaies de marronniers, dont les rameaux séculaires étalaient tout à la fois la riante verdure du printemps et le splendide feuillage de l'automne. A l'entrée de la pelouse, que nous devions traverser pour aller au rendez-vous, se tenait, en même temps impatiente et muette, la meute, composée de cent-vingt chiens poitevins de grande taille et de même pelage. Renaud, le chef d'équipage, quatre piqueurs et huit valets de chiens étaient rangés en avant de la meute, la bride de leurs chevaux passée dans le bras gauche, la trompe prête à sonner dans la main droite. Dans la cour, quarante chevaux tenus par vingt palefreniers attendaient les cavaliers qui devaient les monter, en faisant résonner le pavé blanc d'écume sous leurs *piaffements* incessants, signes certains du pressentiment des plaisirs qui les attendaient.

Enfin le marquis parut en haut du perron, donnant la main à madame de Sénozan, et au même instant les trompes entonnèrent la fanfare du départ. En un clin-d'œil tout le monde fut à cheval, et l'on se mit en route, chacun regardant aux fenêtres du château, dans l'espérance d'y surprendre quelque charmante femme en négligé du matin, ou de recevoir un sourire promis la veille et qui pourrait être un bonheur pour le lendemain.

Au milieu de cette pléiade de chevaux superbes et excellents, la jument de mon piqueur Denis, que j'avais prêtée à madame de Sénozan, faisait vraiment une piteuse figure. C'était une petite limousine, hors d'âge et déjà fatiguée, qui cachait ses mérites extraordinaires même aux plus fins connaisseurs. Elle était fleur de pêcher comme un cheval de meunier, et elle avait des yeux verrons, ce qui défigure même un bel animal. Froide des épaules au départ, on eût dit qu'elle était tout au plus bonne pour gagner le rendez-vous, et, à l'exception de trois ou quatre personnes qui la connaissaient pour l'avoir vue à l'œuvre, chacun s'étonnait que j'eusse eu l'effronterie de la prêter à la plus brillante et à la plus téméraire des amazones qui suivaient habituellement les chasses princières de M. de Montrevel.

Lord Henry, usant sans retard de la permission qui lui avait été donnée, caracolait à côté de la belle comtesse sur un cheval vraiment admirable par la beauté de ses formes et la vigoureuse élégance de ses mouvements. L'orgueilleux et morose insulaire qui le montait, ne savait comment accorder les regards tendres qu'il voulait adresser à la dame de ses pensées, et les sourires dédaigneux qui lui échappaient à chaque instant à la vue de ma pauvre limousine, qui trottinait en rasant le gazon, comme eût fait la pacifique monture d'un médecin de campagne. J'étais là et je voyais parfaitement ce qui se passait dans l'esprit du noble pair de la Grande-Bretagne.

— Comment appelez-vous cette *chose?* — me dit-il en désignant du bout de son fouet la petite bête.

— Elle se nomme *la Légère*, Mylord, répondis-je du ton le plus modeste qu'il me fut possible de prendre.

— Effectivement elle ne pèserait pas beaucoup si elle était dans une balance — reprit-il ironiquement.

— Je suis tout à fait de votre avis, mylord. Cependant si vous voulez parier cent louis que vous ne la suivrez pas toute la journée, je suis à vos ordres.

— Je ne parie jamais à coup sûr, monsieur le comte — répliqua l'Anglais avec hauteur. — Mon cheval descend en ligne directe d'*Arabian Godolphin*, et il a eu pour mère une jument qui n'a jamais été vaincue à New-Markett.

— Mylord, je double mon pari, si toutefois madame la comtesse veut bien le permettre.

— Pour l'honneur de mon pays, j'y consens — dit gracieusement madame de Sénozan. — Mylord, vous refusez un pari qui vous donnera le droit de me suivre toute la journée, si vous pouvez; cela n'est pas galant.

— C'est au contraire pour ne pas vous quitter que

je refuse, madame — interrompit lord Henry en poussant un langoureux soupir.

— Ainsi vous persistez dans votre refus ? — repris-je à mon tour.

— Sans hésiter, monsieur le comte, du moins pour aujourd'hui : mais demain, si votre jument n'est pas trop fatiguée, j'offre de courir à pied contre elle, et je parierai tout ce que vous voudrez.

Je ne jugeai pas à propos de pousser plus loin ce débat qui eût peut-être fini par mettre lord Henry sur la voie de la vérité, et pour changer la conversation et être désagréable à mon antagoniste d'une autre manière, je me mis à parler de Clermont à madame de Sénozan.

Une demi-heure s'écoula ainsi rapidement et nous arrivâmes au rendez-vous, où les valets de limiers étaient déjà de retour. Leur rapport nous apprit qu'un vieux dix-cors était remis près de là. Les dispositions de l'attaque furent immédiatement réglées par le comte de Fussey, qui indiqua, d'après ses inspirations, le placement des relais de chiens et de chevaux. Cela fait, on alla frapper aux brisées : *la Légère* trottinait toujours la tête basse, et le cheval de mylord rongeait son frein et faisait claquer ses dents.

Mais, aux premiers cris des chiens, il se fit une métamorphose complète dans la piteuse limousine. Elle releva la tête, dressa les oreilles, retroussa en panache sa queue qui tombait comme un émouchoir; son œil blafard lança des éclairs, et quand les trompes sonnèrent le lancer, elle bondit comme un chevreuil, et, avec la rapidité de la pensée, elle prit la tête des quarante ou cinquante chevaux qui s'étaient, comme elle, précipités en avant. Lord Henry me jeta un regard oblique dans lequel la colère se mêlait au dédain ; le cerf passa devant nous ; la chasse était commencée.

Elle n'offrit, pendant la première heure, aucun incident remarquable. L'animal, sagement mené par une vingtaine de vieux chiens d'attaque, se fit battre dans un canton de peu d'étendue, de sorte que tout le monde put suivre au petit galop. Madame de Sénozan, c'est-à-dire *la Légère*, tenait toujours la tête, bien que le cheval de lord Henry eût cherché plusieurs fois à la dépasser.

Enfin, le cerf donna dans le premier relais, qui prit chaudement la voie ; la course devint plus vive ; chacun tira de son côté, et bientôt il n'y eut plus dans la route que nous suivions au grand galop, que madame de Sénozan, lord Henry, mon ami le curé de Chapaize, monté sur Ragotin, et moi.

J'observais attentivement ce qui se passait, et déjà je ne doutais plus du succès de mon innocent stratagème. Le cheval de mylord, l'œil en feu, les naseaux ouverts, dévorait l'espace, mais tout ce qu'il pouvait faire était de se maintenir à la hauteur de *la Légère*, qui volait comme un papillon à son côté. L'intrépide petite bête, pour laquelle cette course paraissait un jeu, se jetait de temps en temps en badinant sur son voisin pour le mordre, comme si elle eût voulu l'exciter à redoubler de vitesse, et lui faire comprendre qu'elle était de force à lui tenir tête. A chaque instant, la chasse, qui était tantôt à notre droite et tantôt à notre gauche, passait devant nous, et sa présence animait nos chevaux qui paraissaient plus ardents qu'au départ. Les trompes résonnaient de tous les côtés ; des veneurs nous croisaient en criant ; c'était un spectacle magnifique et une jouissance enivrante.

Tout à coup nous entendîmes des claquements de fouet ; les aboiements devinrent plus rares et nous parurent moins vifs ; bientôt ils cessèrent tout à fait, et nous comprîmes qu'il y avait eu un change, ce qui nous fut d'ailleurs confirmé l'instant d'après par le comte de Fussey, qui allait en toute hâte pour tâcher de remédier à ce malheur.

Il fallut beaucoup de peine et de temps pour remettre sur pied l'animal qui s'était forlongé. La terre était sèche, le soleil ardent, la voie déjà haute ; les chiens donnaient mollement, et couraient à droite et à gauche à la recherche de quelque fossé ou de quelque mare dans lesquels ils pussent se désaltérer et rafraîchir leurs pattes brûlantes. Quant à nous, nous nous étions arrêtés à un carrefour auquel aboutissaient plusieurs routes, et nous attendions l'évènement pendant que nos montures reprenaient haleine.

Le cheval de mylord n'avait rien perdu de sa vigueur et sa beauté semblait avoir gagné. Fièrement planté sur ses quatre jambes fines et nerveuses, il écoutait le son de la trompe, et son agitation annonçait qu'il souffrait d'être au repos. Sa peau fine comme un velours, et son poil lissé par une imperceptible transpiration, laissaient apercevoir un réseau de veines dans lesquelles circulait un sang plus brûlant que la lave, plus actif que le vif-argent. Jamais plus belle bête n'avait attiré mes regards ; je l'aurais volontiers acheté au prix d'une de mes terres, mais je ne l'aurais point échangé contre *la Légère*.

Celle-ci, depuis que la chasse était interrompue, avait repris son attitude plus que modeste. Une jambe de devant étendue, une de derrière douloureusement appuyée sur le bout du sabot, le flanc haletant, le poil hérissé et gluant, les oreilles flasques, elle me représentait au naturel un pauvre bidet de poste exténué par une course hors de proportion avec ses moyens. Toutefois lord Henry ne fit aucune remarque désobligeante sur elle, car s'il n'était pas encore convaincu de ses mérites, il était devenu circonspect, et d'ailleurs son orgueil était satisfait par les éloges sans restriction que nous donnions à son magnifique *Cœur-de-Lion*, c'était le nom de son cheval.

Enfin le cerf fut rejoint et remis sur pied, et nous nous élançâmes comme la première fois, peut-être même avec plus d'impétuosité encore.

Tous les relais avaient été ramenés et donnés; tous les veneurs avaient eu le temps de rejoindre, de sorte que la chasse devint plus brillante et plus rapide que jamais. Le cerf, qui avait épuisé la liste de ses ruses, perçait en avant avec une vigueur inouïe, qui n'avait d'égal que l'acharnement de la meute qui le poursuivait. Soit qu'il traversât des fourrés impénétrables, ou qu'il s'engageât sous des futaies d'un accès facile, il conservait sa vélocité, et les plus habiles d'entre nous ne pouvaient prévoir l'issue de la lutte. Le comte de Fussey, qui avait galoppé pendant quelques instants avec nous, m'avait dit que si l'animal ne débuchait pas il se tirerait d'affaire: c'était aussi l'opinion du curé de Chapaize, et il y avait peu d'exemples que ces messieurs se fussent trompés quand ils donnaient un avis en pareille matière.

La *Légère* s'était maintenue à sa brillante allure, et même, depuis quelques instants, elle mêlait à son galop des bonds de gaîté qui témoignaient encore plus de sa vigueur que la rapidité de sa course. *Cœur-de-Lion* était toujours superbe, et rien n'annonçait qu'il commençât à être fatigué, si ce n'est sa respiration qui sortait plus bruyante et plus pénible de ses naseaux tendus. J'étais encore présent à cette noble joûte, mais la vérité veut que j'ajoute que j'avais profité du défaut pour relayer, et qu'ainsi je me trouvais sur un cheval frais. Quant au curé de Chapaize, comme il avait besoin de *Ragotin* pour les jours suivants, il s'était séparé de nous, sous prétexte d'aller rejoindre le comte de Fussey. Notre bande était donc réduite à trois personnes : madame de Sénozan, milord et moi.

Indépendamment de l'intérêt personnel que je mettais au triomphe de ma jument, j'éprouvais un indicible plaisir à admirer la témérité et la grâce de madame de Sénozan. Jamais les fantastiques créations de mes rêves ne m'avaient montré une personne plus ravissante que la comtesse, qui ne ressemblait pas plus à la femme que j'avais vue le matin même à la table du déjeuner, que *la Légère* de pleine chasse ne ressemblait à celle qui trottinait vers le rendez-vous. L'œil étincelant, le geste impérieux, les narines dilatées, la belle amazone paraissait sous le charme d'un énivrement qu'on aurait cru nouveau pour elle, tant elle en était transportée.

Elle ne prononçait pas une seule parole, mais l'animation de sa physionomie avait une éloquence qu'aucune acclamation, quelque chaleureuse qu'elle fût, n'aurait pu égaler. Si M. de Florian ou le chevalier de

Bonnard, ou Parny, eussent été là, ils n'auraient certes pas laissé échapper cette occasion de comparer la comtesse à Diane descendue sur la terre, et ayant consenti à se vêtir et à se poudrer par respect pour les mœurs et la mode.

Nous étions toujours à la suite de la chasse, et de temps en temps au milieu d'elle. Vingt fois, trente fois, peut-être, le cerf avait couru devant nous, et à plusieurs reprises, nous l'avions suivi dans le fourré : dans ces moments-là, la situation de mylord était vraiment pénible, car, tandis que *la Légère* se glissait comme une biche sous les gaulis, sans s'inquiéter de ceux qui la frappaient en se relevant, Cœur-de-Lion se jetait avec rage au milieu des cépées, ou franchissait les buissons qui résistaient à une première tentative : la finesse de sa peau, l'ardeur de son sang oriental, lui faisaient supporter impatiemment les obstacles qui s'opposaient à ses efforts, et les coups qu'il recevait du hasard, et que dans son inexpérience il attribuait à la brutalité inaccoutumée de son maître, le rendaient furieux : cependant il soutenait la lutte sans désavantage, et je ne fis nulle difficulté de le proclamer plusieurs fois le premier cheval du monde... après *la Légère*.

Il y eut encore un défaut, mais il fut court, et aussitôt qu'il eut été relevé, la chasse continua plus impétueuse que jamais. A vingt-cinq pas seulement de nous le cerf venait de débucher, et nous entrâmes en plaine avec les chiens de tête. Cette avance nous permit de nous arrêter un instant pour respirer.

— Enfin ! — s'écria mylord.

— Que signifie cettte exclamation ? — demanda la

comtesse en caressant de sa main frémissante la crinière
ébouriffée de sa jument.

— Elle signifie, madame, que nous allons chasser
maintenant comme des gens bien élevés, c'est-à-dire à
la face du soleil. Jusqu'à présent nous avons couru les
bois comme des voleurs, et je trouve cela ignoble.

Madame de Sénozan n'attendit pas la fin de cette
phrase; elle n'avait eu besoin que de baisser la main,
pour faire repartir sa jument, qui était déjà au milieu
des chiens.

Tous ceux qui ont chassé en Bresse savent ce que
c'est qu'un débucher dans ce pays coupé de haies et de
ossés, et dont le sol est en tout temps humide et gras.
Lord Henry en avait fait l'expérience les années précédentes, mais comme l'été avait été très-chaud, il se
flattait que le terrain serait meilleur, et que dès lors la
grande vitesse de son cheval lui donnerait la victoire,
car il avait fini par comprendre qu'un complot était
organisé contre lui. Sa passion pour la comtesse avait
cédé à la crainte de voir un cheval français, de race
vulgaire, l'emporter sur un des plus magnifiques et des
plus célèbres coureurs de l'Angleterre, et il aurait sacrifié de bon cœur tous les rêves de son amour, pourvu
que *la Légère* tombât morte de fatigue, dût-elle écraser
dans sa chute madame de Sénozan, à laquelle ce sentiment n'avait pas échappé.

Depuis que la chasse était en plaine, le coup-d'œil
qu'elle présentait était plus magnifique que jamais. De
tous les points de l'horizon on voyait accourir des veneurs qui cherchaient à rejoindre, afin de ne perdre
aucune des émotions d'un hallali désormais certain.
La meute redoublait de vitesse et de cris, les trompes

ne cessaient pas de retentir, les acclamations des cavaliers leur répondaient, les villageois quittaient leurs charrues pour battre des mains : c'était, en un mot, une de ces scènes que les chasseurs retrouvent dans leur mémoire jusque sur leur lit de mort.

Nous étions toujours en tête, et nous avions franchi je ne sais combien de haies, de fossés et de ravins, quand je crus remarquer que lord Henry, qui n'avait voulu prendre ni fouet ni éperons, frappait à coups redoublés sur le flanc de son cheval, qui, tout en courant, se tordait quelquefois sous la pression du poing de son maître. Je regardai avec plus d'attention, et je ne tardai pas à découvrir dans la main de mylord un objet brillant et aigu, et à reconnaître dans cet objet un de ces élégants cure-dents d'or guilloché, que les hommes portaient dans ce temps-là.

Je compris que le pauvre *Cœur-de-Lion* n'en pouvait plus, et moitié par pitié, moitié par vengeance, je dis au pair de la Grande-Bretagne :

— Mylord, avant une heure votre cheval sera fourbu si vous ne l'arrêtez pas à l'instant même, et ce sera bien dommage.

— Vous êtes dans l'erreur, monsieur le comte — me répondit-il. — D'ailleurs, je ne lui demande pas de vivre demain, pourvu qu'il me porte aujourd'hui.

Et il se remit à frapper le pauvre animal, dont la tête n'atteignait déjà plus qu'à la hauteur du flanc de *la Légère*.

Nous arrivâmes ainsi jusqu'à un chemin creux, à l'extrémité duquel régnait un fossé dont le bord relevé supportait une haie de trois pieds de hauteur environ. Derrière cette haie, il y avait une prairie humide et basse d'une centaine d'arpents d'étendue ; au milieu de cette prairie, le cerf faisait tête aux chiens, ce qui nous était indiqué par la trompe d'un chasseur que le hasard avait amené là avant tous les autres : les poltrons et les égarés ont quelquefois de ces bonheurs-là.

Nous fûmes bientôt au bord du fossé et au pied de la haie.

— Arrêtez, madame la comtesse ! — m'écriai-je — c'est trop haut ; c'est trop large, vous allez échouer au port; et...

Je n'eus pas le temps d'achever ma phrase, que *la Légère* arrivait saine et sauve de l'autre côté de la haie avec son précieux fardeau. Pendant que madame de Sénozan était en l'air, elle m'avait adressé un sourire qui avait brillé dans l'espace comme un éclair.

Mon cheval ne put franchir la haie, mais il la traversa. Quand nous fûmes dans la prairie, je me retournai pour savoir ce que devenait lord Henry, et je l'aperçus dans la plus déplorable situation que le ciel puisse imposer à un orgueilleux.

Cœur-de-Lion refusait de sauter. Il avait planté ses quatre pieds en terre, et il renâclait devant l'obstacle, qu'il contemplait d'un œil désolé et cependant fier encore, car ce n'était pas le courage, mais la force qui lui manquait.

Lord Henry leva son bras avec fureur ; le *cure-dents* étincela en descendant rapidement.... L'illustre petit-fils d'*Arabian Godolphin* fit un effort désespéré, et il se trouva à côté de moi dans la prairie, mais, malheureusement pour lui, dans un endroit marécageux où il enfonça jusqu'aux jarrets,

Son maître le frappa de nouveau : le noble animal poussa un gémissement plaintif et il resta immobile. Ses membres tremblaient, ses reins fléchissaient, sa belle et intelligente tête s'inclinait sur le sol. Alors, l'orgueilleux insulaire, convaincu que *Cœur-de-Lion* n'arriverait pas au champ-d'honneur, jeta loin de lui le misérable aiguillon dont il s'était servi, et, s'étant précipité à terre, il dégaîna son couteau de chasse et le plongea jusqu'à la garde dans le poitrail du pauvre vaincu. *Cœur-de-Lion* bondit comme s'il allait s'élancer en avant, puis il retomba aussitôt, immobile comme si la foudre l'eût frappé.

Lord Henry se disposa aussitôt à rejoindre la chasse à pied, mais ses malheurs n'étaient pas finis, car il entra dans la vase jusqu'aux genoux. Je lui tendis une main secourable qu'il repoussa, ce que voyant, je le quittai pour aller au secours des chiens que le cerf traitait fort rudement; je craignais d'ailleurs que madame de Sénozan ne fît quelque imprudence : elle était au plus épais de la mêlée.

Cependant les chasseurs arrivaient de tous les côtés, et presque tous par le chemin creux que nous avions suivi et par le passage que j'avais fait dans la haie. En le franchissant, ils retombaient les uns après les autres à côté du pauvre lord, qui eut la douleur d'entendre sortir de vingt-cinq ou trente bouches des phrases comme celles-ci :

— Quel dommage ! un si beau cheval !

— Eh bien ! mylord, que pensez-vous des chevaux français ?

— Voulez-vous prendre le bout de mon fouet ?

— Voici ma main : je vous jure qu'elle est solide.

A chacune de ces propositions et de ces questions, l'Anglais répondait par une imprécation, mais on passait sans l'écouter pour courir à l'hallali ; on connaît l'humanité des chasseurs en pareil cas. Mylord fut bientôt aussi complètement oublié que s'il n'eût jamais existé.

Peu de moments après, les trompes sonnèrent la mort du cerf. Renaud leva le pied droit de l'animal, et il demanda où était lord Henry, à qui il voulait le présenter, suivant l'ordre qu'il en avait reçu, le matin même, du marquis de Montrevel.

Tous les regards se tournèrent alors vers le bourbier : l'Anglais n'y était plus. Il avait profité du dénouement du drame pour se tirer d'affaire ; mais au lieu de nous joindre et de prendre sa déconvenue en homme d'esprit, il s'était mis en route pour le château, sur un cheval que M. de Montrevel lui avait envoyé par un de ses gens. L'excellent châtelain était désolé de cette aventure, et sans la complicité de la belle comtesse, je crois qu'il se fût autorisé de notre parenté pour me laver la tête.

« Au moins, messieurs, pas de plaisanteries ce soir, je vous le demande en grâce — nous dit-il — cela serait peu généreux, et par conséquent indigne de vous.

— La recommandation est inutile, mon cher, — répondit le comte de Thiard — il sera parti avant notre retour au château.

— Vous êtes un homme adorable — me dit à voix basse madame de Sénozan.

— Foudras, combien veux-tu de ta jument ? — ajouta Clermont, un peu inquiet des quelques mots que la comtesse avait murmurés tout bas à mon oreille.

— Tes cent mille livres de rentes ne la paieraient pas en ce moment... Je suis trop bon Français pour vouloir la vendre — continuai-je afin de donner deux significations à ma phrase.

Quelques instants après, nous reprîmes le chemin de Châles ; en passant près du cadavre du pauvre *Cœur-de-Lion,* les trompes entonnèrent une lugubre fanfare, et nous donnâmes d'unanimes regrets à cette illustre victime de l'orgueil britanique.

Notre retraite fut une des plus brillantes et des plus gaies que j'eusse jamais vues ; dans tous les villages que nous traversions, les paysans accouraient sur leurs portes et nous saluaient par des acclamations auxquelles nous répondions par des fanfares joyeuses. Le cerf dont on devait faire la curée aux flambeaux dans la cour du château, était porté sur un brancard de feuillage, derrière lequel se pressait la meute qui l'avait vaincu. Madame de Sénozan marchait à la tête, toujours montée sur *la Légère,* qui avait repris ses allures bourgeoises. La comtesse était souriante, mais pensive, et Clermont, qui la suivait à quelque distance, paraissait moins satisfait de la défaite de son rival, que tourmenté de la part que j'avais prise au triomphe de la femme qu'il aimait. Nous nous en expliquâmes deux ou trois jours après, et nous n'en restâmes pas moins très-bons amis. Dans ce temps-là, les rivalités étaient frivoles et élégantes comme les passions, et les femmes avaient des esclaves dociles qui ne devenaient jamais des tyrans.

Comme nous arrivions sur la pelouse, une berline, dont les stores étaient levés, sortait de la cour du château. Elle emmenait lord Henry, qui ne reparut plus à Châles les années suivantes.

Le soir on parla de *la Légère*, devenue l'héroïne du jour ; il n'était question de rien moins que de lui élever une statue ; et après la curée, toute la société réunie à Châles voulut aller lui faire une visite aux flambeaux. Hélas ! ce fut la fin de sa renommée !

Les imaginations s'étaient exaltées sur les mérites de cette merveille, et le désappointement fut grand quand on vit à l'écurie une pauvre petite bête efflanquée qui tirait du bout des dents son foin de son râtelier. Ses jambes étaient engorgées, son poil hérissé : elle faisait horreur.

— Quel dommage qu'elle soit si laide ! — s'écrièrent ces dames ; — décidément, il ne faut pas songer à lui faire élever une statue, la postérité croirait qu'on a voulu immortaliser *Rossinante*.

Je fus consolé de cette inconstance de la faveur par madame de Sénozan : elle entra en souliers de satin vert-pomme dans la stalle de *la Légère*, et elle lui adressa quelques paroles tendres qui retentirent doucement dans mon cœur.

Le lendemain il n'y eut pas de chasse, mais nous visitâmes la magnifique église de Brou, et le soir il y eut spectacle et bal au château.

Là se termina le récit de mon père. Ma tante, qui l'avait écouté avec attention, affirma qu'il avait oublié beaucoup de choses ; mon père ne la contredit point.

— Le château existe-t-il encore ? — demandai-je.

— On m'a affirmé qu'il avait été démoli — répondit ma tante ; — mais comme je ne sors jamais, je n'ai pu m'en assurer.

— Si nous y passions en nous en retournant — dis-je à mon père. — Qu'en pensez-vous ?

— Comme tu voudras, mon ami — reprit-il.

Je pris acte de cette promesse, ou plutôt de ce consentement, et le jour de notre départ, comme nous étions déjà en voiture, je le rappelai à mon père, qui se borna à indiquer à son cocher la route qu'il devait prendre.

Nous arrivâmes à Châles après une heure de marche. Mon père regardait avec attention et incertitude, comme s'il craignait de s'être trompé.

— C'est bien là — me dit-il en mettant pied à terre. Nous étions dans un immense champ de sarrazin en fleur. On n'y voyait ni une pierre ni un arbre.

— Eh bien ! le château, la futaie de marronniers, où sont-ils ? — demandai-je.

Mon père enfonça sa canne dans la terre du champ, et il me dit :

— Voilà le château !

Je me penchai et j'aperçus à ses pieds un fragment de brique. La révolution n'avait oublié que cela en passant. Qu'on dise encore qu'elle n'a rien laissé debout.

VIII

Une chasse de Raille-Bourgogne.

Il y a assez longtemps que je vous parle des chasseurs et veneurs d'autrefois ; il faut — mes chers lecteurs — que je vous fasse un peu d'histoire contemporaine. D'ailleurs, le château de Sully ne me semble pas déplacé après celui de Châles, et le marquis de Mac-Mahon vient tout naturellement au bout de ma plume à la suite du marquis de Montrevel, dont je vous entretenais dans la nouvelle qui précède celle-ci.

Au mois de novembre 1837...

Je m'arrête pour faire une remarque, c'est que tous mes récits de chasse commencent de la même manière, à l'imitation des contes de fées ; il est, j'espère, superflu d'ajouter qu'ils n'ont que cette ressemblance avec ces charmantes fictions qui ont fait les délices de nos jeunes années ; dans celles-ci tout est faux, dans ceux-là tout est...

Je reprends ma narration, brusquement interrompue.

Donc, au mois de novembre 1837, la réunion annuelle était nombreuse et brillante au château de Sully.

Elle se composait, outre le noble châtelain et deux de ses frères, de Rostaing de Pracomtal, du comte de Villers la Faye et de son fils Joseph, d'Edouard de Wall, de Jean de Montmort, d'Olivier de La Rochefoucauld, de Henri de Sassenay, de notre ami Jules Perret, dont je vous ai parlé dans *un déplacement de chasse en Morvan*, et enfin de l'obscur chroniqueur qui écrit ces lignes. Toute vanité personnelle à part, j'avancerai sans crainte d'être démenti, qu'il serait difficile de trouver de plus intrépides et de plus *croyants* veneurs, à commencer par le marquis de Mac-Mahon qui chassera encore vingt ans après sa mort, et à finir par Joseph de Villers la Faye qui portait une trompe en guise de hochet, et qui allait faire le bois sur le bras de sa nourrice.

Mais que peut le courage, que peut la foi quand le gibier manque? et c'était — hélas!— le cas dans lequel nous nous trouvions au mois de novembre 1837. Ce ne sera pas de ma faute, mes chers lecteurs, si vous oubliez cette date maintenant.

Quand des hommes sont réunis pour chasser et qu'ils ne chassent pas, rien ne saurait les consoler. L'hospitalité du maître a beau être royale, les femmes qu'il a invitées charmantes, son cuisinier excellent, les vins de sa cave exquis, les jours s'écoulent avec une désolante lenteur, et, le soir, les bougies n'éclairent que des faces moroses ou faussement joyeuses. Les natures d'élite ne comprennent le plaisir que comme repos au danger et à la gloire : j'ai lu, du moins, cela quelque part.

Chaque matin Racot — vous savez, Racot — partait avec son limier; son second allait dans une autre direction; tous les gardes étaient mis sur pied, et nous, l'espoir au cœur, nous allions à un rendez-vous quelconque. Vaine persévérance! espoir plus vain encore! Après des heures d'attente qui paraissaient des siècles, les piqueurs revenaient lentement, et de loin leur mine soucieuse nous faisait pressentir un rapport dont le résumé était invariablement : rien encore aujourd'hui! alors, on découplait au hasard ; les chiens, ennuyés comme nous, mettaient sur pied des renards ou des lièvres qu'ils abandonnaient au premier coup de fouet, en chiens bien appris qu'ils étaient, et nous revenions à Sully, plus tristes, plus découragés, et, s'il est possible, encore moins aimables que la veille.

Il y avait dans les fossés du château un cerf si vieux, que je suis sûr qu'il aurait pu nous apprendre comment on faisait la curée aux flambeaux, en 1675, en présence de madame de la Vallière. L'idée vint au marquis de Mac-Mahon de calmer notre désespoir en nous livrant ce pauvre animal, qui devait se croire tout aussi bien retiré des affaires périlleuses que l'invalide qui veille au péage du pont des Arts. Il prit néanmoins la plaisanterie en cerf de bonne compagnie, et nous le forçâmes deux fois assez agréablement. Mais une semblable parodie était bien peu de chose pour des gens habitués aux dramatiques émotions des hallalis sérieux. Le cerf fut donc *interné* dans son fossé, on lui donna même une biche pour le récompenser de sa complaisance, et les piqueurs se remirent en campagne : ces deux fausses chasses nous avaient excités sans nous satisfaire.

Le pays au milieu duquel le magnifique château de Sully est bâti, a l'air créé tout exprès pour environner la demeure d'un chasseur. Au nord, ce sont les bois d'Epinac, d'Ivry, de Bligny-sur-Ouche ; au couchant, ceux d'Arnay-le-Duc qui se lient aux immenses forêts du Morvan et de l'Autunois ; au midi, on trouve les grandes ventes de Saint-Emiland et d'Epiry, traversées par un certain torrent qu'on nomme le Pont-d'Argent, et bornées par une certaine forêt de Planoize, dont vous me direz des nouvelles si jamais vous avez l'honneur de chasser dans ce pays-là, et surtout le bonheur d'en revenir sain et sauf. Le Pont-d'Argent ! Quand la chasse prend cette direction, les physionomies les plus énergiques deviennent *songeuses ;* et moi qui vous parle, j'ai vu un descendant de Moïse faire un signe de croix dans une situation très-périlleuse. Le torrent entraînait son cheval, et lui, accroché par le cou à une branche, il n'avait pu se débarrasser de ses étriers. Pour peu que vous ayez de l'imagination, mes chers lecteurs, vous pouvez parfaitement vous figurer la chose.

Toute cette contrée si boisée est d'un accès difficile pour la chasse à courre. Le sol en est à la fois humide et pierreux ; les coupes sont grandes et mal percées ; quelques parties sont plates et sourdes ; d'autres sont sonores, mais alors tellement montueuses, qu'il faut se résigner à suivre de loin au petit pas. A la longue, ces obstacles ont un certain charme ; dans le début, on s'en arrange par amour-propre comme de beaucoup d'autres choses ; pour ma part, je les ai longtemps loués tout haut et maudits tout bas, avant de comprendre qu'ils étaient un plaisir de plus.

Quant au château de Sully, je ne vous en dirai rien aujourd'hui, car je vous réserve pour plus tard un article fait il y a longtemps, et qui a pour titre : *Une St-*

Hubert, *en* 1834, *chez le marquis de Mac-Mahon;
la chasse et la comédie.* C'est ce que j'ai fait de meilleur en ce genre, et je plaindrais sincèrement le lecteur qui ne resterait pas abonné au *Journal des Chasseurs* jusqu'à ce que cet article ait paru.

Je reviens à mon récit de l'année... vous savez? et c'est pour vous dire que les nouvelles tentatives de Racot ne furent pas plus heureuses que les autres ; il semblait vraiment que tout le gibier du pays eût pris le parti de passer à l'étranger.

Un matin que nous étions plus tristes qu'à l'ordinaire, notre ami Jules Perret nous dit avec ce sourire si fin que tout Rallie-Bourgogne connaît :

— Je vois bien qu'il faudra que je vous donne mon sanglier.

— Comment! vous avez un sanglier, et vous ne nous en disiez rien?

— Si je vous en avais parlé il y a huit jours, il est probable que je ne vous en parlerais pas aujourd'hui.

— Eh bien! où est-il, votre sanglier? — demanda impétueusement le marquis de Mac-Mahon.

— Dans mes bois de Prodhun.

— Et vous espérez qu'il aura attendu votre bon plaisir?

— Je ne l'espère pas, j'en suis sûr.

— Allons trouver Racot — dit le marquis.

Racot se promenait en long et en large devant son chenil, en fumant sa pipe.

— Racot, voilà M. Perret qui prétend avoir un sanglier dans ses bois de Prodhun.

— Il en est bien capable — répondit le grand homme avec son sang-froid homérique.

— Que faut-il faire?

— Il n'est que midi — reprit Racot — je vais partir pour Prodhun, et ce soir je vous donnerai des nouvelles du sanglier. S'il y est, il faudra bien que je le trouve.

Nous restâmes à la porte du chenil jusqu'à ce que nous eussions vu Racot monter à cheval, puis nous rentrâmes au château en discutant les chances de cette nouvelle entreprise.

— Ce diable de Perret n'en fait jamais d'autres — disaient les uns — il aurait bien pu parler plus tôt : le sanglier sera parti.

— En supposant qu'il y en ait eu un — reprenaient les fâcheux de la bande.

— Je suis si sûr de mon fait — ripostait Perret sans s'émouvoir — que j'ai prié Racot de dire à ma fermière de tuer force dindes, poulets et canards, pour vous donner à déjeuner demain. Ce ne sera pas comme l'année dernière, mais il reste encore quelques bouteilles de ce fameux Chambertin que vous avez trouvé si bon.

Il faut vous dire que l'année précédente, à l'occasion de la Saint-Hubert, Perret nous avait donné dans sa ferme du Prodhun, une hospitalité de huit jours, dont nous n'avions pas perdu le souvenir, et qui avait offert les plus piquants contrastes. Ainsi, tandis que nous étions entassés, au nombre de douze, dans deux chambres, où quatre se fussent trouvés mal à l'aise, les déjeuners et les dîners étaient servis par *Chevet*; et le soir, à l'heure du thé, les babas de *Michel* arrivaient à point nommé, comme si le four de ce grand artiste eût été à quatre-vingts pas au lieu d'être à quatre-vingts lieues C'est à ce souvenir que Perret faisait allusion, quand il nous disait : *Ce ne sera pas comme l'année dernière.*

Voilà donc Racot parti, et nous fort impatients de le voir de retour. Vingt fois dans la journée, nous allâmes sur le chemin par lequel il devait revenir, augurant tantôt bien tantôt mal du temps qu'il mettait à remplir sa mission; et, suivant que nous nous abandonnions à l'espérance ou à la crainte, Perret était un grand homme qu'il fallait conduire au Capitole, ou un traître qu'on devait traîner aux Gémonies. Lui, toujours calme et confiant, nous regardait par-dessus ou par-dessous ses lunettes, avec une sérénité qui n'aurait pu être plus grande s'il avait eu le sanglier dans la basse-cour de sa ferme, et nous avions fini par croire qu'il s'était entendu avec Racot pour nous faire chasser un animal encore moins sauvage que le cerf centenaire des fossés de Sully.

Enfin, comme on sortait de dîner, un valet de pied vint dire à voix basse au marquis de Mac-Mahon, ces paroles en apparence si insignifiantes :

— Racot est revenu.

Vous avez vu quelque fois, mes chers lecteurs, une meute ardente, au moment où le piqueur qui doit la mener au rendez-vous ouvre la porte du chenil; et vous avez sans doute remarqué l'impétuosité avec laquelle les couples se précipitent vers cette issue qui doit les conduire à la gloire. Les plus légers s'élancent par-dessus les plus lourds, les plus robustes cherchent à repousser les plus faibles, et tous font si bien, qu'il n'y a ni premiers, ni derniers ; cela paraît impossible, mais cela est vrai.

Eh bien ! ce fut justement le spectacle que nous donnâmes à la porte du salon de Sully. J'aime à croire que messieurs les chiens se tiendront pour fort honorés de la comparaison.

Racot avait connaissance du sanglier !!!

Il y eut un moment de silence, je pourrais presque dire de recueillement, puis les voûtes du vestibule de Sully retentirent du cri de : *Vive Perret !*

A l'instant, les dispositions furent prises pour le lendemain. On décida que les chiens partiraient à la minute même pour aller coucher à Autun, et le rendez-vous fut indiqué pour le jour suivant à dix heures du matin, au cabaret de Truchot, sur la route de Montcenis ; puis nous rentrâmes dans le salon où nous fûmes tous charmants.

Pendant la nuit il tomba un peu de neige, circonstance que nous regardâmes comme très-heureuse, puisqu'elle devait faciliter le revoir. A l'heure dite, nous mettions pied à terre à la porte du cabaret de Truchot: seize petits kilomètres : excusez du peu, comme disait le feu duc de Montmorency, en parlant des trois ou ou quatre connétables de sa famille.

Les piqueurs revinrent, et leur retour nous replongea dans la consternation. Martin avait bien trouvé le sanglier, mais Racot qui avait fait suite n'avait pu parvenir à le remettre, quoiqu'il eût marché pendant plus d'une heure sur ses traces. L'animal, toujours fuyant, avait traversé de vastes cantons de bois peu fourrés, franchi deux petites rivières, passé de grandes plaines, etc., etc. Bref, l'opinion de Racot était qu'il émigrait vers les forêts du Charolais, et que, d'ici à quelque temps, il n'y avait pas d'espoir de le revoir de ces côtés.

Je vous fais grâce de tous les hélas! de toutes les exclamations, de toutes les malédictions qui accueillirent ce rapport fait avec un douloureux sang-froid. Le vingt-neuvième bulletin de la grande armée, qui annonça à la France les désastres de Moskou, ne causa ni plus de stupeur ni plus de désespoir. Nous étions à la fois consternés et furieux : Perret était redevenu un simple mortel, quelque chose de moins encore, peut-être.

Seul, le marquis de Mac-Mahon ne se découragea pas. En présence d'un sauve-qui-peut imminent, il soutint, contre l'opinion de Racot, que le sanglier, habitué aux bois de Prodhun, avait bien pu, dans un moment de caprice ou d'effroi, faire une longue tournée qui l'en éloignait passagèrement, mais qu'il avait dû y revenir par les bois de Mesvres. L'ami Perret était aussi de cet avis, et malgré l'échec que venait de subir son infaillibilité, il approuva l'inspiration du grand maître, et il fut décidé que les piqueurs iraient avec lui coucher à Prodhun, pendant que nous retournerions à Sully pour y attendre l'événement. Après quelques hésitations, je me décidai à accompagner Perret, et l'on se sépara.

Nous suivions lentement et tristement la grande allée qui conduit des bois de Prodhun à la forêt de Planoize, quand tout à coup Racot, se dressant sur ses étriers, dit à Perret :

— Monsieur, vous aviez raison..... voilà votre sanglier.

Le coup-d'œil d'aigle du moderne Drécard avait

aperçu la trace de l'animal sur la berge d'un fossé, à un endroit où il n'y avait plus de neige. Il met pied à terre, s'assure qu'il ne s'est pas trompé ; puis il prend les grands-devants, pendant que Martin fait suite, et deux heures après nous être séparés sans espérance de le rejoindre, nous avions le sanglier rembuché dans cent cinquante arpens des bois de Prodhun ; de sorte que le marquis de Mac-Mahon était à peine descendu de cheval, qu'il recevait à Sully, à quatre lieues de Prodhun, un billet de l'ami Perret, que je vais vous transcrire littéralement, car il en vaut, ma foi, bien la peine.

LE PLUS HUMBLE DES VENEURS

AU GRAND MAITRE.

Du sanglier Prodhun, hommage au grand veneur !
Lui seul a bien connu son allure et son cœur ;
Une fausse sortie a trompé tout à l'heure :
Il n'avait pas quitté pour toujours sa demeure.
A la patrie absente il garde son amour ;
Il ne la fuit jamais sans espoir de retour ;
C'est là qu'il veut mourir... le fourré tutélaire,
Abri du marcassin, revoit le solitaire.
Plus heureux que Caton, le désir du trépas
Sur une terre amie est empreint sous ses pas ;
Et j'ai lu de mes yeux cette douce pensée,
Que sa trace en passant sur la neige a laissée :

O cara patria,
Habebis ossa mea !

Ce galimatias double, mon cher Mac-Mahon, veut dire en bon français que le sanglier est rentré à Prodhun, comme vous l'aviez bien pensé ; qu'il est remis ce soir, que nous l'aurons demain, et que vous pouvez venir à coup sûr. Le déjeuner sera servi à dix heures. Rallie-Bourgogne ! A moi, Morvan ! Paix au château ! Gloire à la chaumière !

Tout à vous,
Jules PERRET.

Pour peu que l'on ait dans l'imagination une seule étincelle de feu sacré, il est facile de se figurer l'effet magique que produisit ce billet, lorsque le marquis le lut à ses hôtes irrités et consternés. On s'embrassa, on chanta, on pleura (quelle joie est complète sans un peu de larmes), et si quelqu'un eût eu l'idée de mettre Perret en actions, suivant la mode du temps, il aurait fait sa fortune, séance tenante ; mais on se contenta d'oublier tout le mal qu'on avait dit de lui... Oh! les hommes sont bien meilleurs qu'on ne le croit généralement.

A l'heure dite, toute la bande joyeuse, renforcée d'Alexandre de Vitry, mettait pied à terre dans l'humble cour du modeste Prodhun. Un soleil aussi radieux que celui qui éclaira les prodiges d'Austerlitz, avait réchauffé l'espérance au fond des cœurs qui doutaient encore, et semblait promettre la victoire aux moins confiants. Perret, debout sur le seuil de son *shooting-box*, recevait avec une modestie de bon goût, les félicitations, les bénédictions, les poignées de main de l'illustre assistance. Le sanglier était remis à dix minutes de la maison, que le déjeuner parfumait depuis la cave jusqu'au grenier.

Il me serait fort agréable de vous faire la description de ce déjeuner, mais comment y parvenir, quand on ne possède ni le génie, si poétique dans son cynisme, de Rabelais, ni celui, si piquant dans sa naïveté, du bon du Fouilloux? Comment vous parler de ces coqs-d'Inde, si tendres peut-être de leur vivant, mais si durs après leur mort, et cependant dévorés de si bon cœur et de si grand appétit? Comment vous dépeindre ces grosses paysannes aux yeux effarés, aux bras rouges, courant autour de la table, ici versant à boire, là repoussant un geste trop familier, et ne pouvant suffire à tout, comme l'ilustre Bolotte, la servante-omnibus de nos chasses de Fours, que mes vers ont immortalisée? Comment encore et surtout trouver des expressions pour louer ces vins fabuleux, ces chambertins, enfants de la comète de 1811, ces malagas, contemporains de Philippe II, et ces liqueurs de madame Amphoux qui n'en... fait plus.

J'ai beau creuser ma mémoire jusqu'au tuf, tourner et retourner dans tous les sens mes souvenirs, depuis le premier jusqu'au dernier, je ne trouve rien que je puisse comparer à la folle gaîté, à l'aimable entrain de ce repas. Toutes nos espérances, tous nos désirs, comprimés depuis quelques jours, faisaient explosion comme une liqueur généreuse et pétillante que le bouchon a longtemps retenue captive. Les gaillardises, les épigrammes, les *toasts* se succédaient comme les bouteilles, ou se croisaient comme les verres. On me demanda de chanter, je chantais alors, et je ne me fis pas prier ; on déclama des vers qui n'étaient ni de Lamartine ni de Victor Hugo, mais qui n'en parurent pas moins excellents. Parmi les convives, ceux-ci grisaient leurs voisins ; ceux-là se grisaient eux-mêmes ; d'autres remplissaient ces deux fonctions à la fois, comme ces députés qui sont en même temps receveurs-généraux ; et au milieu de cet abandon qui ressemblait presque à du désordre, il y eut cependant un chapitre sur lequel tout le monde fut discret: je me suis imaginé depuis que c'était parce que personne n'avait rien à dire ; nous étions presque tous mariés, et les célibataires étaient si jeunes !

La pièce dans laquelle le déjeuner avait été servi, était au premier étage ; tout à coup la porte s'ouvre, et une de nos Maritornes nous jette ces paroles qui eussent certainement fait déserter un palais :

— Le feu est à la maison, et il pleut des charbons dans la cuisine.

— Ouvrez vos parapluies — dit Perret — et laissez-nous tranquilles.

— Vive Perret ! — nous écriâmes-nous sans bouger de place.

— C'est que monsieur Racot — poursuivit la Maritorne — prétend que le feu *fera ensauver* le sanglier.

— Va-t-en au diable !

— Messieurs — reprit alors le marquis de Mac-Mahon — cet avertissement vaut la peine d'être écouté.

— Eh bien ! — répondit Perret — montons à cheval, et que la maison devienne ce qu'elle pourra.

— Mais j'aperçois encore quelques truffes au fond de ce pâté — dit Joseph de Villers la Faye — en fouillant avec sa fourchette... une carcasse de canard.

— Mais cette bouteille n'est qu'à moitié vide — continua Rostaing de Pracomtal — en pressant sur son cœur son voisin de gauche, je ne sais plus qui.

— Qu'est-ce que vous dites donc, mon cher, repartit quelqu'un, moi, peut-être — elle est tout à fait vide.

— Bravo ! bravo ! à cheval ! à cheval !

Et nous nous précipitâmes dans l'escalier qui commençait à pétiller comme une côtelette sur le gril.

Arrivés dans la cuisine, nous vîmes — c'est à dire ceux qui pouvaient voir — que la poutre qui nous portait était au trois quarts consumée.

— Père... (j'ai oublié le nom) — dit Perret à son fermier — quand les chiens auront lancé, vous tâcherez d'éteindre le feu ; mais jusque-là, pas de bruit, autrement, quand vous renouvellerez votre bail... vous m'entendez.

Le départ fut un peu burlesque, mais néanmoins il se fit assez lestement. La position à cheval de plusieurs d'entre nous n'aurait certainement pas eu l'approbation de feu le comte d'Abzac ; cependant, comme les chutes ne furent pas dangereuses, rien ne troubla l'hilarité générale et toujours croissante, et la troupe arriva à la brisée de Racot sans s'être notoirement débandée.

On découpla, et cinq minutes après le sanglier était sur pied. Les chiens le busaient, pour me servir d'une des expressions consacrées en pareil cas.

Le vieux Denis, cet ancien piqueur de mon père, en avait une autre que je n'ai jamais entendue que dans sa bouche. Quand une meute allait bien, il avait l'habitude de dire : «Très-certainement ces chiens chassent à vous rendre mes devoirs.

Voilà donc le sanglier lancé, et nous courant à qui
mieux mieux sur ses traces. Le temps était toujours
magnifique: un beau et doux soleil de novembre, et pas
plus de vent que dans la chambre d'un malade ou
d'un vieux garçon, ce qui est à peu près la même
chose. Chaque ton de trompe, chaque coup de gueule
arrivait net à l'oreille et permettait de suivre sans la
moindre hésitation. Les veneurs étaient encore quelque
peu avinés ; mais les chevaux, qui n'avaient bu que le
pur cristal des fontaines, *dirigeaient* leurs cavaliers
dociles avec une merveilleuse sagacité, tantôt à travers les jeunes taillis, tantôt sous les futaies retentis-
santes, quelquefois aussi dans des passages difficiles
où l'on ne les eût peut-être pas conduits si on avait été
assez de sang-froid pour choisir son terrain. Le sanglier, fidèle à ses habitudes et aux promesses de son
cornac Perret, ne s'éloigna guère des bois de Prodhun ;
il débucha un instant du côté de la grande route de
Paris à Lyon, rentra presque aussitôt dans ses demeures favorites, traversa une première fois le grand étang
de Lanoue dont la chaussée sert de limite avec la forêt
de Planoize, et fit tête aux chiens dans un fort qui se
trouvait de l'autre côté. Les trompes le font repartir; il
retourne encore à l'étang, et, cette fois, il tint au ferme
tout de bon, tua deux chiens, en blessa quatre autres,
et finit par recevoir un coup de carabine mortel, de la
main d'Olivier de Larochefoucault, je crois : si je me
trompe, je lui en demande bien pardon, et pour le calmer, je lui promets de... recommencer à la première
occasion.

Cette sèche analyse ne saurait donner une idée même
imparfaite de cette chasse qui fut vraiment admirable,

et qui nous eût paru telle quand nous ne l'aurions pas si ardemment souhaitée. Entrain des veneurs, ardeur et infaillibilité de la meute, vigueur de l'animal chassé, qui cependant ne prend pas un grand parti, temps à souhait, hallali dramatique, tout se réunit pour faire de cette journée un de ces épisodes de la vie dans lesquels il n'y a pas de place pour un *mais*. Le retour, chose à remarquer encore, fut aussi joyeux que le départ, et quel est le plaisir dont on puisse en dire autant? Il est inutile, je pense, d'ajouter que nous fîmes à Sully une entrée triomphante: ce sont de ces occasions que les chasseurs ne laissent pas échapper.

— Eh bien, Perret — dîmes-nous le soir — et votre maison?

— J'ai oublié d'en demander des nouvelles.

— Voulez-vous que j'envoie demain un homme à cheval à Prodhun ? — demanda le châtelain.

— C'est inutile, je suis assuré. Faisons-nous un whist ?

IX

Le marquis et le comte de Fussey.

Foi de chasseur, c'est un âge merveilleusement commode que celui qui correspond à ce qu'on appelle poliment le milieu de la vie. On n'est plus assez jeune pour n'aimer que le présent, on n'est cependant pas assez vieux pour n'admirer que le passé ; on ne s'enthousiasme plus guère, mais on ne dénigre pas encore ; on tient à ce qui n'est plus par le souvenir, et à ce qui est par l'action ; on ne déraisonne pas plus par étourderie que par radotage, et, soit qu'on blâme ou qu'on loue ce qui se faisait jadis ou ce qui se fait aujourd'hui, c'est toujours avec équité et désintéressement, parce qu'on appartient tout à la fois au jour et à la veille.

Je hasarde cette explication pour faire comprendre à mes lecteurs comme quoi je me trouve parfaitement le droit de parler d'une génération à laquelle je n'ai pas eu l'honneur d'appartenir, ce que je regrette pour plus d'une raison. Si je n'ai pas connu personnellement toutes les illustrations que j'ai cherché à tirer de l'oubli, j'ai entendu souvent conter leurs prouesses, et, en les comparant à ce qui se passait sous mes yeux, je me suis dit, la main sur la conscience, qu'en chasse comme en amour nous sommes une race quelque peu dégénérée, malgré les meutes rapides et le fusil à percussion.

Quelques exceptions, brillantes individualités qui appartiennent bien plus au passé qu'elles ne le croient, ne m'ont pas fait varier dans mon opinion. Je les admire, je leur ai même rendu plus d'une fois un sincère hommage dans les pages de ce livre, mais je les ai comptées, et je suis revenu à mes chers veneurs d'autrefois. D'ailleurs si l'on doit des égards aux vivants, il est permis de dire la vérité aux morts, à moins qu'on ne trouve plus agréable et plus commode de ne la dire à personne, ce qui arrive quelquefois, même à un ex-chasseur devenu homme de lettres.

Augurera-t-on de ce qui précède, que je suis de l'avis de ceux qui disent qu'on ne sait plus chasser de nos jours ? Ce serait mal me comprendre, et je veux protester d'avance contre cette accusation. On chasse beaucoup, quelques hommes d'élite chassent même très-bien, mais ce qui manque à ces veneurs, sans en excepter les plus ardents et les plus habiles, c'est la foi et la passion. Qu'on me cite parmi les disciples de saint Hubert de l'époque, un marquis de Bologne, un curé de Chapaize, et tant d'autres dont les noms formeraient une litanie qu'on aurait de la peine à dire entre deux soleils. Pour ceux-là, pas d'intérêt autre que la chasse : amour, politique, affaires, tout se résumait pour eux dans la jouissance de tuer ce qui vole ou de forcer ce qui court. Le souverain les disgrâciait, ils allaient chasser ; leurs maîtresses les trompaient, ils allaient chasser; leurs fils faisaient des dettes, ils allaient chasser. La chasse toujours, la chasse partout : sans elle pas de plaisirs, avec elle pas de chagrins. Que vous en semble — Messieurs ? — Êtes-vous de cette force-là.

Mais — me direz-vous — on devait se ruiner à ce métier, car la chasse est une jouissance fort chère. Eh bien ! oui, on se ruinait, ce qui n'empêchait pas de chasser encore. On vendait son château, ses terres, ses prés, et on gardait son chenil et ses bois. Fallait-il se défaire de ces derniers débris de l'opulence passée, on conservait la meute, on enfourchait un roussin dont les juifs n'avaient pas voulu, et on allait chasser dans les bois des amis qui vous accueillaient avec joie et ne vous croyaient pas malheureux, puisque vous pouviez encore vous consoler avec une fanfare, ou perdre le souvenir de vos infortunes financières dans les enivrements d'un hallali. Le monde appartient à celui qui est possédé par une passion violente et profonde, car elle lui suffit. Le veneur ruiné, mais enthousiaste, se disait donc, tout en galopant dans les forêts d'autrui : « Je n'ai pas le droit de couper ces chênes pour aller les jouer au Pharaon, ou pour donner des diamants ou un négrillon à la Duthé ; mais ces cerfs, ces sangliers, ces daims m'appartiennent, puisqu'on m'a permis de les houspiller. Je suis donc riche, heureux... La Branche, prenez garde, Badineau donne mollement, il pourrait y avoir du change : Tayaut ! Tayaut ! »

O nobles et insouciants gentilshommes ! que vous étiez bien les fils de ces vaillants Gaulois que César eut tant de peine à vaincre et qu'il ne put jamais attrister ! Que sont devenues vos mâles et bienveillantes figures, vos joyeux propos, votre générosité noblement imprudente, votre familiarité qui inspirait plus de respect que la morgue gauche des petits grands seigneurs du jour ? Qui nous rendra vos saint Hubert qui duraient des mois, vos débuchers sur le verglas, vos infractions aux ordonnances de Sa Majesté pendant les ardeurs de la canicule ? Pour vous la loi n'était pas plus un obstacle que la pauvreté, car, si vous aviez trop peu de fortune pour doter vos filles, il vous restait toujours assez d'argent pour obliger un garde à vous parler chapeau bas. Qui eût osé alors envoyer un ignoble papier timbré à un gentilhomme pris en flagrant délit de chasse ? Le jour où on l'a fait, la vieille monarchie a tremblé sur ses bases. Quelques ignorants s'obstinent encore à croire que c'est la réunion des trois Ordres qui a ébranlé le trône de Louis XVI : erreur grossière ! la révolution a commencé par un procès-verbal.

Le marquis et le comte de Fussey étaient le spécimen parfait, le type le plus accompli de ces vaillants hommes de chasse auxquels nous ne craignons pas de donner des regrets. Peut-être n'avaient-ils pas eu l'honneur de se ruiner eux-mêmes, mais tous deux, il y a soixante ans, ne possédaient pas, à beaucoup près, une fortune proportionnée à leur naissance ; le cadet, surtout, était presque pauvre. Ces Fussey sont de Bourgogne, où ils ont passé de tout temps pour des gens de très-grande maison. Le vieux baron de Joursanvault, savant généalogiste, assurait qu'ils avaient une origine commune avec les Sombernon, branche cadette de je ne sais quelle famille de rois ou de ducs de Bourgogne. Ce qu'il y a de certain, c'est que les Fussey ont, par les Lignéville, des aïeux communs avec la maison de Condé, et qu'ils ont fait alliance au siècle dernier, avec les Bauvau, au quinzième avec les Malain, qui étaient de très-illustres personnages à la cour guerrière de

Charles-le-Téméraire : cela nous semble déjà fort joli pour des gentilshommes de province, comme auraient dit les filles de fermiers-généraux, devenues, par la grâce des écus paternels, marquises ou duchesses sous Louis XV, ou pendant le règne du pauvre Louis XVI.

Fidèles aux traditions de leurs devanciers, MM. de Fussey, c'est du marquis et du comte que nous parlons maintenant, habitaient la Bourgogne, et c'est dans cette noble province qu'ils ont laissé une mémoire vraiment chère aux veneurs croyants. Jamais hommes ne furent plus experts et plus *pratiquants* dans la science du naïf et savant du Fouilloux, que ces deux frères dont toute la vie ne fut qu'un long débucher de trois quarts de siècle, émaillé de plus d'hallalis qu'une coquette de trente ans n'a de ruses dans le cerveau et de mensonges dans le cœur : nous hasardons cette petite comparaison dans l'espoir que bien peu de femmes perdront leur temps à lire cet ouvrage. MM. de Fussey, en dépit de la goutte qui, sur la fin de leur carrière, avait cru devoir les visiter, étaient doués d'une organisation merveilleusement appropriée au genre de vie qu'ils avaient adopté. Agilité et vigueur de corps, force morale pour braver les hasards de la fortune, ténacité, patience, esprit d'observation, vue perçante à compter les andouillers d'un cerf à trois quarts de lieue de distance, ouïe fine à entendre l'herbe pousser et les bourgeons se fendre, rien ne leur manquait pour guerroyer avec avantage contre les hôtes des forêts, comme disaient les poètes de l'empire. J'ai encore entendu dans ma jeunesse de vieux chasseurs parler du marquis et du comte, et je me souviens qu'ils étaient aussi respectueux, en évoquant ce souvenir, que si Saint-Hubert en personne se fût subitement dressé devant eux, la carnassière sur le dos, et le fusil à piston sur l'épaule. L'un avait vu le marquis exécuter au galop un coup double sur des sangliers ; l'autre racontait avec orgueil que le comte lui avait appris à faire le bois; celui-ci avait accompagné les deux frères en Angleterre où ils allaient de temps en temps acheter des chevaux ou des chiens ; celui-là gardait précieusement, comme si c'eût été une relique, une vieille trompe toute bossuée par leur souffle héroïque ; et puis, c'était une longue suite de récits de leurs hauts faits, de leurs découvertes, de leurs recettes merveilleuses, de leurs secrets morts avec eux. Tant qu'ils ont vécu, la rage, ce sphinx de la science, n'a jamais fait de victimes ; la défense d'un sanglier, quelque cruelle qu'elle eût été, n'a jamais causé le trépas d'un chien.

Leur curiosité ne dédaignait rien, leur expérience était rarement en défaut ; ils jugeaient un cheval rien qu'à lui voir manger son foin, un limier à la manière de flairer sa soupe. On leur amenait de trente lieues des lices à marier convenablement, des meutes à incorporer dans la leur pour les dresser, des hydrophobes à guérir, des piqueurs à examiner, des gardeurs de dindons à transformer en valets de chiens ; et eux, toujours obligeants et faciles quand on s'adressait à leur unique passion, ils ne refusaient aucun service, et trouvaient toujours moyen d'apprendre quelque chose, soit en obligeant, soit en enseignant. Nous ne voulons humilier personne, mais, franchement, quel est l'homme dont on puisse en dire autant aujourd'hui.

Bien que MM. de Fussey eussent chacun une terre plus ou moins hypothéquée, ceci ne fait rien à l'affaire, ils chassaient presque constamment ensemble, tantôt à Esbaugis chez le marquis, tantôt à Berthenay chez le comte, puis ils allaient beaucoup chez leurs amis, car c'était à qui les aurait dans son château. Il n'y avait pas une forêt à vingt lieues à la ronde où ils n'eussent la permission de chasser : s'ils ne l'avaient pas eue, ils l'auraient prise, ce qui, pour eux, revenait au même : nous en donnerons pour preuve l'anecdote qu'on va lire.

La couronne possédait en Bourgogne la châtellenie de Vergy, terre immense, lentement formée par l'adjonction de plusieurs fiefs, successivement achetés à des seigneurs qui se ruinaient de peur de passer pour avares. Parmi ces fiefs, se trouvait un petit village nommé Bouilland, situé au milieu d'une forêt fort giboyeuse. Bouilland était situé près de Berthenay, première tentation ; Bouilland avait appartenu aux Fussey dans le treizième siècle, deuxième tentation presque aussi terrible que la première. Cent fois le comte et le marquis avaient rompu leurs chiens par respect pour les plaisirs de Sa Majesté, mais ils ne s'y étaient jamais résignés sans combat et sans regret. « Après tout — disait le marquis — ces bois nous ont appartenu, et il faudrait rechercher l'acte de vente, pour savoir si notre aïeul ne se serait pas réservé le droit de chasse. — Tu as raison, mon frère — reprenait le comte — recherchons cet acte, car c'est fort ennuyeux d'être ainsi arrêtés par un droit qui, peut-être, n'existe pas. »

Vous vous souvenez, mes chers lecteurs, de ce mot profond de Gringalet, le paillasse des saltimbanques. Son chef, l'honnête Bilboquet, lui a ordonné de porter les bagages de la troupe dans la charrette qui lui sert à aller d'un lieu dans un autre. Gringalet aperçoit une malle dans la salle commune de l'auberge de Lagny. Il la soulève, la trouve bien lourde pour appartenir à de pauvres gueux ; puis il se tient ce discours : Est-elle à nous ? Ah bah ! elle est à nous ; — et il charge la malle sur son épaule.

Ce fut exactement l'histoire de MM. de Fussey. Ils cherchèrent le titre qui devait leur avoir réservé le droit de chasse dans la forêt de Bouilland ; ne le trouvant pas, ils dirent : « Le droit, nous l'avons sans doute ; » et le lendemain ils allèrent découpler franchement dans un taillis appartenant à Sa Majesté.

Aux premiers tons de trompe, le garde accourut.

— De quel droit chassez-vous ici, monsieur ? — dit-il au premier chasseur qu'il rencontra.

Vol-ce-l'est ! cria le marquis — car c'était lui — et il venait de trouver la trace de l'animal quêté.

Puis il s'éloigna au grand trot, laissant le garde stupéfait.

Un autre cavalier arrivait ; le garde alla à sa rencontre et lui répéta sa question :

— De quel droit chassez-vous ici, monsieur ?

— *Rallie là, haut !* hurla le comte — qui entendit un chien donner assez chaudement pour faire supposer un *lancer*.

Puis il s'éloigna au triple galop.

Quelques heures après, un dix-cors de Sa Majesté était forcé et entrait les pieds en l'air dans la cour du manoir de Berthenay.

Le lendemain, procès-verbal, immédiatement suivi d'un arrêt du juge-bailli de Bouilland contre le sieur comte de Fussey et le sieur marquis, son frère, les condamnant à l'amende pour s'être permis de chasser dans les domaines du roi.

Au lieu de payer l'amende, ces messieurs renouvelèrent le délit : ils tenaient à avoir l'air convaincus de leur droit; peut être voulaient-ils tout simplement être sûrs de ne pas faire buisson creux.

Cette récidive fit du bruit : le juge de Bouilland, bravé, porta plainte à l'autorité supérieure. MM. Fussey furent cités à *comparoître* à la Table de marbre de Dijon.

L'idée de se présenter devant la justice ne leur vint même pas, et, leur fût-elle par hasard venue, au jour dit le temps était si beau, que MM. de Fussey en profitèrent pour aller à la chasse.

La Table de marbre *recondamna* avec redoublement d'amende : elle fit plus, elle osa interdire à ceux qu'elle appelait des délinquants l'usage du permis de chasse en temps prohibé qu'ils avaient en leur qualité de louvetiers.

Les juges de ce temps-là, comme ceux d'aujourd'hui, n'étaient jamais si heureux que lorsqu'ils pouvait dauber sur des comtes ou sur des marquis. Honnêtes et intègres bourgeois, je plaindrais le peuple si on vous donnait des titres.

Quoi qu'il en soit, la sentence de la Table de marbre faillit mettre la province en feu. La noblesse se crut insultée et s'adressa immédiatement à S. A. S. Mgr le prince de Condé qui se trouvait à Dijon pour la tenue des États.

Les juges portèrent leur plainte au garde-des-sceaux; il y eut des pétitions, des réclamations, des informations, des discussions, des duels même : la Bourgogne n'avait pas été aussi agitée depuis la Ligue.

Seuls, MM. de Fussey étaient calmes : ils chassaient toujours.

On envoya la maréchaussée pour les obliger à coupler leurs chiens. Le jour où elle vint à Berthenay, les deux frères étaient à Esbaugis.

Elle courut à Esbaugis ; ils étaient partis depuis la matin pour aller passer une semaine chez le curé de Chapaize.

Au bout d'un mois, la force publique était sur les dents ; la loi vivante n'en pouvait plus.

Alors MM. Fussey firent une chose de très-bon goût : ils envoyèrent une monstrueuse hure de sanglier à M le président de la Table de marbre pour qu'il pût festoyer avec ses juges, et un magnifique bois de cerf au bailli du fief de Bouilland, pour y suspendre ses sacs de procédures.

L'affaire dura deux ans, et comme on ne cessait d'en parler pour l'arranger, elle s'envenimait de plus en plus, ce qui ne manque jamais d'arriver en pareil cas.

Les choses en étaient là, lorsqu'il surgit un événement qui les fit bien changer de face.

L'affaire de MM. de Fussey avait été portée au conseil du roi, et le conseil avait aussi rendu son arrêt, arrêt à jamais mémorable puisque la royauté était venue en aide à la noblesse, et que la justice avait le dessous.

Nous possédons cette pièce, et comme elle est une assez curieuse révélation des mœurs de l'époque, nous ne résistons pas à la tentation de la transcrire ici avec l'orthographe du temps.

» Le Roy étant informé qu'en vertu de deux brevets

de chasse accordés par le grand veneur de France, le sieur comte de Fussey ayant chassé dans la châtellenie de Vergy et forêt de Borne appartenante à Sa Majesté, il avait été rendu 1° une sentence le 9 avril 1778 par le juge de la justice de Bouilland, confirmée par un jugement de la Table-de-Marbre de Dijon du 13 juillet même année ; 2° une autre sentence au siége de la maîtrise particulière de la ditte ville le 19 avril 1779, par lesquelles en prononçant contre le sieur comte de Fussey différentes condamnations pour prétendus faits de chasse par luy commis dans la terre de Bouilland, située dans l'étendue de la dite châtellenie de Vergy, il a été fait des défenses au sieur comte de Fussey de récidiver sous plus grande peine ; et Sa Majesté ne voulant pas laisser subsister les sentences et jugements par lesquels le juge de la justice de Bouilland, la Table-de-Marbre de Dijon et les officiers de la maîtrise de la ditte ville ont statué sur un objet qui intéresse les droits et les fonctions du grand veneur, dont Sa Majesté s'est réservé de prendre connaissance, par les arrêts rendus en son conseil les 3 février 1768 et 10 janvier 1776, elle a jugé nécessaire de faire connaître ses intentions à ce sujet. Ouï le rapport du sieur Moreau de Beaumont, conseiller d'état ordinaire au conseil royal des Finances, le Roy étant en son conseil, sans s'arrêter aux jugements et sentences cy dessus relatés, qui seront regardés comme nuls et non avenûs, ainsy que tout ce qui s'en est ensuivy ou pourrait s'en suivre, a ordonné et ordonne que les brevets de chasse accordés par le grand veneur au comte de Fussey, ainsi que les ar, rests du conseil des 3 février 1768 et 10 janvier 1776. seront exécutés selon leur forme et teneur ; et s'il survient quelques difficultés sur l'exécution des permissions de chasse accordées par le grand veneur, Sa Majesté se réserve d'y pourvoir ainsy et de la manière qu'elle le jugera convenable d'après les dispositions des ordonnances et réglements; enjoint Sa Majesté au sieur de Marizy, grand-maître des départements de Bourgogne, comté de Bourgogne et Alsace, de tenir la main à l'exécution du présent arrest, lequel sera, à cet effet, enregistré au greffe de la ditte maîtrise de Dijon. Fait au conseil d'état du roy, Sa Majesté y étant, tenu à Versailles le 8 avril 1780.

» Collationné à l'original par nous écuyer conseiller secrétaire du Roy, maison couronne de France et de ses finances, contrôleur-général de la grande Chancellerie.

» *Signé :* **THURY.** »

A la bonne heure ! voilà un roi qui savait ce que l'on se doit entre gens bien élevés. Ce n'est pas tout : en 1786, le comte de Fussey fut présenté à la cour, après avoir fait ses preuves pour monter dans les carrosses du roi.

Louis XVI avait cette prodigieuse mémoire des Bourbons de la branche aînée, Quand on lui nomma le comte, il lui dit avec cette bonhomie un peu brusque dont il n'a jamais pu se défaire qu'en présence de ses bourreaux :

— Monsieur de Fussey, vous êtes un peu braconnier, mais qui ne l'est pas ?

— C'est vrai, Sire. Aussi j'ai trouvé des amis dans le conseil de Votre Majesté — répliqua le comte en s'inclinant avec respect.

L'union des deux frères n'avait pas seulement pour

lien une grande passion commune à tous deux, elle reposait aussi sur une parfaite conformité d'idées et de caractères, même en ce qui ne concernait pas la chasse. Il en résultait une continuité de bons rapports que rien ne pouvait altérer et qui donnait quelquefois lieu à des scènes plaisantes. Ce fut ainsi que le marquis vendit un jour au comte un détestable cheval gris blanc, qu'il avait payé fort cher, le croyant excellent. Le comte ne se plaignit pas de cette petite espièglerie fraternelle : il eut même le bon esprit d'en rire avec le coupable, auquel il apprit qu'il s'était à son tour défait du cheval en faveur d'un ami. On dit que ces choses-là ne se pratiquent plus aujourd'hui, mais dans ce temps-là on se les permettait de temps en temps..... en famille. Quelques semaines s'écoulèrent. Dans l'intervalle le comte fit un voyage en Angleterre, d'où il avait ramené comme de coutume des chevaux et des chiens. Au nombre des premiers se trouvait une fort belle bête pic qu'un célèbre chasseur de renard du Norfolk avait vendue au poids de l'or au gentilhomme français. La généalogie du noble animal était des plus authentiques, sa réputation des mieux établies dans les Trois-Royaumes. Il n'existait pas dans toute la Grande-Bretagne un seul hippodrome dont il n'eût envoyé la poussière au nez de ses concurrents humiliés ; il sautait tout, n'était jamais fatigué ; c'était une merveille.

— Tu devrais me vendre ce cheval — dit le marquis au comte qui venait de lui raconter négligemment toutes les prouesses de *Dévorant* — c'était le nom de l'animal.

— C'est qu'il me coûte un argent fou.

— Combien veux-tu gagner, outre le remboursement de tes frais de voyage ?

— Je ne voudrais pas le vendre.

— Je te donnerai de retour *Mandrin* et *Bélisante*.

Mandrin était un limier comme on n'en avait jamais vu. *Bélisante* une lice comme on n'en verra plus.

— Eh bien ! prends-le — dit le comte — mais il faut bien que ce soit toi.

Dévorant passa donc dans l'écurie du marquis qui crut n'avoir fait de sa vie un meilleur marché.

Le lendemain matin, le palefrenier du marquis entra dans la chambre de son maître encore au lit ; il avait l'air consterné.

— Monsieur le marquis — dit-il — *Dévorant*...

— Est malade ? — interrompit vivement le marquis.

— Non, monsieur.

— Eh bien ! pourquoi cette figure de l'autre monde !

— *Dévorant* n'est pas bon teint. Je l'ai mené pie à l'abreuvoir, et il en est revenu tout blanc comme *Biquaillon* que vous avez vendu à M. le comte.

Le marquis jeta ses couvertures, sauta sur ses pantoufles, enfila une robe de chambre et courut à l'écurie.

— C'est par Dieu *Biquaillon* lui-même ! — s'écria-t-il après avoir contemplé pendant quelques secondes en silence la merveille du Norfolk. — Bien joué ! ma foi, j'en tiens.

Le comte était dans un coin à l'écart où il s'étouffait de rire. Quand il entendit que son frère prenait aussi bien la chose, il accourut et tous deux s'embrassèrent.

— Je garde toujours *Mandrin* et *Bélisante* — dit le comte.

— Ça vaut bien ça — reprit le marquis.

Ajoutons, pour la moralité du fait, que le cheval n'étant pas encore payé de la première fois, il ne le fut pas non plus de la seconde : il revenait tout naturellement à son ancien maître, seulement la lice et le limier restaient au comte, pour le récompenser d'avoir joué un excellent tour à son aîné.

Je n'en finirais pas si je voulais vous raconter toutes les bonnes histoires que je sais sur ces deux frères qui ont conservé le feu sacré tant qu'ils ont vécu; mais dans le nombre, il en est deux que vous subirez, parce qu'elles ont exclusivement trait à la chasse.

Le comte se mariait; déjà fort lié avec mon père, il allait devenir de la famille, en épousant une de ses nièces, fille unique de cette marquise de Chevigné dont je vous ai parlé, je crois, dans *Quarante-huit heures chez le marquis de Montrevel*. La noce se faisait à Demigny, chez mon père, et depuis quinze jours le futur était établi au château sous le prétexte fort plausible de faire la cour à sa fiancée qui sortait du couvent et qu'il n'avait jamais vue avant cette première réunion. Mademoiselle Suzanne de Chevigné avait quinze ans, et elle était charmante comme toutes les femmes de ce temps-là. Il va sans dire que le comte de Fussey en était prodigieusement amoureux..... tous les jours depuis six heures de l'après-midi jusqu'à onze heures du soir, qu'il allait se coucher, après avoir fait quelques petites sommes dans son fauteuil. Le reste du temps, le comte le passait à la chasse. Il avait, bien entendu, amené sa meute dont il ne se séparait jamais, puis il avait à sa disposition celle de mon père et Denis — vous savez, Denis?—Un jour on allait prendre un sanglier dans les bois de Gergy ; le lendemain on forçait un chevreuil dans la forêt de Chagny ; le jour suivant on s'amusait à houspiller les lièvres des boqueteaux de la plaine, ou on tirait des bécassines dans un petit marais des environs. C'était, vous en conviendrez, plus qu'il n'en fallait pour attendre patiemment le grand événement de la bénédiction nuptiale.

Enfin le jour de la cérémonie est arrivé ! De bonne heure, le comte de Fussey était rasé, poudré, parfumé, et il n'avait plus que son habit brodé à passer, pour être prêt à paraître devant sa belle et tremblante fiancée, lorsqu'un coup discret frappé à la porte de sa chambre, lui annonça une visite.

— Tiens, c'est toi, Bonnard ! Que diable peux-tu avoir à me dire ce matin ? Nous ne chassons pas.

Bonnard, c'était le piqueur du comte : il était à Denis ce que Turenne fut à Condé.

— Monsieur le comte, je voudrais savoir si la messe sera bien longue — dit Bonnard.

— Va le demander à la servante du curé : comment veux-tu que je le sache ? mais pourquoi cette question ?

— C'est que j'ai remis un sanglier dans le fort *Mornay* — répondit le piqueur.

— Eh bien ! tu as fait une sottise ! puisque tu savais que nous ne pouvions pas chasser aujourd'hui, il ne fallait pas commettre l'imprudence d'aller te promener dans la forêt. Qu'est-ce que c'est que cet animal que tu as remis ?

— Il est grand sanglier, et je le juge à son tiers-an.

— Nous le chasserons demain.

— Demain ce sera trop tard : c'est un voyageur ; car Denis, qui connaît tous les animaux de la forêt, dit qu'il n'y a pas de *pigache* en ce moment, et celui-là est pigache.

— Ah! — fit le comte, d'un ton qui annonçait une vive attention.

— Si monsieur le comte le permet, Denis et moi nous chasserons ce vagabond?

— Gardez-vous-en bien! je n'entends pas que mes gens aillent courir les bois le jour où je me marie.

— Mais nous partirons après la messe : c'est pour cela que j'ai demandé à monsieur le comte s'il croyait qu'elle serait longue.

— Denis est donc bien sûr que ce sanglier ne restera pas dans les environs.

— Il le prétend.

— Et toi tu l'as bien remis?

— Dans quarante arpens au plus.

— On pourrait peut-être le tuer à sa sortie de l'enceinte?

— Facilement : il n'y a que deux passages à garder.

En ce moment on vint dire au comte que le curé était arrivé, qu'on allumait les cierges de la chapelle, et que la famille et les amis se réunissaient au salon.

— Ne t'éloigne pas après la messe — dit-il à Bonnard en le congédiant par un geste.—Ce serait fort inconvenant si ma meute chassait aujourd'hui.

Bonnard se retira fort mécontent, et son maître se rendit au salon où sa fiancée était déjà.

Jamais Mademoiselle de Chevigné n'avait été aussi jolie. L'éclat de sa jeunesse, tempéré par l'émotion de l'événement qui réglait sa destinée, avait un charme tout nouveau qui attirait les regards et remuait doucement les cœurs.

— Ma foi — dit à voix basse le marquis à son frère — tu es un heureux coquin. Ta fiancée est plus ravissante que jamais !

— Bonnard a remis un sanglier — répondit le comte.

— Quel joli pied ! — continua le marquis.

— Il est *pigache* — reprit le comte.

— Dans quelques heures tout le monde enviera ton bonheur.

— Il est à dix minutes d'ici, au fort Mornay, tu sais bien ? et nous pourrions après la messe nous échapper un moment pour....

— Comment, tu voudrais....

— On ne saurait avoir trop de joies en un jour, et puisque je suis déjà si heureux....

Mademoiselle de Chevigné baissa les yeux après avoir jeté un tendre et furtif regard sur son fiancé ; elle n'avait entendu que la dernière partie de sa phrase.

Pendant la messe qui fut longue, et surtout pendant le discours qui ne fut pas bref, le comte de Fussey eut toutes les peines du monde à dissimuler son impatience ; et quand le curé Guyotat lui demanda s'il voulait prendre en mariage Mademoiselle Suzanne de Chevigné, il fut au moment de lui répondre : — Tayaut ! Tayaut !

La cérémonie terminée, on retourna au salon, d'où les deux frères ne tardèrent pas à s'éclipser.

Un quart d'heure après ils se dirigeaient vers le fort Mornay : Bonnard et Denis conduisaient furtivement la meute de mon père, pour qu'il ne fût pas dit que celle du comte avait chassé le jour même de son mariage.

MM. de Fussey visitèrent la brisée qu'ils jugèrent bonne ; puis, comme il était toujours convenu qu'on tâcherait de tuer l'animal au départ, on se plaça pour tirer, et le comte réclama le meilleur poste : il ne se souciait pas — disait-il — que le sanglier fût manqué, car il voulait être de retour pour le dîner qui devait avoir lieu à deux heures.

Le hasard le servit merveilleusement : moins de deux minutes après le lancer, le *pigache* vint droit au jeune marié.

Celui-ci le coucha en joue ; il hésita quelques moments entre le derrière de l'oreille et le défaut de l'épaule ; puis, au lieu de tirer, il sonna la fanfare du sanglier après avoir sonné la vue.

— Il a donc passé trop loin ? — dit le marquis qui arriva immédiatement.

— A dix pas ! mais si j'avais tiré, la chasse aurait été finie, et vraiment ce serait grand dommage : le temps est si beau. — A cheval ! à cheval ! nous pouvons le forcer en deux heures.

— Tu as pardieu bien fait ! — riposta le marquis — il n'est pas encore midi.

Le sanglier était un fin et vigoureux compère, qui ne s'amusa pas à user ses forces en tours et retours inutiles ; il perça droit devant lui, passa la Saône à la nage, entra dans les bois de la Marche, et retourna en Bresse, d'où il était venu, peut-être aussi pour se marier.

MM. de Fussey ne lâchèrent pas prise, de sorte qu'à la nuit fermée, ils étaient à sept mortelles lieues du château de Demigny.

— Quel dommage que nous soyons si loin ! — dit le comte avec un soupir.

— C'est vrai — répondit le marquis — ta femme...

— Aurait la bonté de nous envoyer ma meute ; demain il n'y aurait aucune inconvenance à ce qu'elle chassât, et nous en finirions avec ce diable de *pigache*, qui, enfin, n'en peut plus.

— Oh! monsieur le comte — répondit Denis — mes chiens sont de force à l'achever demain.

On coucha dans un cabaret, et le lendemain le sanglier fut attaqué de nouveau, et cette fois bien forcé; il eut même l'aimable attention de se rapprocher, pour mourir, des bois de Demigny; peut-être était-ce un souvenir d'amour qui l'y ramenait.

Ce soir-là, le comte de Fussey déposa galamment sur les genoux de sa femme, encore *in partibus*, le pied difforme du monstrueux *pigache*.

— Mon gendre, vous serez la perle des maris — dit gaîment la marquise de Chevigné, qui n'était pas très-heureuse en ménage.

— Suzanne, me pardonnez-vous? — ajouta tendrement le comte.

— Pourquoi vous en voudrais-je si vous vous êtes amusé? — répondit l'innocente *jeune fille*.

— Mon cher Fussey — reprit mon père qui était là — ne te fais pas souvent pardonner de pareilles escapades. Les meilleures choses deviennent mauvaises quand on en abuse.

Le conseil ne fut pas suivi; mais la vérité veut que nous ajoutions qu'il n'en résulta aucun inconvénient: Saint-Hubert veillait sur le bonheur conjugal du comte.

Quand la révolution commença à gronder, MM. de Fussey ne cessèrent pas immédiatement de chasser. Ce n'est pas qu'ils fussent insensibles aux malheurs des temps ou indifférents aux dangers de la famille royale, mais ils n'étaient ni militaires, ni députés aux États-généraux, et ils ne trouvèrent pas d'autre moyen de se consoler de leur inutilité, que de s'abandonner avec plus d'ardeur que jamais à leur passion dominante. La suppression des titres nobiliaires les toucha peu; mais la loi de 1790 les navra. Il leur fallut d'abord prendre des ports d'armes, ce qui était une humiliation; puis ils comprirent que tout le monde allait bientôt avoir une meute, ce qui leur sembla un irréparable malheur. A dater de ce jour, ils regardèrent la France comme perdue : en effet, les gardes se montrèrent insolents, et se donnèrent des airs d'incorruptibilité, peut-être pour se faire rétribuer plus cher qu'on n'avait fait jusqu'alors; les châteaux devinrent moins hospitaliers; le braconnage, qu'on n'osa plus réprimer, dépeupla les forêts; enfin on dut prévoir le moment où il faudrait s'expatrier, pour peu qu'on fût possédé du désir vulgaire de garder sa tête sur ses épaules. Mais où aller? Telle était la question que s'adressaient MM. de Fussey. En Angleterre, on ne chassait que des renards, et encore on les chassait sans aucune espèce de science; en Allemagne, on ne savait qu'égorger des animaux renfermés dans des toiles; en Italie, en Espagne, on ne chassait pas, disait-on. Que faire? que devenir? Cruelle incertitude, en présence de laquelle les deux frères sentirent pour la première fois fléchir leur énergie accoutumée.

Le cadet, devenu, comme on sait, neveu de mon père par son mariage, ne quittait presque plus le château de Demigny, et ce fut là qu'il prit la résolution d'émigrer. Déjà le jour du départ était fixé; il était même si prochain que le futur proscrit maugréait contre une malencontreuse attaque de goutte qui pourrait le faire souffrir en chemin, si elle ne cessait pas bientôt, ou qui pourrait l'empêcher de partir si elle devenait plus violente. Les circonstances étaient graves, l'avenir menaçant, le moindre retard pouvait rendre la sortie du royaume impossible. En outre, la chasse avait fait à MM. de Fussey beaucoup d'envieux qui avaient profité des désordres de l'époque pour se transformer impunément en ennemis puissants et acharnés : si le comte n'eût pas été chez mon père, qui était fort aimé dans le pays, on eût déjà cherché à lui faire un mauvais parti.

Le médecin qui le soignait et auquel il avait confié ses projets, était venu le voir. L'ayant trouvé beaucoup mieux, il lui avait dit qu'il regardait cette nouvelle attaque comme finie, pourvu que le malade ne fît aucune imprudence. « Point de boissons excitantes pour le dedans — avait-il ajouté en terminant sa visite — et point d'humidité pour le dehors ; moyennant ces deux petites précautions, je réponds de tout. »

M. de Fussey était fort sobre, il lui fut donc facile d'obéir à la première des deux prescriptions du docteur ; quant à la seconde, la facilité était plus grande encore, le malade ne quittait pas sa chambre, et cette pièce située dans la partie la plus saine du château, était parfaitement chauffée.

On était au mois d'octobre. Le comte de Fussey, enfoui dans un grand fauteuil, endouilleté dans une chaude robe de chambre, les jambes empaquetées dans un moelleux couvre-pieds, lisait quelque vieux livres de vénerie, lorsqu'il crut reconnaître la voix de Denis au milieu d'une conversation qui se tenait dans une chambre contiguë à la sienne, passagèrement habitée par le chevalier de Riolet, ami de mon père, et aussi fort amateur de chasse. M. de Fussey prêta l'oreille.

— Tu assures donc — disait le chevalier — qu'ils sont deux?

— Oui, monsieur — reprenait Denis — le cerf et la biche.

— Ce serait bien dommage de les laisser tuer à l'affût par quelque sans-culotte.

— Très-certainement.

— Eh bien! prends une douzaine de tes chiens les plus sages et les plus lents, et nous forcerons tes deux bêtes avec l'aide de Fusilio.

C'était une des plaisanteries favorites du comte pour dire qu'on tirerait.

— Surtout — ajouta-t-il — que le comte de Fussey n'en sache rien : sa goutte lui remonterait dans l'estomac. Combien faut-il de temps pour gagner ta brisée?

— Vingt minutes à pied; les animaux sont remis sous la levée de *Batard*..

— Vas coupler, et je suis à toi à l'instant.

« Ah! ah! mes gaillards — pensa le comte de Fussey — c'est comme cela que vous voulez attraper les pauvres gens. Eh bien! morbleu, nous verrons! »

Et comme Sixte-Quint avait jeté ses béquilles, il jeta la couverture de laine qui emmaillottait ses pieds, et il commença par aller pousser son verrou pour se mettre à l'abri de toute surprise.

Puis il chercha ses bottes les plus larges, et chaussa d'abord facilement celle de ses jambes qui était valide; mais quand il en arriva à l'autre, il n'y eut pas moyen d'en venir à bout, c'était une douleur à en perdre la la tête.

« Bah! — dit-il, — je garderai ma pantoufle de ce côté. »

Et il courut à son cabinet de toilette où étaient ses habits de chasse.

Son valet de chambre en avait emporté la clef.

« Ma foi, tant pis ! j'irai en robe de chambre : dans ce temps-ci on peut tout se permettre. »

Heureusement les fusils du comte n'étaient pas sous clef. Il en prit un, chargea les deux coups à balle franche, suivant son habitude, puis il attendit un moment favorable pour sortir de chez lui sans être vu.

Pendant ces préparatifs, le chevalier de Riolet lui avait crié en passant :

— Adieu, Fussey ; je vais faire mon tric-trac chez le curé.

— Prenez garde à la bredouille — avait répondu le comte.

Quand il jugea que le chevalier et Denis était partis, il descendit sur la pointe du pied, ce qui ne fut pas facile, gagna l'écurie, sella le premier cheval venu, et par une petite porte de derrière s'élança dans la campagne.

Il était déjà posté, que Denis n'avait pas encore découplé.

L'endroit qu'il avait choisi était un passage à peu près sûr ; il y avait mille à parier contre un que le cerf et la biche le choisiraient de préférence à tout autre. S'ils ne le choisissaient pas, il faudrait aller les attendre plus loin, et il ne serait peut-être pas aisé de les devancer.

Ce fut ce qui arriva : le cerf et la biche venaient droit à M. de Fussey, lorsqu'un chien de pâtre se jeta au devant d'eux et les détourna de la direction qu'ils avaient prise, en même temps qu'il les obligea à accélérer leur allure. Le comte de Fussey remonta à cheval pour gagner le second passage sur lequel il avait fondé ses espérances dernières.

Mais le couple chassé fuyait avec la rapidité du vent ; encore cinq minutes, et il serait impossible de le joindre.

Il y avait cependant un moyen certain, c'était de traverser un étang à la nage au lieu d'en faire le tour pour aller en chercher la chaussée.

Le comte de Fussey n'hésita pas une seconde. Il savait que les bains de pieds sont défendus aux goutteux, mais il pensa qu'un bain général n'avait pas d'inconvénient, ou plutôt il ne pensa à rien qu'à faire encore un beau coup de fusil avant d'émigrer.

Denis et le chevalier allongeaient de leur mieux le jarret pour gagner les grands devants, lorsqu'ils entendirent : pan ! pan ! deux coups de fusil, espacés avec la régularité d'un maître.

— Si je ne savais pas M. le comte de Fussey dans son fauteuil — dit Denis en s'arrêtant brusquement pour écouter — je dirais que c'est lui. En tous cas, nos animaux sont tués, car je n'entends plus les chiens. Courons vite.

Ils coururent, et nous savons ce qu'ils trouvèrent. Le comte de Fussey, mouillé comme un canard, raide comme un paralytique, leur montra le cerf et la biche étendus à cinquante pas de lui.

— Votre trictrac n'a pas été long — dit-il au chevalier.

— Et vous, mon cher, votre goutte n'est pas gênante.

— C'est ce que nous saurons demain : en attendant, je vous prie de vouloir bien me remettre à cheval. Je suis incapable de faire un pas.

Cette chasse fut la dernière que fit le comte de Fussey. Peu de jours après il partit fort souffrant pour l'Allemagne, où son frère était déjà ; ils y moururent bientôt tous deux, car on y chassait mal, disaient-ils.

X

Les chasses de la gendarmerie de Lunéville.

Je me demande quelquefois, en repassant dans mon esprit tout ce que le dix-huitième siècle a fourni de matériaux aux écrivains de ce temps-ci, si notre époque sera aussi féconde pour nos remplaçants du siècle prochain ; et, tout bien examiné, je me prends à plaindre du fond du cœur les romanciers et les vaudevillistes de l'an 1945. Auront-ils un héros, un gagneur de grandes batailles à mettre en feuilleton ou sur la scène : les mémoires contemporains leur fourniront le maréchal Bugeaud au lieu de Maurice de Saxe. Voudront-ils nous peindre une actrice célèbre pour la vivacité de son esprit, ou une courtisane renommée pour l'élégance de ses désordres et les extravagances de son luxe : il leur faudra prendre mademoiselle Flore et la reine Pomaré, au lieu de Sophie Arnoult et de la Duthé. Quand nous pouvons choisir, pour représenter un homme à bonnes fortunes, entre un duc de Richelieu et un marquis de Létorières; eux n'auront à hésiter qu'entre monsieur **** l'agent de change, et monsieur **** le député. Si des personnages nous passons aux usages et aux costumes, la différence sera la même et peut-être plus grande encore : plus d'habits brodés, de souliers à boucles de diamants, de poudre parfumée, de chaises à porteurs qui vous débarquaient sur le seuil des salons ; mais d'ignobles paletots, de grosses bottes, des cigares qu'on éteint dans l'antichambre, et des omnibus qui vous descendent au milieu du ruisseau. On ne vous envoie plus coucher à la Bastille pour avoir rossé le guet; mais on est mis au violon et on va en police correctionnelle, après qu'on a reçu des gourmades d'un sergent de ville. Faites donc une comédie élégante et gaie, un livre amusant et honnêtement scandaleux, avec une époque où il n'y a plus ni abbés, ni mousquetaires, ni chanoinesses ; où les gentilshommes se mêlent de tripotages de chemins de fer ; où, en un mot, la belle et noble France d'autrefois n'est plus qu'une bourgeoisie parcimonieuse et tracassière, qui va au marché elle-même, qui fait l'amour avec économie, et qui n'expose jamais deux sous que pour en gagner quatre. Encore une fois, faites un livre avec cela, et si, pour l'agrément et l'intérêt, il est à la hauteur du *Journal des Connaissances utiles*, je consens à le lire d'un bout à l'autre : cet engagement, mes chers lecteurs, doit vous prouver que je me sens bien sûr de mon fait.

On doit conclure de ce qui précède, et de bien d'autres pages que j'ai publiées dans le cours de cet ouvrage et ailleurs, que j'ai une grande préférence pour l'ancien régime, bien que je ne l'aie connu que par tradition. Si c'est un tort, je ne m'en défends pas; si c'est un mérite, je n'en fais pas le modeste. L'époque dont je parle et que je regrette, était finie depuis douze ans lorsque je suis venu au monde; mais elle était vivante encore dans la mémoire et dans le cœur de mon père, et mon enfance a été amusée avec les récits de tout ce qui se faisait *avant la révolution.* Je ne puis dire à quel point ces récits ravissaient ma jeune intelligence, car en les comparant à ce qui se passait sous mes yeux, ils me paraissaient aussi intéressants, aussi merveilleux que les contes de fée de ma nourrice. Plus tard, ce fut ma foi bien autre chose encore, et cependant il m'arrivait souvent, non-seulement de dissimuler le profond regret que j'éprouvais de n'avoir pas vécu au milieu de la noble et brillante compagnie qu'on me faisait passer en revue, mais encore je m'amusais à contredire mon père; j'avais l'air de trouver exagéré l'enthousiasme de ses souvenirs; je lui vantais le temps présent; et plus je contredisais, plus je semblais incrédule, plus je me passionnais, à froid bien entendu, pour notre siècle, et plus mon père retrouvait de réminiscences dans sa mémoire et de chaleur dans son cœur, pour faire valoir son cher bon vieux temps, comme il l'appelait. Point de radotages, de récriminations amères; mais de joyeuses et naïves histoires, racontées avec le plus aimable abandon, et des regrets exprimés avec la plus douce philosophie. Quand mon père était fatigué, ma mère prenait la parole, et ses récits ajoutaient un nouveau charme aux premiers, en contrastant avec eux, en même temps qu'ils étaient par eux-mêmes dignes d'exciter au plus haut degré ma curiosité. Née, élevée et ayant vécu jusqu'à l'âge de trente ans dans le nord de la Silésie, ma mère me racontait les grandes existences de l'aristocratie allemande, comme mon père m'avait conté la joyeuse vie de la noblesse française. Elle avait connu tous les grands hommes de l'Allemagne, depuis le héros fondateur de la monarchie prussienne, jusqu'à un certain chef de brigands qui ne manquait jamais de dire, en parlant du vainqueur de Rosbach : « Nous autres conquérants. » Mon père avait vu la cour brillante de Louis XV, ma mère les austères camps de plaisance de Frédéric II ; l'un avait suivi les vaillantes meutes du prince de Condé, sous les majestueuses futaies de Chantilly ; l'autre avait souvent accompagné ses frères, lorsqu'ils allaient épier le coq de bruyère dans les forêts de la Pologne ; tous deux n'avaient rien oublié, et ce qu'ils ont fait et vu, je l'ai appris et retenu : voilà uniquement pourquoi j'ai eu, de temps en temps, le plaisir et l'honneur d'être agréable à messieurs mes lecteurs et à mesdames mes lectrices : puisse Dieu leur accorder une longue vie et l'heureux privilège d'une fabuleuse multiplication!

Cette digression était nécessaire, je le pense du moins, pour expliquer comme quoi, moi qui suis né en 1800, j'ai pu être parfaitement renseigné sur les chasses de la gendarmerie de Lunéville, laquelle a été licenciée en 1784, je crois, sous le fatal ministère de M. de Saint-Germain, ce grand homme d'État qui n'avait trouvé rien de mieux pour fortifier la monarchie, déjà chancelante, que de la priver de cinq ou six corps d'élite qui seraient morts pour sa défense, et de lui aliéner l'affection de l'armée de ligne, en la mettant au régime des coups de plat de sabre. Passons, c'est-à-dire commençons.

Je revenais d'un déplacement de chasse en Charolais, et pendant les huit jours qu'il avait duré, je m'étais amusé comme on s'amuse à vingt ans, quand on a le bon esprit de ne pas se figurer qu'on a déjà usé et abusé de tout. En nous réunissant sept ou huit, nous étions parvenu à rassembler une quarantaine de chiens, de toutes les tailles, de tous les poils, et, qui pis est, de tous les pieds ; mais comme alors je n'avais pas encore mordu à l'arbre de la science des bâtards anglais, j'avais trouvé cela magnifique, et le temps, aidé du hasard, nous ayant favorisés, nous avions fait quelques chasses réellement belles, quoique toujours terminées avec l'aide de *Fusilio*, comme disait pauvre défunt mon cousin le comte de Fussey, lequel tenait cette goguenardise du marquis de Bologne, mon grand-oncle.

Quoi qu'il en fût, j'étais dans le ravissement de mon expédition, et, à mon retour, je ne manquai pas d'en conter des merveilles à mon père. Il m'écouta d'abord avec plaisir, parce qu'il était enchanté de ma joie et plein d'égards pour mes illusions. Cela m'encouragea : je devins un peu vantard; mon père sourit d'un air incrédule et un peu moqueur, et, de parole en parole, de sourire en sourire, je dis à mon père que notre déplacement avait bien été aussi brillant que ceux de la défunte gendarmerie; mon père haussa les épaules, me tourna le dos et s'en alla en sifflant l'air : *Va-t en voir s'ils viennent, Jean.* C'était sa réponse habituelle lorsque je le contredisais et qu'il n'était pas en disposition de discuter.

Mais ce dédain ne faisait pas mon compte, car ma contradiction avait justement eu pour but de faire causer mon père sur un sujet qu'il n'avait jamais traité à fond avec moi. Donc, le jour même, après le dîner, je revins à la charge, et mon père, soit qu'il eût deviné ou non ma petite manœuvre, se mit de la meilleure grâce du monde à satisfaire ma curiosité : c'est lui maintenant qui va parler.

« Vois-tu — me dit-il — et sans vouloir te désobliger, comparer vos chasses aux nôtres, c'est absolument comme si tu disais qu'il vaut mieux vivre sous l'empire flasque et tracassier de la charte constitutionnelle, que sous le gouvernement vigoureux et tutélaire de l'ancienne monarchie. Tu me parles de vos quarante chiens, de vos cinq ou six piqueurs, pauvres gardes-chasse qu'on accroche à une trompe, et qui deviennent asthmatiques dans une campagne, parce que vous êtes tous trop gueux pour leur donner un cheval. Qu'est-ce que tout cela, je te le demande, auprès de nos quatre équipages de Lunéville? Tiens, mettons pour ce soir notre piquet de côté, et je tâcherai de te raconter comment cela se passait ; tu me diras ensuite qui de toi ou de moi a le mieux chassé : je m'en rapporterai à ta décision.

« En 1779, mon pauvre et excellent beau-père, le marquis de Bologne, dont je t'ai souvent parlé, s'était retiré, au commencement de l'automne, dans sa petite terre de Thivet, afin de laisser à ma complète disposition, pendant deux mois, son château d'Ecot. De Lunéville, où la gendarmerie tenait garnison, je vins m'y établir avec trois ou quatre de mes meilleurs amis, et nous y trouvâmes mon équipage de chasse et

Denis que ma femme m'avait envoyé de Bourgogne. J'avais alors quarante chiens ardennais, espèce dont je n'entends plus parler, mais qui était si bonne que je n'en ai jamais rencontré de meilleure. Mes camarades, sans avoir un goût déterminé et raisonné pour la chasse, l'aimaient par instinct de gentilhomme, et quand ils en eurent un peu goûté, l'instinct devint chez eux une passion violente et inguérissable. Pour leur être agréable, j'avais mis mes gens, mes chevaux et mes chiens sur les dents, et ceux-ci n'y suffisant plus, je m'étais adressé au marquis de Bologne qui avait généreusement partagé sa meute avec nous. Cependant nos deux mois tiraient à leur fin, et dans peu de jours nous devions retourner à la garnison, lorsqu'un soir, qu'un excellent souper avait ouvert les cœurs de mes hôtes, le vicomte de la Tour en Voisvre, l'un d'eux, me dit :

— Ma foi, Foudras, tu nous as traités à merveille; mais, sans le vouloir probablement, tu nous as préparé de tristes jours. Comment allons-nous faire pour vivre sans chasser, quand nous serons revenus à Lunéville ?

— C'est pardieu vrai ! — s'écria le comte de Blangy.

— C'était justement à quoi je pensais — reprit à son tour le marquis de Menou.

— Comment, messieurs — répondis-je — vous avez bien pu vivre ici pendant deux mois sans vos maîtresses et vous ne pourrez pas vous passer de mes chiens !

— Oh ! c'est bien différent — répétèrent-ils les uns après les autres, puis tous ensemble.

Nous rîmes un peu de la naïveté de ce propos, et quand notre accès de gaîté fut calmé, je repris la parole et je dis à mes amis pour les consoler :

— Je vous invite de nouveau pour l'année prochaine, puisque le congé de celle-ci est expiré.

— C'est bien bon à toi... Mais jusque-là?

— Je vois où vous voulez en venir, mes très-chers; vous désirez que j'emmène mon équipage à Lunéville, n'est-ce pas?

— Eh bien! franchement.... oui! — s'écrièrent-ils tous les trois après un moment d'hésitation.

— Ce n'est pas possible.

— Et pourquoi?

— Parce que ce serait me singulariser, et, en bons camarades, vous ne devez pas le vouloir et encore moins me le conseiller.

— C'est vrai!

— Tu as raison!

— Nous n'avons pas le sens commun!

— Messieurs, faisons une chose — repris-je alors — écrivons pour avoir une prolongation de congé d'un mois.

— On nous la refusera, — dit Blangy avec humeur.

— Qui sait? — ajoute Menou.

— A tout hasard — continuai-je — je vais m'adresser à notre commandant en second, le marquis d'Autichamp : il est mon ami, son obligeance est parfaite, nul ne comprend mieux que lui tous les genres d'entraînement; je suis sûr qu'il fera feu des quatre pieds pour fléchir le maréchal de Castries. — Ainsi messieurs, c'est décidé : séance tenante je vais écrire, et, vous, vous allez m'aider dans la rédaction de ma lettre. Lamalle, donnez-moi papier, plume et encre, et quand ce cera fait qu'on nous laisse.

CHASSEURS. 221

« Mon valet de chambre sortit pour exécuter mes ordres, et nous reprîmes notre conversation.

« Depuis quelques instants, je m'apercevais que le vicomte de la Tour en Voisvre n'y prenait part qu'avec distraction. Je lui en fis la remarque, et nous lui demandâmes ce qui le préoccupait à ce point.

— Un projet magnifique, — répondit-il sans sortir de sa rêverie.

— A propos de quoi?

— Belle question! — fit-il en haussant les épaules : — à propos de chasse.

— Eh bien! c'est décidé, nous allons écrire pour avoir une prolongation de congé d'un mois.

— Demi-mesure! En supposant même qu'on ne vous refuse pas — dit-il avec dédain — ce n'est pas de chasser quelquefois de plus, et ici, qu'il s'agit : moi, je veux vous faire chasser partout et toujours; mais chasser comme le roi ne chasse pas.

« Blangy se leva et lui sauta au cou.

« En ce moment mon valet de chambre entra, apportant ce que je lui avais demandé. Le vicomte de la Tour en Voisvre s'élança à sa rencontre, prit de ses mains l'encrier, le papier, les plumes, jeta tout par la fenêtre, puis il vint se rasseoir, et il nous dit :

— Messieurs, écoutez-moi.

« Tu penses, mon ami (c'est toujours mon père qui parle et qui interrompt de temps en temps sa narration pour s'adresser à moi plus directement) — tu penses — dit-il — que ce début piqua au plus haut degré notre curiosité. Le vicomte de la Tour en Voisvre était un homme habituellement apathique, froid, réservé, qui laissait aller toutes choses à l'aventure, prétendant qu'il est bien plus commode de s'arranger d'un ennui que de courir après un plaisir ; en le voyant ainsi animé et prenant l'initiative d'un projet, nous jugeâmes qu'il s'était fait en lui un de ces changements subits qui ne peuvent s'expliquer que par la naissance ou le réveil d'une passion, et nous nous rapprochâmes de lui comme si nous avions peur de perdre une seule des paroles qu'il allait prononcer.

« Il continua, et je répète d'après lui.

— Foudras a parfaitement raison — dit-il — de se refuser à conduire son équipage à Lunéville, ne fût-ce que pour l'y garder deux mois. Si cela ne devait que donner un peu de mauvaise humeur à nos chefs, il n'y aurait que demi-mal ; mais quelques-uns de nos camarades, moins favorisés de la fortune que nous, pourraient voir là une intention de les éclipser, et nous aurions tort de ne pas épargner cette petite blessure à leur amour-propre : ainsi, mon avis est que Foudras ne doit pas conduire sa meute à la garnison.

— Alors laisse-nous écrire ! — nous écriâmes-nous tous les trois ensemble, un peu désappointés de ce discours qui ne nous apprenait rien de nouveau. — Tu reviens à une chose sur laquelle nous étions tous d'accord : ce n'était pas trop la peine.

— Vous êtes pressés comme des pages qui montent à la brèche pour la première fois — reprit la Tour en Voisvre avec le sang-froid le plus impatientant. — Nous avons été d'accord, il est vrai, qu'un seul qui fait une chose se singularise ; mais nous n'avons pas reconnu que quand quatre ou cinq la font, le cas n'est plus le même.

— Eh bien ! — dîmes-nous.

— Eh bien! mettons-nous une demi-douzaine ; ayons chacun un équipage de chasse ; adoptons un costume que tous nos camarades porteront avec plaisir quand nous les aurons priés de le faire ; remplaçons, en un mot, le privilége par l'association : tout le monde s'en trouvera bien, les vanités n'en souffriront pas, et vous verrez ou vous ne verrez pas, que dans cinquante ans d'ici on parlera encore des chasses de la gendarmerie de Lunéville.

» Les véritables conceptions du génie frappent à l'instant les imaginations auxquelles on les révèle, aussi comprîmes-nous, sans avoir besoin d'y réfléchir, tous les détails et tous les résultats du projet de notre ami.

» Après l'avoir remercié, félicité, embrassé, nous voulûmes, sans désemparer, tout terminer et tout régler, afin de procéder à l'exécution dès le lendemain. Comme j'avais un équipage de sanglier, il fut convenu que je serais exempt des chances du sort ; mes trois camarades s'y soumirent, et voici comment le hasard les traita : Menou eut l'équipage du cerf, Blangy celui du chevreuil, le loup échut à la Tour en Voisvre. On décida, en outre, qu'au retour à la garnison, et une fois l'affaire communiquée à nos camarades, on offrirait à l'un d'eux l'équipage du lièvre. La proposition fut effectivement faite, et ce fut le comte de Choiseul, mon neveu à la mode de Bretagne, qui l'accepta ; j'ajouterai en passant, que notre projet ne trouva pas un envieux, et eut une foule d'approbateurs.

» Ceci se passait aux environs de la Toussaint. Moins d'un mois après, le corps de messieurs les officiers de la gendarmerie, ayant à sa tête M. le maréchal de Castries, commandant en premier, et M. le marquis d'Autichamp, commandant en second, était réuni dans ce magnifique manége de Lunéville, qui ressemble au Champ-de-Mars sur lequel on aurait jeté un toit pour mettre les badauds de Paris à l'abri du soleil, un jour de réjouissances publiques. Tu sais, mon cher ami, que, tout en aimant beaucoup le passé, je n'ai pas trop l'habitude de dénigrer le présent ; mais, dans la circonstance dont il s'agit, je suis obligé de convenir qu'on trouverait difficilement une réunion aussi complètement brillante que celle offerte par notre état-major. La gendarmerie, qui avait eu l'honneur de laisser, morts, quarante-deux de ses officiers au milieu du terrible carré anglais de Fontenoy, s'était recrutée depuis parmi les plus purs et les plus beaux noms de la monarchie, c'est-à-dire parmi ces familles guerrières dont la valeur et la loyauté n'avaient pas plus de date certaine que la noblesse, et qui ne devaient pas leur illustration à l'infamie d'un mari ou à la faiblesse d'une femme. Race élégante et chevaleresque que la civilisation avait polie sans trop la corrompre, et qui se trouva posséder des vertus sublimes le jour où il ne lui fut plus permis de faire usage de ses qualités brillantes. Le plus âgé d'entre nous n'avait pas plus de trente ans, et s'il y avait quelques inégalités dans les fortunes, la camaraderie de bon aloi des plus riches n'avait jamais rien de blessant pour les plus pauvres. Il va sans dire, et c'était même un des motifs de notre rassemblement, que le jour dont je te parle, nous avions tous quitté notre bel uniforme rouge, pour prendre le costume de chasse adopté pour nous : habit de drap bleu clair, avec un léger galon d'argent courant sur toutes les tailles, veste chamois, culotte de peau de daim passée au blanc, grosses bottes et chapeau français : nous avions particulièrement tenu à ces deux derniers détails du costume, pour protester autant qu'il était en nous contre les modes anglaises qui commençaient à s'introduire dans la bonne compagnie. Je ne te dirai pas que notre habillement fût leste et commode, mais il était fort noble et fort séant avec la poudre et les ailes de pigeon. Quand nous eûmes reconnu qu'il n'y avait plus rien à faire de ce côté, la grande porte du manége s'ouvrit, et, aux accords retentissants de vingt trompes placées dans la tribune, nous vîmes défiler nos cinq équipages, conduits par leurs dix piqueurs et leurs trente valets de chiens. Celui du marquis de Menou, comme destiné à chasser la bête la plus noble, tenait la tête ; le mien arrivait ensuite, puis la Tour en Voisvre, puis Blangy, et enfin Choiseul, qui avait fait venir de Suisse soixante chiens d'une espèce nouvellement connue, et déjà renommée pour chasser le lièvre. Les honneurs de la séance (comme on disait plus tard quand le duc d'Orléans allait aux jacobins), les honneurs de la séance furent pour eux, car jamais on n'avait rien vu d'aussi vif, d'aussi élégant, d'aussi propre que ces soixante chiens : on eût vraiment cru que chacun d'eux avait été élevé sur les genoux d'une duchesse et nourri avec de la mouée de biscuits de Reims. Les autres équipages étaient aussi fort beaux, surtout celui de Menou qui s'était recruté dans ses terres du Poitou. J'étais le moins brillant en apparence ; mais je connaissais à fond les quarante plus vieux de mes ardennais, j'y avais joint vingt élèves de bonne souche, auxquels il ne fallait plus que le bon exemple et quelques coups de fouet distribués à propos ; enfin j'avais, pour conduire tout cela, Denis, ce piqueur sans pareil que j'avais pu échanger un jour contre Chantilly avec S. A. S. mon seigneur le prince de Condé ; mais je demandai du retour et le marché fut rompu.

» La revue des équipages terminée, les félicitations adressées et les remercîments faits à leurs propriétaires, nous nous rendîmes chez monsieur le maréchal de Castries, où un magnifique déjeuner nous attendait.

» Midi sonnait comme on sortait de table : c'était un peu tard pour forcer un cerf ou un sanglier, mais on avait à coup sûr le temps de prendre un lièvre ou deux ; il fut donc décidé que nous ferions notre inauguration avec les chiens de porcelaine du comte de Choiseul.

» Chacun de nous trouvait ces petites bêtes ravissantes, mais les hommes du métier avaient quelques doutes sur leurs mérites sérieux, et on se demandait avec inquiétude comment ces oreilles de velours pourraient affronter les ronces des taillis, et comment ces pattes, transparentes à force d'être fines, se tireraient d'affaire dans la boue où elles entreraient comme des dagues, et dans les pierres sur lesquelles elles se briseraient comme du verre.

» Je fis part de mes craintes à ce sujet à mon ami le marquis d'Autichamp.

— As-tu été quelquefois au bal ? — me dit-il.

— Belle question ! — répondis-je avec étonnement ; — mais je ne vois pas ce qu'il y a de commun....

— Tu vas voir — interrompit le marquis : — au bal tu as dû remarquer que ce sont toujours les femmes les plus frêles qui sont les dernières fatiguées ; eh bien ! je suis convaincu qu'il en sera de même de ces petits joujoux de chiens.

— Ta remarque est juste.

— J'en ai fait d'autres encore sur le même sujet...

Ici mon père s'arrêta : ma sœur venait d'entrer ; elle n'était pas encore mariée ; je compris que les observations du marquis d'Autichamp n'étaient pas de nature à être confiées à une jeune fille.

« Pour en revenir à ce que nous disions — reprit mon père — nous traversâmes en grande pompe et à beau bruit notre charmante petite garnison, recueillant à droite et à gauche les plus aimables sourires, et nous allâmes découpler sur la lisière d'un petit bois situé à peu de distance de la ville, comme qui dirait une demi-lieue.

» Ce bois était un véritable fagot d'épines ; on n'y voyait pas une coulée à donner passage à une belette.

» Il y avait beaucoup de monde ; le plus grand nombre avait mis pied à terre ; chacun avait pu poser la main sur une couple ; les soixante chiens furent libres à la fois.

» Je ne sais pas comment ils firent pour entrer dans le fagot d'épines, mais ce que je sais, c'est qu'ils y étaient déjà que je me demandais encore comment ils pourraient y pénétrer.

» Pendant un quart d'heure environ nous n'entendîmes qu'un frétillement qui allait toujours en s'affaiblissant parce qu'il s'éloignait. Les piqueurs, qui n'avaient pu entrer dans le bois, le côtoyaient en sifflant entre haut et bas au lieu d'appuyer de la trompe. Je n'avais jamais vu une grande chasse débuter de cette manière.

» Tout à coup une harmonie délicieuse fit explosion à quelque distance ; je dis fit explosion parce qu'aucun accord isolé ne nous prépara à l'entendre. Toutes les voix qui la composaient partirent à la fois avec un merveilleux ensemble ; il y en avait de hautes qui faisaient les dessus, de sombres qui faisaient les basses, d'intermédiaires qui fondaient tous les sons entre eux : c'était ravissant, et nous nous regardions tous avec une radieuse satisfaction, ne pouvant croire que les exécutants de ce merveilleux concert fussent les petits chiens de porcelaine du comte de Choiseul.

» Mais un lièvre jaillit du bois comme un éclair, la meute s'élança sur ses traces, le concert continua en plaine avec des variations charmantes ; il n'y avait plus de doute possible.

» Cela dura ainsi pendant une heure et demie environ, sans autres interruptions que quelques courts défauts que je comparerai à des points d'orgue. Jamais je n'avais vu ni même rêvé rien de semblable à cette chasse, et surtout à cette meute si agile, si élégante, si ensemble, si harmonieuse. Quand elle passait sur les sillons, on eût dit une volée de colombes blanches rasant le sol de l'aile ; quand elle glissait sous bois, on se figurait des sylphes insaisissables retournant à leurs demeures inconnues ; et quand le lièvre fut pris, crois-tu qu'il y eut une seule de ces ravissantes bêtes qui voulût plonger son museau dans le sang ? Fi donc ! elles s'étendirent toutes sur l'herbe d'un petit pré où se passait l'affaire, et elles attendirent qu'on vînt leur remettre leurs couples, dans l'attitude gracieuse de jolies femmes qui ont demandé leur pelisse pour sortir du bal. Je reconnus alors que le marquis d'Autichamp avait trouvé une comparaison beaucoup plus juste qu'il ne croyait.

» Tels furent nos débuts, et tu conviendras qu'on ne saurait en imaginer de plus poétiquement brillants. Choiseul fut porté aux nues pour sa découverte ; le bruit en vint jusqu'à Versailles ; on en parla au coucher du roi, et Sa Majesté fit demander s'il n'y aurait pas moyen d'avoir, pour une de ses capitaineries, un couple de chiens suisses en porcelaine, car le nom que je leur avais donné leur était resté, et ils l'ont gardé jusqu'à notre licenciement : tu comprends que c'est de celui de la gendarmerie que je veux parler. »

Ce début de mon père, quoiqu'il me parût un peu fantastique dans quelques détails, m'avait charmé ; toutefois je me gardai bien de le laisser voir, et pour piquer au jeu mon conteur, qui pouvait prendre la fantaisie de s'arrêter en si beau chemin, je me mis à escarmoucher par quelques critiques de détail.

— Au total, vous ne m'avez raconté qu'une seule chasse, et je ne vois pas que ce soit une grande prouesse à soixante chiens de prendre un malheureux lièvre après une heure et demie de poursuite : nous savons tous, nous autres chasseurs, que le grand bruit d'une meute force autant que sa vitesse. Votre lièvre serait mort de peur à l'abri au fond d'un tonneau si vos musiciens avaient brâillé à l'entour.

— Et cet admirable ensemble qui faisait que dans l'instant où ils étaient le plus animés, on les aurait tous couverts avec un manteau, qu'en penses-tu ?

— Je pense que cela peut arriver une fois par hasard aux plus mauvaises meutes.

— Combien de fois as-tu vu arriver de ces hasards-là ? — reprit mon père qui commençait à s'animer.

— Mais souvent....

— *Souvent*, comme, *on dit*, ne signifie rien : je déteste ces expressions vagues qui ont toujours l'air de mensonges honteux, et j'aime à la folie l'aplomb de ce conteur qui, étant en discussion sur une des cérémonies de la messe de minuit, dit : Je suis bien sûr de mon fait, j'y ai assisté plus de cent fois.

— Est-ce là tout ce que vous avez à me dire sur vos chasses de la gendarmerie de Lunéville ? — repris-je en faisant un mouvement qui pouvait donner à penser que je songeais à m'éloigner.

— Tout ? es-tu fou ! mais je n'ai pas commencé.

— A la bonne heure : aussi je me disais, à part moi, que dans tout ce que vous m'aviez raconté, il n'y avait rien de bien extraordinaire.

— Je pourrais répondre à cela que ce n'est pas une chose déjà si commune que d'avoir pu, en moins de deux mois, réaliser un projet comme le nôtre sans trouver d'opposition parmi nos supérieurs, sans exciter l'envie de nos égaux, et sans cesser un instant de nous entendre entre nous ; mais cela nous entraînerait dans une discussion ennuyeuse, et je préfère essayer de te raconter une certaine petite chasse de loup que tu pourras comparer, si cela t'amuse, à celles que tu viens de faire en Charolais.

Il y avait dans le ton de mon père une petite nuance d'ironie qui me fit clairement voir que j'étais parvenu à le piquer ; je n'en fus pas fâché, car je savais par expérience que son récit n'en serait que plus intéressant.

Il s'étendit dans son fauteuil, croisa sa jambe droite sur sa jambe gauche, huma savoureusement une prise de tabac, puis il recommença en ces termes :

« Il y avait trois ou quatre ans que nos équipages étaient organisés ; nous avions fait avec eux des chasses magnifiques et des déplacements qui équivalaient à des campagnes, lorsqu'un jour, au mois de février, je reçus la visite d'un brave maître de forges des environs de Nancy, auquel j'avais vendu des coupes de bois en Champagne, et qui m'avait engagé à venir chasser chez lui. Le but de sa visite était de me renouveler ses instances, et il y mit tant de bonhomie et d'empressement qu'il emporta de moi une demi-promesse d'aller passer trois ou quatre jours sous son toit, avec quelques-uns de mes meilleurs camarades.

» Le soir même, à souper, je parlai de l'engagement que j'avais pris, mais je ne trouvai personne qui parût disposé à le tenir avec moi. Menou prétexta une entorse qu'il s'était donnée quelques jours auparavant en sortant du bal ; Blangy s'était marié il y avait une semaine, et il était *encore* amoureux de sa femme ; Choiseul venait de demander un congé, et il se disposait à partir ; la Tour en Voisvre prenait des leçons de musique de la première chanteuse de Nancy, et il était dans toute la ferveur d'un goût nouveau. Je lui dis que nous pourrions emmener son professeur avec nous ; mais il ne parut pas suffisamment persuadé du désintéressement de ma proposition, de sorte que les choses en restèrent là, et, de mon côté, je cessai pendant quelques jours de faire des démarches.

» Mais M. Mathey, c'était le nom de mon brave maître de forges, ne se découragea pas, et voici comment il s'y prit pour nous mettre au pied du mur, mes amis et moi. Il m'envoya une espèce de domestique à cheval avec un petit billet à peu près conçu en ces termes :

« Monsieur le comte,

» Ce n'est plus à votre bienveillance, mais à votre humanité que je viens faire un appel : les loups ont dévoré hier soir une pauvre mendiante et son enfant, à deux portées de fusil de ma forge.

» Je suis, etc. »

« Je mis cette lettre dans ma poche, et je m'en allai au manége où j'étais sûr de trouver mes amis à qui je la fis lire.

» A la minute même, et comme par enchantement, Menou fut guéri de son entorse, Blangy de son amour pour sa femme, et la Tour en Voisvre de sa passion pour la musique. Il fut convenu que nous partirions le lendemain, et que, pour ne pas dévorer le maître de forges en une seule fois, nous ne conduirions avec nous que l'équipage du loup de la Tour en Voisvre ; seulement chacun de nous eut la faculté d'emmener un de ses piqueurs au lieu de son valet de chambre; ainsi Denis devait me suivre : tu peux te faire raconter l'histoire par lui la première fois que tu le rencontreras.

» L'exprès de M. Mathey emporta donc une réponse favorable; et nous fîmes nos préparatifs de départ pour e lendemain.

» Dire que personne ne manqua au rendez-vous pris pour nous mettre en route, serait chose superflue; j'abrège, et je passe à notre arrivée à Maréville, c'était le nom du village où les forges de M. Mathey étaient situées.

» Nous fûmes reçus par l'honnête négociant avec la plus franche cordialité, et vers le milieu du souper, qui fut par parenthèse excellent, nous étions tous parfaitement à notre aise. La confiance une fois établie, M. Mathey nous avoua, avec une bonhomie charmante, que la catastrophe de la mendiante dévorée avec son enfant était une fable inventée par lui pour toucher nos sensibles cœurs; il se hâta d'ajouter qu'il y avait effectivement des loups dans les bois des environs, mais que leurs méfaits se bornaient jusqu'alors à l'enlèvement d'une vieille chèvre aveugle, encore n'était-on pas bien certain qu'elle n'eût pas été volée par des Bohémiens qui avaient traversé le pays quelques jours auparavant.

» Ce récit fut fait avec une naïveté toute spirituelle, et pendant que d'excellents vins circulaient autour de la table. Nous remerciâmes M. Mathey de s'être moqué de nous, puisque sa moquerie avait eu pour résultat de nous amener sous son toit; on but à nos succès, et au dessert on fit monter les piqueurs pour régler, de concert avec eux, l'expédition du lendemain.

» Comme nous n'avions amené que l'équipage du loup, il n'y avait pas à discuter sur l'espèce d'animal qu'on chasserait; on se borna donc à décider qu'on ferait le bois vers Saulxures, canton où se tenaient fréquemment les loups, qui venaient presque tous de la Lorraine allemande.

» Le lendemain, M. Mathey nous donna un solide déjeuner dont il prit sa part avec nous, mais il nous demanda la permission de ne pas nous accompagner, attendu qu'il y avait quelques années déjà qu'il ne montait plus à cheval. « Je compte sur vous pour souper, messieurs — ajouta-t-il, en nous versant le coup de l'étrier avec du Johannisberg qui était déjà vieux lorsque M. de Turenne manœuvrait sur le Rhin, il y avait cent et quelques années.

» En arrivant au rendez-vous, Baliveau, premier valet de limier de la Tour en Voisvre, nous apprit qu'il avait détourné un grand loup dans les fonds de la forêt de Hais ; il le jugeait louvard de l'année précédente, parce qu'il le trouvait timide et incertain dans ses allures ; au surplus, il s'en rapportait au jugement de Denis qui vérifierait le fait lorsqu'on serait à sa brisée.

» Il n'y avait qu'un quart de lieue pour s'y rendre, ce fut bientôt fait. Baliveau indiqua avec le manche de son fouet sa brisée à Denis, qui se borna à se pencher sur le cou de son cheval.

— Celui-là louvard ? — dit-il. — Il était déjà grand loup que je ne portais pas encore de culottes.

— N'importe — répondit la Tour en Voisvre — essayons de le forcer. Messieurs — continua-t-il — prescrivons à nos gens de ne pas tirer et prenons l'engagement de respecter aussi cette défense.

— D'accord ! d'accord ! — nous écriâmes-nous tous.

— Si c'est comme ça — ajouta Denis — M. Mathey n'a pas besoin de faire mettre son rôti à la broche de bonne heure, car nous ne souperons pas chez lui ce soir.

» Nous donnâmes des ordres pour le placement des relais, puis on fit l'attaque avec vingt vieux chiens sûrs.

Au bout d'un quart d'heure le loup était sur pied : Menou, qui le vit passer, le régala de sa fanfare, ce qui ne lui fit pas presser son allure.

» Il connaît ça, monsieur le marquis — cria Denis. — Monsieur le comte, au galop — me dit-il à moi — je vous le montrerai avant dix minutes.

» Le loup s'en allait tranquillement à un petit galop de bidet de poste : il nous fut donc facile de lui couper les devants pour le voir passer.

» Nous étions entre deux futaies, dans une taille de l'année précédente ; les chiens donnaient chaudement à cent pas de nous, et nous leur faisions face.

» Quatre ou cinq d'entre eux sautèrent dans la taille ; ils couraient la tête tournée et ils avaient le poil hérissé sur le cou et le dos.

— Il va y avoir un retour — dis-je à Denis — ces chiens se trompent.

— Silence ! — me dit Denis avec un respect impératif.

» Au même instant, la meute tout entière, c'est-à-dire ce qu'on avait découplé pour l'attaque, sortit de la futaie située en face de nous. Elle chassait avec un admirable ensemble et elle était fort chaude de gueule. Je remarquai que la moitié des chiens avaient la tête tournée comme les premiers.

— Eh bien ! et le loup — dis-je à Denis.
— Comment, vous ne le voyez pas ?
— Non, sur ma parole.
— Regardez au milieu des chiens.

» C'était la seule chose que je n'eusse pas faite encore, parce que je tenais à voir l'animal de chasse : sur l'invitation de Denis, mes regards se dirigèrent vers la centre de la meute, où, à ma grande surprise, j'aperçus en effet un loup énorme qui avait l'air de faire partie de la société.

— Voilà pourtant ce que Baliveau appelle un louvard de l'année dernière — me dit Denis d'un ton goguenard. — Qu'en pensez-vous, monsieur le comte ?

— Ma foi, je ne sais trop ; je n'ai jamais rien vu de semblable.

— Les très-vieux loups n'en font jamais d'autres. Ils savent qu'en se mettant au milieu des chiens, ils n'iront que le train qu'ils voudront, et qu'il ne sera pas facile de leur envoyer un coup de fusil ; mais je vais donner ordre à cela, il ne faut pas que ce gaillard-là se comporte comme s'il était chassé par les bourgeois de Nancy.

» Et Denis fit prendre le galop à son cheval pour gagner la tête des chiens avant leur entrée dans l'autre futaie ; il va sans dire que je le suivis. J'étais très-curieux de ce qui allait se passer.

» Ce fut la chose la plus simple du monde, bien qu'elle me parût fort extraordinaire. Denis se plaça devant sa meute en criant : derrière ! derrière ! et quand il eut ainsi dégagé le loup, il tomba sur le maraud à coups de fouet et l'obligea à prendre le grand galop ; puis les chiens eurent la permission de repartir, et pendant une heure la chasse alla très-bon train ; elle avait donné dans un de nos relais qui fut découplé fort à propos par Menou lui-même qui se trouvait là.

» En ce moment je tirai ma montre ; elle marquait une heure et demie. Le temps était clair et calme, le sol excellent pour le nez des chiens et le pied des chevaux ; nous étions en outre tous dans une excellente disposition d'esprit, et nous reprîmes l'engagement de ne pas finir la chasse par un coup de fusil, en trouvassions-nous dix fois l'occasion.

» Comme le loup, depuis le moment où Denis s'était mis à le houspiller, avait toujours filé droit devant lui, nous avions fait sans nous en douter un chemin énorme, et nos chevaux commençaient à galoper moins légèrement, deux ou trois heures déjà avant la nuit Baliveau soutenait encore que l'animal de chasse était un jeune loup, ce qui lui attirait, de la part de Denis, les brocards les plus amusants du monde : quelques-uns sont devenus des proverbes que je m'amuse, comme tu sais, à citer de temps en temps.

» Ce qui avait fatigué nos montures de bonne heure, c'était moins la rapidité de notre course que l'absence de tout motif pour la suspendre un moment. Dans les chasses ordinaires, même quand elles vont grand train, il y a toujours des instants où l'on est obligé de s'arrêter pour écouter et délibérer sur la direction qu'on doit prendre. Ce jour-là, il n'y eut pas lieu de se permettre un seul de ces repos momentanés, car nous ne cessions jamais d'entendre la voix des chiens, et la chasse ne faisait pas sur elle-même un retour de dix toises. Le damné loup, comme s'il eût entendu le serment que nous avions fait de ne pas lui envoyer de plomb, ne se donnait pas la peine de ruser, ne levait pas le nez en l'air pour savoir de quel côté venait le vent. De temps en temps, nous redoublions de vitesse pour lui couper le chemin et l'obliger, à force de fanfares à revenir sur ses pas, mais je t'en moque ! le drôle passait sons le pavillon de nos trompes avec une impudence inouïe, et perçait en avant sans plus de façons que si nous n'eussions pas été là pour le gêner dans ses mouvements. Tu penses bien qu'on ne suit pas au hasard une ligne droite, sans rencontrer des fermes, des hameaux, des villages mêmes, toutes localités que les loups fréquentent peu en plein jour. Le nôtre ne s'inquiétait guère de ces petits accidents de voyage, et quand ils se présentaient devant lui, il s'en souciait comme de nos trompes. Une fois, un pont assez long se trouva sur sa route. Le pont était encombré par quatre ou cinq charrettes autour desquelles marchaient à rangs pressés un immense troupeau de moutons. Les charretiers pouvaient donner des craintes, les moutons étaient bien faits pour provoquer de mauvaises pensées : que crois-tu que fit notre loup ? il ne fut ni lâche ni imprudent, et il passa le pont avec la tranquillité d'un héros et la modération d'un philosophe. De ma vie je n'ai rien vu d'aussi curieux.

» Cependant le jour baissait, et tout en galopant assez lourdement à la queue les uns des autres, ou en ligne quand le terrain le permettait, nous délibérâmes s'il ne faudrait pas trancher la difficulté par une balle. J'avoue à ma honte que j'étais de cet avis et que je soutins vigoureusement mon dire ; mais la Tour de Voisvre, dont les chiens chassaient merveilleusement, défendit avec énergie le parti contraire, et son éloquence ayant entraîné Menou et Blangy, il fut de nouveau décidé que, dût-on aller jusque sous les murs de Metz, on ne brûlerait pas une amorce.

» Le temps, qui avait été sombre toute la matinée, s'éclaircit un peu avant le soleil couchant, et nous eûmes un quart-d'heure pendant lequel nous pûmes plonger nos regards en avant et en arrière à une très-grande distance, et apprécier ainsi l'espace que nous avions parcouru. Dans un lointain bleuâtre et presque fantastique, nous aperçumes les montagnes au pied desquelles les forges de M. Mathey étaient bâties et nous calculâmes que nous pouvions en être à huit ou neuf lieues. Sur notre gauche, et déjà un peu en arrière de nous, un clocher se détachait d'une masse de maisons noyées dans la brume du soir, c'était la cathédrale de Pont-à-Mousson ; à notre droite, la Moselle se déroulait comme un ruban sans fin dans une suite de vallées, dont les fonds étaient déjà enveloppés d'ombres. et les sommets encore resplendissants de lumière. Tu comprends que nous mîmes moins de temps à contempler ce paysage, que je n'en prends pour te le décrire. Les chiens chassaient toujours à pleine voix, et, à quatre ou cinq cents pas devant nous, nous pouvions voir le loup qui montait à un galop impertinent par son aisance, une petite colline vivement éclairée par un chaud et dernier rayon du couchant.

» Les piqueurs lui sonnèrent un bien-aller, et Denis dit à Baliveau, en remettant sa trompe sur son épaule :
— Il va bien pour un nourrisson.

» Bref, deux heures après, nous étions encore en pleine chasse, quoiqu'il fît noir comme dans un four. Nos chevaux, exténués de fatigue, à demi morts de besoin, bronchaient à chaque pas et ne répondaient plus aux pressantes sollicitations de nos éperons et de nos fouets. En ce moment je crois que si le loup fût passé à notre portée avec une lanterne à la queue, nous aurions fait sur lui un feu roulant de toutes nos armes.

» Le cheval de Menou, qui s'abattit tout-à-fait, nous démontra l'impuissance et la folie d'une lutte qui devenait en outre très-périlleuse. Je dégageai ma trompe, et, sans consulter mes compagnons, j'entonnai vigoureusement la retraite manquée.

» Tout le monde s'arrêta: la Tour en Voisvre et Blangy grommelèrent quelques paroles de mécontentement, mais je jugeai à leur ton qu'ils ne se plaignaient que pour l'honneur; alors je dis avec fermeté :

— Messieurs, cette chasse est absurde! vous pouvez la continuer si cela vous amuse! quant à moi je déclare que je me retire...

— Dans tes appartements? — repartit en riant aux éclats Menou qui venait, après beaucoup d'efforts, de relever son cheval.

— Au fait, où couchons-nous? — ajouta Blangy.

» Nous étions *en fin fond de forêt*, comme disent les vieux gardes. Pas une étoile au ciel, pas un ver luisant sur la terre, pas un chien aboyant dans le lointain, c'était là se pendre.

— Vas rompre tes chiens — dit la Tour en Voisvre à Baliveau.

— Et fais des brisées — continua vivement Denis.

» Baliveau partit: il n'eut pas trop de peine à mettre sa meute derrière : comme nos chevaux, les pauvres toutous n'en voulaient plus.

» Tout à coup Denis s'écria :

— Silence, messieurs.

» C'était une habitude de mon piqueur : car en ce moment aucun de nous n'ouvrait la bouche.

— Qu'as-tu entendu ? — lui dis-je.

— Rien ; mais je vous promets que vous souperez tant bien que mal ce soir.

— Pourquoi cela ?

— Parce que je sens une odeur de poêle à frire, ce qui annonce ordinairement une omelette.

» Nous levâmes tous le nez en l'air ; mais nous ne sentîmes que le vent piquant de la nuit qui nous caressait désagréablement le visage.

— Va-t-en au diable avec ton omelette ! — dis-je avec humeur.

— Il y aurait moyen, monsieur le comte ; car elle est au lard, et c'est aujourd'hui vendredi.

— Eh bien ! conduis-nous du côté de la poêle, puisque c'est toi qui l'as détournée — reprit Menou — qui était toujours le plus gai de la bande dans ces occasions-là.

» Nous nous remîmes en marche, et les chevaux, qui avaient peut-être senti une botte de foin à côté de l'omelette, ne se firent pas trop prier pour dégager leurs sabots de la glaise dans laquelle ils s'étaient enfoncés pendant notre courte halte. Denis tenait la tête de la colonne, bien entendu.

« Après avoir cheminé un quart-d'heure à peu près, il nous sembla voir briller une lumière entre les arbres.

— Voilà l'omelette ! — dit Menou.

» Comme il venait de prononcer ces mots, un chien, mais un vrai dogue et non un roquet, se mit à hurler.

» En même temps nous aperçûmes se détacher sur le ciel sombre quelque chose d'immense plus sombre que lui : on eût dit un bouquet d'arbres gigantesques ou une église, ou un château, ou un mamelon isolé.

— Nous sommes arrivés, — dit Denis en mettant pied à terre pour reconnaître la localité.

» Ce fut bientôt fait, car presqu'immédiatement il ajouta :

— Je touche une porte à grosses têtes de clous. Ah ! je tiens le cordon d'une cloche.

— Eh bien ! tire-le, imbécile ! — dit l'un de nous, moi peut-être.

» Le cordon aboutissait à un véritable bourdon qui rendit un son formidable, bientôt prolongé par des échos magnifiques. A l'instant même le dogue recommença à hurler de plus belle, et nous entendîmes distinctement une voix bénignement grondeuse qui disait :

— Paix, Sultan ; silence, mon vieux : les gens qui sonnent aussi fort n'ont jamais de mauvaise intentions.

» Puis le bruit d'un ou deux pas lourds nous annonça qu'on venait nous ouvrir.

» Effectivement on tira un verrou, et nous aperçûmes alors derrière le grillage d'un guichet deux têtes de moines, l'une vieille et l'autre jeune, mais toutes deux de l'expression la plus engageante.

» Le vieux moine tenait une lumière devant laquelle il avait posé sa main qui faisait réflecteur ; l'autre moine avait le menton appuyé sur l'épaule du premier ; rien ne pourrait rendre l'effet de ces deux physionomies vivement éclairées : on eût cru voir un magnifique tableau.

— *Pax vobis*, — dit le vieux moine. — Ah ! mais voyez donc, frère Cosme, ce sont des chasseurs ! Je parie qu'ils auront rencontré ce farceur de Jean-Baptiste. Soyez les bien-venus, messieurs. Frère Cosme, levez la barre et ouvrez la porte à deux battants, afin que les chiens ne se fassent pas de mal en se précipitant pour entrer... nous connaissons ça.

» La Providence, qui veille sur les chasseurs comme sur tous les autres mauvais sujets, nous avait conduits à la porte d'une abbaye de Bernardins; cette porte s'ouvrait au grand large pour nous; il n'y avait plus d'inquiétudes à avoir pour notre souper et notre coucher.

» Une demi-heure après notre introduction dans cette demeure, hospitalière s'il en fût, nos chiens se chauffaient auprès d'un énorme poêle, nos chevaux avaient de la litière jusqu'au ventre, et nous, nous étions à table jusqu'au cou, faisant fête à une collation improvisée dont voici le menu :

» *Un débris* de truite qui pouvait peser de sept à huit livres.

» Une omelette monstre, au fromage et non au lard.

» Une friture de petites lottes menues comme des salsifis, et si bonnes que je n'ai jamais rien mangé de meilleur.

» Un buisson d'écrevisses si volumineux qu'on l'eût pris de loin pour un cardinal quelque peu obèse.

» Un gruyère comme la meule d'un moulin; puis des corbeilles de pommes, de poires, de noix, d'amandes, de raisins, etc., etc., et enfin deux ou trois brocs ventrus comme les bons pères qui nous servaient, dans lesquels pétillait un petit drôlet de vin de Moselle qui chantait dans la tête dès qu'on l'avait bu.

» Le père cellerier nous fit les honneurs de ce festin avec un mélange de politesse et de bonhomie qui eût doublé nos appétits si cela avait été possible. Nous lui racontâmes de point en point notre longue chasse, et, quand nous eûmes fini, il dit comme le moine du guichet : — Vous aurez rencontré ce farceur de Jean-Baptiste.

» Nous demandâmes l'explication de cette phrase, et nous apprîmes que Jean-Baptiste était le nom d'un loup connu depuis plus de quinze ans, dans les pays de Lorraine, Alsace et électorat de Trèves, pour faire le désespoir de tous les chasseurs. Il passait pour être à l'abri de la balle ; nous savions qu'il était infatigable.

» Il n'y avait pas de meute à vingt-cinq lieues à la ronde qu'il n'eût mise sur les dents ; il n'existait pas de femme ou de mère de chasseur qui n'eût fait dire des messes pour demander à Dieu la mort de Jean-Baptiste.

» Nous restâmes à table jusqu'au moment où la cloche des matines appela les bons pères à l'église, alors nous gagnâmes nos lits, et quels lits !

» Le lendemain, déjeuner excellent, dont cette fois l'abbé supérieur nous fit les honneurs, après s'être excusé sur son grand âge d'avoir manqué à ce devoir la veille.

» Pendant ce dernier repas, Baliveau vint nous dire qu'il avait connaissance de notre loup à cinq minutes de ses brisées de la veille, et que chevaux et chiens étaient reposés et plein d'ardeur.

— Eh bien ! — attaquons-le ! — nous écriâmes-nous tous les quatre — c'est un service à rendre à l'humanité chassante que de détruire un pareil drôle ; mais aujourd'hui il faudra tirer.

— Messieurs — reprit l'abbé — si vous recommencez votre chasse, je vais vous donner une lettre pour le supérieur d'une maison de notre ordre, dans laquelle vous pourrez demander l'hospitalité ce soir. C'est entre Metz et Thionville.

— Nous n'irons pas jusque-là, si Jean-Baptiste passe seulement à quatre-vingt-dix pas de moi — dit Blangy, le meilleur tireur de nous tous.

— Qui sait? — reprit l'abbé : — prenez toujours la lettre.

Et il alla l'écrire.

» Nous partîmes, et le loup fut lancé à un demi-quart de lieue de l'abbaye. Blangy et Menou le tirèrent au départ, à vingt-cinq pas en plein travers; mais ils le manquèrent, et le gaillard, qui vit qu'on ne badinait plus, fila devant lui comme la veille; seulement, il galopait quatre fois plus vite.

» Ce second jour se passa comme le premier. Deux heures après le coucher du soleil, il fallut rompre les chiens et chercher un gîte : seulement nous ne pûmes jamais découvrir l'abbaye à laquelle nous étions adressés, et force fut de passer la nuit dans une baraque de charbonnier, hommes, chevaux et chiens, tous pêle-mêle.

» Le charbonnier connaissait intimement Jean-Baptiste qu'il considérait comme un sorcier. Cependant, messieurs — dit-il — si vous l'attaquez encore demain, je ne sais pas trop comment cela se passera, car jamais il n'a été chassé quatre jours de suite: les plus intrépides l'ont toujours abandonné au second.

» Nous tînmes conseil, et il fut décidé que, pour l'honneur des équipages de la gendarmerie, qui avaient une grande renommée à soutenir, nous poursuivrions Jean-Baptiste jusqu'à extinction de ses forces ou des nôtres.

14.

» Nos chevaux n'étaient guère plus éreintés que le premier jour, et il nous restait encore une vingtaine de chiens assez dispos. On avait fait des brisées, comme la veille, à l'endroit où on avait rompu.

» Le lendemain, le loup, qui, pendant la nuit, avait pris un petit roquet appartenant au charbonnier, fut mis sur pied en un clin-d'œil ; il n'avait pas même été nécessaire de le détourner, car il était si près de nous que la meute l'avait éventé au sortir de la baraque.

Je le vis passer, et je fus frappé du changement qui s'était fait en lui. Au lieu de s'en aller au petit galop, la queue en l'air, le regard insolent et narquois, il courait à toutes jambes, la queue tombante sur les jarrets, l'œil effaré et apoplectique, le poil hérissé sur le dos, la mâchoire contractée par un affreux sourire qui montrait en plein ses énormes crocs. Je le régalai d'une fanfare qui lui fit faire un bond de côté, ce dont il ne se fût avisé ni la veille ni l'avant-veille. Nos chiens, qui faisaient peut-être les mêmes remarques que moi, redoublaient d'ardeur dans leur poursuite, comme s'ils eussent eu le pressentiment de remporter une victoire si chèrement disputée. Ce que nous fîmes de chemin ce jour-là est fabuleux. Qu'il te suffise de savoir que, vers les trois heures de l'après-midi, et comme nous venions de traverser un cours d'eau à la suite de nos chiens, nous vîmes se dresser près d'un poteau barriolé de deux ou trois couleurs, un homme orné d'une figure hétéroclite, et armé d'une hallebarde réduite par la rouille à l'état d'un bâton de sucre d'orge dans la main d'un écolier. Ce grotesque personnage se planta devant nous, et, dans un baragouin moitié français et moitié allemand, nous demanda qui nous étions, d'où nous venions, où nous allions ?

— Va-t-en au cinq cents diables — lui dîmes-nous !

— Mais vous êtes sur les terres de l'électeur de Trêves !

— Sonne le changement de royaume — dit froidement la Tour en Voisvre à Baliveau qui sonna le changement de forêt, le cas présent n'ayant pas été prévu par les faiseurs de fanfares. »

Ici mon père s'arrêta pour me regarder d'un air triomphant. Pendant tout son récit j'étais resté impassible par taquinerie ; mais au moment où il m'avait lancé sa magnifique *blague* (pardon du terme) de changement de royaume, j'avais tressailli et il s'en était aperçu, ce qui l'avait ravi.

— Patience — reprit-il — tu n'es pas au bout.

» L'homme à la hallebarde répéta une seconde fois sa phrase : Mais vous êtes sur les terres de l'électeur de Trêves. »

— Eh bien ! — répondis-je en jetant un double louis à ce pauvre diable — va dire à son altesse sérénissisme, que quatre officiers de la gendarmerie de Lunéville, qui se sont un peu égarés à la chasse, iront lui offrir leurs hommages ce soir, si elle veut bien excuser leurs barbes un peu longues et leurs queues très-mal faites.

La langue des doubles louis est comprise de tous les peuples de l'univers. L'homme à la hallebarde nous tira un grand coup de chapeau, et nous foulâmes les terres de l'électeur de Trêves, avec la permission des autorités.

» Pendant le petit débat que je viens de rapporter, Jean-Baptiste, à qui la meute soufflait le poil, était entré dans un bois d'une centaine d'arpens, jeté au milieu d'une plaine immense.

» Nous courûmes de l'autre côté du bois pour en voir ressortir la chasse; mais, à notre grande satisfaction, cela n'eut pas lieu tout de suite; le loup, pour la première fois depuis trois jours, se faisait battre comme un levraut.

— Il est... perdu! — s'écria Denis en se jetant à cheval dans le fort pour tâcher de faire débucher une dernière fois Jean-Baptiste.

» Il lui fallut du temps pour en venir là; mais enfin nous eûmes l'indicible joie de voir le malheureux loup se lancer en plaine avec une précipitation gauche du plus mauvais augure pour lui. Il courait encore assez vite, mais à chaque instant il trébuchait comme un homme ivre, et alors les chiens lui mordaient les jarrets avec une vigueur qu'on n'aurait jamais dû attendre d'eux, après une course aussi parfaitement homérique que celle qu'ils faisaient depuis trois jours. De notre côté, prenant et quittant tour à tour nos fouets et nos trompes, nous ne cessions de corner des fanfares aux oreilles de Jean-Baptiste, que pour lui cingler les reins à grands coups de mèche. Ce fut la fin du pauvre diable. Un fossé se présenta; il voulut le franchir, mais au moment où il prenait son élan, notre chien de tête, gigantesque poitevin, tomba sur son dos, et tous deux roulèrent dans le fond du fossé; la meute s'y précipita; et, après un magnifique hallali de trois quarts d'heures, Jean-Baptiste, atteint et convaincu d'avoir été loyalement forcé, fut noyé dans six pouces d'eau. Nous l'avions, en trois jours, chassé trente-neuf heures. »

— Ma foi! c'est magnifique! — m'écriai-je avec un enthousiame d'autant plus vif qu'il avait été longtemps réprimé.

» Le soir même — reprit mon père — nous fîmes notre entrée à Trêves, où le bruit de notre victoire nous avait précédés. Jean-Baptiste y passait pour une espèce de sorcier, auquel on attribuait tous les malheurs qui arrivaient dans le pays. Aussi fûmes-nous reçus avec acclamation par les habitants, et proclamés par eux les premiers chasseurs du monde. Nous fîmes un simulacre de curée aux flambeaux sur la grande place de la ville, en présence de l'Électeur, qui nous hébergea et nous traita splendidement dans son palais.

» Le lendemain nous prîmes la poste pour retourner chez l'excellent M. Mathey, qui eut l'aimable attention de nous dire qu'il ne nous avait pas attendus pour souper. Nous passâmes encore deux jours chez lui, mais sans chasser, comme bien tu penses, car nous étions tous sur les dents.

» Quand on dépouilla Jean-Baptiste pour l'empailler, on lui trouva dans le corps assez de balles pour en garnir un épervier de moyenne grandeur. Nous calculâmes, d'après divers indices, que ce vaillant coureur pouvait avoir de dix-huit à vingt ans, et qu'il devait avoir été chassé, peu ou beaucoup, douze ou quinze cents fois dans sa vie. Nous en avons fait présent au cabinet d'histoire naturelle de Nancy, où il est encore, m'a-t-on dit. »

Telle fut la narration de mon père, et je dois avouer qu'elle me convainquit que nos chasses étaient en effet bien misérables auprès de celles de sa chère gendarmerie, sur lesquelles j'aurai probablement encore occasion de revenir.

Quelques jours après, en me promenant à cheval dans les bois, je rencontrai le vieux Denis qui faisait sa tournée, à cheval aussi. Je n'eus rien de plus pressé que de lui parler de Jean-Baptiste.

« — Ah! monsieur le marquis — me dit-il — très-certainement c'était un fier loup, et quand je pense que cet imbécile de Baliveau voulait qu'il fût louvard....... Il faut convenir qu'il y a dans le monde des gens bien bornés. »

XI

UN TAVOLAZZO EN PIÉMONT.

Une Chasse au Coq de bruyères dans les Alpes

En 1825, j'avais rencontré aux eaux d'Aix en Savoie un jeune gentilhomme piémontais, nommé le comte Stéphano de Nora. Il était alors attaché en qualité de premier écuyer à la personne du prince Charles-Albert de Savoie-Carignan, à cette époque en disgrâce, et il cumulait ces fonctions purement honorifiques avec celles de capitaine de cavalerie dans un régiment qui tenait garnison à Verceil ou à Novare. Stéphano appartenait à une des plus grandes familles historiques du Piémont, et, pendant la réunion de l'Italie à la France, son père avait exercé une des plus hautes charges de la cour de Napoléon. Cette vieille et noble maison de Nora comptait dans son ascendance des généraux illustres, des ambassadeurs habiles, des écrivains célèbres, des religieux canonisés, et même quelques archevêques qui ne l'avaient pas été, faute de preuves suffisantes sans doute. Stéphano avait vingt-quatre ans, une figure franche et chevaleresque, une tournure martiale, des manières engageantes et un esprit prompt et original. Ses débuts dans la carrière militaire avaient été des plus brillants. A vingt ans, n'étant encore que simple lieutenant, il s'était conduit, lors de l'insurrection de Gênes en 1821, de la manière la plus héroïque. Au milieu de la défection générale des troupes, en face d'une révolte formidable et triomphante, il avait su maintenir son escadron dans le devoir, et à la tête de cette poignée d'hommes il s'était battu comme un lion pendant deux jours, avait reçu dix-huit blessures au visage et dans la poitrine, et forcé d'évacuer Gênes, il s'était mis en route avec sa petite phalange pour rejoindre le roi qui s'était réfugié à Florence. Sa retraite à travers des populations insurgées, avait été un combat de quinze jours sans une heure de trêve ; mais enfin le noble et courageux officier avait eu le bonheur d'arriver à sa destination, et la gloire de remettre entre les mains de son souverain, stupéfait de tant d'audace, son étendard rougi de son sang et déchiré par les balles de l'insurrection. — *Que puis-je faire pour toi, vaillant enfant ?* — lui avait dit le roi Charles-Félix — *je t'autorise à me demander tout ce que tu voudras.* — *Eh bien! Sire, je demande à Votre Majesté la permission d'aller rejoindre mon prince. Il est malheureux, exilé, qu'il ait au moins un ami pour le consoler dans son exil.* — *Tu es un brave jeune homme* — avait répondu le roi en embrassant Stéphano : — *fais ce que tu voudras, moi je me chargerai de ce qui te regarde.*

Ces détails étaient connus de tout le monde à Aix, et d'ailleurs, Stéphano les racontait lui-même dès qu'on lui témoignait le désir de les entendre, sans qu'il y eût la moindre jactance dans son fait. Il va sans dire que les belles baigneuses s'étaient plus d'une fois émues au récit des combats homériques du jeune comte, qui ne savait plus comment s'y prendre pour faire face à toutes les sympathies plus ou moins sentimentales dont il était l'objet. Eût-il eu les cent yeux d'Argus à son service, je doute encore qu'ils eussent pu suffire pour répondre aux nombreuses œillades qui lui arrivaient de tous les côtés. — *J'ai eu moins de besogne à Gênes* — me disait-il quelquefois en riant, — car il était essentiellement ce que le naïf et goguenard Brantôme appelle un bon compagnon. Nous passâmes trois semaines ensemble, dans une intimité beaucoup plus sérieuse que cela n'arrive d'ordinaire aux eaux, et nous ne nous quittâmes pas sans regret. Toutefois je ne garantirais pas que deux mois après nous être séparés nous fussions encore occupés l'un de l'autre, et je ne me souviens pas d'avoir demandé une seule fois de ses nouvelles jusqu'à la circonstance que je vais rapporter.

Au mois de mai 1832, par conséquent sept ans après cette première rencontre, je me promenais dans les rues de Turin, où j'étais venu pour quelques affaires dont il est inutile de parler ici, lorsque je vis s'avancer quatre ou cinq personnages en uniformes brodés sur toutes les coutures. Comme la parade venait de défiler devant le château, je compris que c'était une partie de l'état-major qui se retirait, et je ne fus pas fâché d'avoir une si bonne occasion de juger la tenue des grands dignitaires de Sa Majesté le roi de Sardaigne, de Chypre et de Jérusalem, excusez du peu. La brillante phalange approchait toujours; déjà je pouvais distinguer l'émail des nombreuses décorations qui scintillaient sur toutes les poitrines, quand un de ces beaux officiers, le plus beau même, je dois le dire, se détachant du groupe principal, se dirigea tout droit sur moi.

— Que fais-tu ici?— me demanda-t-il d'un ton aussi naturel que si nous nous étions quittés la veille et qu'il dût s'attendre à me rencontrer.

Je toisai de la tête aux pieds l'individu qui m'interpellait avec tant de familiarité, puis je lui sautai au cou en poussant un cri de joie : J'avais reconnu mon ami Stéphano.

— Comment — reprit-il — tu es à Turin et tu n'es pas venu loger chez moi! Mais c'est absurde! Voyons, où es-tu descendu? Je veux le savoir tout de suite.

— A l'hôtel Feder.

— Je vais t'y accompagner; je t'aiderai à refaire tes paquets, et un garçon de l'hôtel portera tes bagages au palais Nora; tout cela peut être arrangé dans un quart d'heure.

— Mais je suis peut-être ici pour un mois.

— Raison de plus; que ferais-tu tout ce temps à l'auberge! Tu y périrais d'ennui. Turin n'est pas gai quand on n'y connaît personne.

Il n'y avait pas trop moyen de résister à une invitation si imprévue, si pressante, si amicale. Je n'avais d'ailleurs aucune raison sérieuse pour refuser, et j'ai eu toute ma vie un goût prononcé pour tout ces petits hasards de la destinée qu'on trouve sur sa route au moment où l'on y pense le moins. Je pris donc le bras de Stéphano, en me gardant bien de lui dire que je n'avais pas une seule fois pensé à lui depuis quarante-huit heures que j'étais à Turin, et nous nous dirigeâmes vers l'hôtel Feder, dont nous étions fort heureusement très-près.

Chemin faisant Stéphano me conta que son père était mort, ce qui l'avait fait marquis de Nora en lui donnant quatre-vingt milles livres de rentes; qu'il était lieutenant colonel, premier écuyer du roi Charles-Albert, successeur du roi Charles-Félix, et qu'il devait partir prochainement pour Naples, chargé d'une mission diplomatique importante.

Tout cela ne l'empêcha pas, quand nous fûmes ararrivés à mon auberge, de m'aider à refaire ma malle avec la plus aimable bonhomie. S'il n'y avait eu personne chez Feder pour la porter jusqu'au palais Nora, il aurait été capable de la charger sur son épaule et de traverser ainsi la moitié de la ville, tant il craignait de me laisser échapper.

— A propos—me dit-il en entassant des bottes dans un sac de nuit— je suis marié; mais que cela ne te fasse pas peur, ma femme sera aussi charmée que moi de te recevoir. J'ai déjà deux enfants, l'aîné est le filleul du roi.

Une demi-heure après, j'avais été présenté à la marquise qui m'avait fait l'accueil le plus gracieux, et j'étais installé dans une des meilleures chambres du palais Nora, l'un des plus beaux de Turin.

Je passai vingt-cinq jours dans cet intérieur tout à fait aimable et bon, et quand le moment du départ arriva, j'avais le cœur véritablement triste, bien qu'il eût été convenu entre mes amis et moi que je reviendrais au mois de septembre prochain, et cette fois accompagné de ma femme et de mes enfants, afin de n'avoir aucune raison d'abréger un séjour dont je me faisais une véritable fête,

Il y a, règle générale, peu d'obstacles aux engagements qui plaisent ; le 31 août, mon briska roulait rapidement sur les pentes sinueuses et pittoresques du Mont-Cenis, du côté de Suze ; quelques heures après nous descendions au palais Nora, où Stéphano nous attendait ; pour rien au monde je n'aurais voulu faire une seconde fois la faute de m'en aller loger à l'auberge.

Le lendemain nous montrâmes à ma femme les curiosités de la ville, et nous finîmes notre soirée au thâtre d'Angenne, où l'on jouait pour la trentième fois depuis six semaines, *Zadig et Astarte, del Signor Vaccaï*.

La marquise n'était pas à Turin ; elle nous attendait dans son magnifique château de Nora, où nous devions la rejoindre le jour suivant, et où il était dit que nous passerions le reste de l'automne qui n'était cependant pas encore commencé.

Le 2 septembre, à trois heures de l'après-midi, nous sortions de la capitale du Piémont par la porte de Carignan, et nous prenions la route qui conduit à cette ville. A notre gauche, et à une portée de fusil à peine, se déroulait la belle et poétique colline de Turin, avec ses charmantes *villa* au milieu des fleurs, ses couvents à demi cachés dans la verdure, ses madones sculptées dans le tronc des vieux chênes, et ses *pergola* (1) toutes chargées de grappes transparentes et

---

(1) Sortes de treilles en arceaux qui décorent ordinairement les terrasses.

parfumées. A notre droite, mais à une distance de sept ou huit lieues, s'élevaient les majestueuses cimes des Alpes, que semblaient défendre, comme deux géants debout et menaçants, le mont Rosa et le mont Viso, l'un et l'autre couronnés d'une auréole de neige éblouissante. Entre ce fond de tableau vraiment grandiose et la route que nous suivions, s'étendait la fertile plaine du Piémont où l'on coupait les foins pour la quatrième fois. Le temps était magnifique, la température délicieuse, les bourgs et les villages que nous traversions avaient un aspect de richesse et de bien-être qui nous réjouissait. Stéphano nous montrait tout, nous expliquait tout, ce qui ne l'empêchait pas d'échanger de temps en temps des phrases amicales en patois piémontais avec les passants qui le saluaient par son titre. Il était facile de voir que tout le monde l'aimait, et que cette popularité avait la plus noble origine. J'ajouterai que Stéphano en jouissait sans ivresse, et qu'il avait la modestie et le bon goût de la considérer bien plus comme un héritage de famille que comme une conquête personnelle.

Il y avait environ trois heures que nous courions : nous avions déjà changé deux fois de chevaux, la première à Carmagnole et la seconde à Carignan, quand Stéphano, qui avait voulu se mettre sur le siége du briska, nous dit :

— Ah! voilà ma femme! j'étais sûr qu'elle viendrait au-devant de nous : maintenant nous serons rendus au chateau avant dix minutes.

Nous nous hâtâmes de mettre pied à terre. Je baisai la main de la marquise, qui embrassa ma femme, afin de couper court à la cérémonie toujours ennuyeuse des présentations.

Nous étions en ce moment à l'entrée d'une petite ville bâtie en amphithéâtre sur le versant occidental d'un mamelon qui s'élevait à notre gauche. Je cherchai au-dessus de ses toits pressés et parmi les clochers et les dômes de ses églises et de ses couvens, où pouvait être situé le château, mais je n'aperçus que la plateforme d'une large tour crénelée sur laquelle venaient mourir les derniers rayons d'un splendide soleil couchant.

Notre voiture continua sa route, et, nous, nous prîmes un sentier rapide qui nous fut indiqué par le chien de la marquise qui courait devant nous.

Nous avancions lentement parce que nous nous arrêtions à chaque instant pour attendre Stéphano qui, tantôt sous un prétexte et tantôt sous un autre, restait en arrière. Une fois, c'était pour questionner une pauvre femme dont le mari avait fait une chute ; le moment d'après, c'était pour aider un vieillard à remettre son fardeau sur sa tête ; puis il soulevait des petits enfants dans ses bras ; il accostait des ouvriers qui revenaient après leur journée finie : on eût dit qu'il était absent depuis six mois et qu'il voulait s'enquérir de tout ce qui s'était passé dans le pays pendant son absence.

Tout-à-coup je m'arrêtai en poussant un cri d'admiration et de surprise : le château de Nora venait de m'apparaître brusquement à un détour du sentier.

C'était un vieil et majestueux édifice, construit en briques rouges que le temps avait brunies, Il occupait le sommet du mamelon dont j'ai parlé, et dominaît la ville qu'il semblait protéger ; deux tours immenses le flanquaient à droite et à gauche et lui donnaient un aspect imposant. Celle de gauche, toute couverte d'un épais réseau de lierre, était sombre ; celle de droite, enlacée par des pampres de vignes vierges, dont le soleil d'automne avait doré le feuillage, était éblouissante ; une troisième tour carrée et percée d'une voûte, servait d'entrée au manoir féodal, et montrait au-dessus d'un immense portail, l'écusson gigantesque des Nora, surmonté de leur devise : belle devise s'il en fût, car elle se composait de ces deux mots tout parfumés d'honneur et de chevalerie : *Franc et léal.*

L'intérieur du château n'était pas fait pour détruire l'impression que causait sa première vue. Le salon, vaste galerie éclairée par six fenêtres donnant sur la chaîne des Alpes, était décoré de vieilles armures disposées en faisceaux avec un goût sévère et intelligent ; la salle à manger n'avait pour ornements que d'antiques portraits de famille, représentant des guerriers aux visages fiers et mâles, et de nobles dames aux costumes sévères. Un lustre de fer, portant sur ses bras contournés des bougies de cire jaune, descendait du plafond d'un vestibule dont les murs étaient garnis de bancs en bois de chêne. noircis par le temps et lustrés par l'usage. Dans les chambres à coucher tous les lits étaient à colonnes et à baldaquin ; et il n'y avait pas d'autres meubles que des bahuts respectables et des fauteuils qu'il fallait prendre à deux mains pour les changer de place. Eh bien ! rien de tout cela n'était ni triste ni prétentieux. L'harmonie était parfaite entre le cadre et le tableau, et le maître de cette demeure imposante avait l'air assez grand seigneur pour se faire pardonner les splendeurs aristocratiques qui l'environnaient.

Pendant les trois mois que je passai à Nora, je pus prendre une idée de ces grandes existences d'autrefois dont j'avais entendu parler à mon père sans y croire complètement. Il n'y avait de luxe nulle part, mais de l'abondance partout. Le domestique nombreux se composait de jeunes serviteurs actifs et vigilants, et d'anciens gagistes, passés à l'état de commensaux et devenus en quelque sorte les amis du châtelain. La table, solidement servie, n'offrait jamais un seul de ces mets recherchés qui ne satisfont que les caprices de l'estomac. Maintenant, mes chers lecteurs, laissez-moi vous dire la première chose qui se faisait à cette table, quand le dîner était apporté : chaque plat était mis à son tour devant le marquis qui en tirait lui-même la part des pauvres et des malades. Voyons, messieurs les puissants du jour, la main sur la conscience (ô flatteur que je suis), en faites-vous autant? Et vous, impudents prôneurs de liberté et d'égalité, pipeurs habiles de popularité éphémère, levez-vous la dîme sur vos splendides festins pour apaiser la faim qui pleure silencieusement à la porte de vos hôtels? « A quoi bon? direz-vous, il y a tant de malheureux ! » C'est vrai pour Paris; mais dans vos terres, dans vos châteaux, excellents démocrates, quelles marques de sympathie donnez-vous à vos semblables dans la souffrance? Imitez-vous le marquis de Nora qui, chaque matin, pansait lui-même, *dans son salon*, les malades qu'on pouvait lui amener, et qui allait visiter ensuite chez eux ceux qui n'étaient pas transportables? Et avec quelles bonnes paroles, avec quels égards touchants tout cela s'accomplissait!

Aussi que de bénédictions j'ai entendues dans ce vieux
manoir, qu'on eût pris pour la propriété de tous, tant
chacun y avait l'air comme chez soi ! Et ne croyez pas
que le marquis de Nora fût une exception dans son
pays ! Tous les seigneurs ses voisins étaient animés
du même esprit de charité et de fraternité. Aussi le
Piémont est-il resté calme au milieu des troubles qui
ont agité l'Italie après la révolution de juillet. Il est
resté calme parce que les novateurs y étaient sans crédit ; parce que la noblesse qu'on aurait voulu humilier
était plus aimée et plus bienfaisante que la bourgeoisie
sa rivale. Nouvelle preuve de ce que nous avons souvent pensé, que c'est moins la dureté des aristocrates
de vieille souche que l'insolence des parvenus qui rend
nécessaires les révolutions.

Le soir même de notre arrivée, Stéphano interrompit une histoire de chasse fort amusante qu'il me racontait, pour me dire du ton d'une personne qui a oublié de faire une communication importante à quelqu'un
qu'elle peut intéresser.

— A propos, c'est demain l'ouverture du *tavolazzo*.

— J'en suis charmé si cela te fait plaisir ; mais
qu'est-ce que le *tavolazzo* ? — répondis-je.

— C'est le tir à la carabine de nos pays : tous les
ans il a lieu le jour de Saint-Grégoire.

— Et comment les choses se passent-elles ? — demandai-je.

— La distance est de cent quatre-vingts pas, et le
but est grand comme le fond de ton chapeau. Chaque
tireur a sa cible qui porte son nom, et il doit tirer,
nombre fixe, six fois. Le vainqueur est celui qui met le
plus de balles autour d'un petit rond en papier doré,

grand comme un pain à cacheter, lequel est placé au centre du *barelet*, c'est le nom que nous donnons à nos cibles parce qu'elles ont la forme d'un petit baril. Ce petit baril est peint en blanc, ce qui ne le rend pas plus facile à viser pour cela.

— Je suis enchanté de connaître tous ces détails, parce qu'alors je prendrai rang parmi les spectateurs — repartis-je — je ne crains pas de rival pour rouler un lièvre ou pour faire coup double sur des perdrix rouges après la Toussaint ; mais votre tir à la carabine ne me sourit pas le moins du monde : je m'abstiendrai.

— Quelle folie ! — interrompit vivement Stéphano — ce serait avouer d'avance que tu doutes de ton adresse ; au lieu qu'en t'exécutant de bonne grâce, le hasard peut te servir.

— Et s'il me trahit ?

— S'il te trahit, tu ne seras pas le seul : j'attends demain matin le ministre d'Autriche et le chargé d'affaires de Prusse, deux maladroits s'il en fut ; ils te tiendront compagnie : je les ai justement engagés à cause de toi.

— Eh bien ! nous verrons demain.

— Enfin, tu peux compter sur une arme excellente et sur une main infaillible pour te la charger. Je te donnerai un brave homme qui ne mettra pas dans le canon un atome de poudre de plus une fois qu'une autre.

Le lendemain, après le déjeuner, j'étais dans la galerie des vieilles armures où je faisais une partie de billard avec le chapelain du château, lorsque je crus entendre dans l'éloignement les sons d'une espèce de musique militaire.

Je mis au port d'armes ma queue qui visait un carambolage, et mon regard interrogea probablement le bon chapelin, car il me dit sans que j'eusse besoin de le questionner :

— C'est le *tavolazzo, signor marchesse*. On vient chercher les habitants du château : vous verrez, la procession est très-belle.

En ce moment, Stéphano entra pour m'avertir de me préparer; son chasseur le suivait portant deux carabines ; une des femmes de la marquise venait ensuite; j'aperçus dans ses mains un petit carton rempli de rubans de toutes les couleurs.

— Prends cette arme et choisis bien vite un de ces rubans — me dit brusquement le marquis de Nora. — Il faut que nous soyons prêts quand le cortége arrivera. De Bombelles et Schulz sont déjà dans le vestibule.

Les explications qu'on demande aux gens pressés, sont en général peu satisfaisantes ; je pris donc, sans mot dire, un ruban vert céladon que la belle camériste noua autour de mon bras gauche, puis je mis mon chapeau un peu plus sur l'oreille que de coutume, la carabine sur mon épaule, et je suivis Stéphano qui paraissait fort impatient.

Avant de sortir de la galerie, je me retournai pour savoir ce que devenait le chapelain, et je vis qu'il se faisait aussi nouer un ruban autour du bras, un beau ruban couleur feu, ma foi ! Quelques secondes après, il nous rejoignit dans le vestibule : il avait, comme nous tous, la carabine sur l'épaule et le chapeau légèrement incliné du côté gauche.

Nous sortîmes alors du château, ayant le marquis à notre tête : en ce moment la procession du *tavolazzo* débouchait du portail de la tour carrée, se dirigeant vers nous ; nous nous arrêtâmes aussitôt pour l'attendre ; j'ai su depuis que le cérémonial était réglé ainsi depuis des siècles.

C'était vraiment quelque chose de très-pittoresque et de particulièrement nouveau pour moi que ce cortége qui s'avançait à notre rencontre. Il était précédé par une trentaine de musiciens enrubanés de la tête aux pieds, qui jouaient en manière de marche une *monferine* vive et gracieuse ; derrière eux, les trois syndics de la ville de Nora, marchaient gravement entre deux hommes de haute taille, dont l'un, celui de droite, portait une bannière aux couleurs du marquis, et l'autre une bannière aux couleurs de la ville ; immédiatement après ces cinq personnes, venaient sur deux rangs les tireurs de la compagnie du *tavolazzo*, au nombre de vingt environ, parmi lesquels je comptai sept ou huit prêtres.

La musique s'arrêta et se rangea de côté ; le marquis fit quelques pas à la rencontre des syndics, dont le doyen prononça un petit discours en piémontais, que nous applaudîmes vigoureusement.

Stéphano répliqua et fut à plusieurs reprises interrompu par les acclamations de l'assemblée. On était venu, comme chaque année, lui offrir la présidence du *tavolazzo*, et, comme chaque année, il avait répondu qu'il l'acceptait, bien qu'elle lui fût offerte par de plus dignes que lui de l'obtenir. Cet échange de bons procédés accompli, nous nous mêlâmes au cortége en ayant soin de ne pas avoir l'air de nous grouper entre nous. Le comte de Bombelles se mit à côté d'un tisserand ; le baron de Schulz eut pour compagnon un fabricant de *saucissons de Bologne*; le hasard me donna pour voisin un petit cabaretier.

La musique se replaca à notre tête, la *monferine* recommença de plus belle, et le cortége reprit le chemin du bourg, qu'il dut traverser en entier pour arriver à l'endroit où le *tavolazzo* était établi.

Toute la ville avait un air de fête, quoique ce ne fût pas un dimanche : les femmes et les jeunes filles étaient parées de leurs plus beaux atours; les petits garçons avaient de gros bouquets à la boutonnière; des drapeaux et des banderoles flottaient à toutes les fenêtres : on battait des mains sur le passage du cortége.

Arrivés à notre destination, chacun de nous reçut un *barelet* sur lequel il inscrivit son nom, et prit au hasard, dans un sac, un numéro destiné à marquer son rang dans le tir; le président lui-même n'était pas exempt de cette formalité, qui n'avait, on en conviendra, rien de bien aristocratique.

Le hasard me donna le numéro 3, Stéphano amena le numéro 9, le numéro 1 tomba à un sec et long chanoine qu'on appelait le *Théologo*, je n'ai jamais su pourquoi, mais je présume que ce nom répondait à quelques fonctions ecclésiastiques.

Je ne m'étais point exagéré la distance de cent quatre-vingt pas dont Stéphano m'avait parlé la veille : elle me sembla prodigieuse, eu égard surtout à la petitesse du but qui, en outre, était disposé en trompe-l'œil, c'est-à-dire que le *satané* barelet, plus gros du ventre que des extrémités, offrait une ampleur qu'en réalité il n'avait pas. Quant au petit rond de papier doré, on ne le voyait pas plus qu'on ne voit les étoiles à dix heures du matin au mois de juillet.

Une fanfare annonça l'ouverture du tir ; quand elle fut finie, un roulement de tambour se fit entendre : c'était le dernier signal.

Le *Théologo*, qui se tenait depuis quelques instants l'arme haute à la troisième position, baissa majestueusement sa carabine, inclina la tête sur la batterie et ferma l'œil gauche.

Je crus que le coup allait partir et je regardai la cible.

Impatienté de ne rien entendre, je me retournai vers le *Théologo* ; il avait relevé son arme et causait tranquillement avec son voisin.

— Eh bien ! qu'est-il arrivé ? — demandai-je à Stéphano.

— Peu de chose : une mouche s'est posée sur le canon de sa carabine, et lui faisait un faux point de mire.

— Comment, vous y mettez cette importance-là ? — repris-je : — mais alors ce n'est pas un plaisir, c'est...

Je n'achevai pas, car en ce moment le *Théologo* s'était remis en joue : cette fois le coup partit.

Quand la fumée de la poudre fut dissipée, j'aperçus un homme debout à côté du *barelet* du *Théologo*.

Cet homme ôta son chapeau et salua en se tournant vers les tireurs.

Puis il leva une petite baguette, dont il appliqua l'extrémité contre le centre du *barelet.*

Je regardai avec attention, et au beau milieu du petit disque peint en blanc, je vis le trou noir qu'avait fait la balle ; la moitié du rond de papier doré était emportée.

— C'est un hasard — dis-je à voix basse :

— *Patienzza* — me répondit Nora, en mettant un doigt sur sa bouche.

Le second coup du *Théologo* partit, et la balle mordit sur la moitié du trou qu'avait fait la première.

Il en fut à peu près de même des quatre autres : toutes les six ne tinrent guère plus de place que ne l'eussent fait six trous de vrille placés à dessein les uns à côté des autres.

Après le *Théologo* vint le tisserand, puis moi, puis le fabricant de saucissons de Bologne, puis le ministre d'Autriche, etc. ; bref, le feu ne discontinua pas pendant cinq heures.

Le premier prix appartint sans contestation au *Théologo*; Stéphano eut le second; un gros chanoine et moi nous tirâmes le troisième au sort, et j'eus la bonne chance de gagner.

On ne pouvait concourir à un de ces prix, qui se composaient de pièces d'argenterie d'une assez grande valeur, qu'autant qu'on avait mis ses six balles dans la cible; puis, parmi ceux qui se trouvaient dans ce cas, on choisissait les trois dont les coups tenaient le moins de place.

— Tu t'es moqué de moi — me dit Stéphano avec bonhomie.

— Je te promets que c'est un pur hasard — répondis-je — je n'ai jamais tiré à la cible de ma vie.

— Si tu reviens l'année prochaine, tu nous battras tous — reprit-il : — regarde ce pauvre *Théologo*, il n'est pas encore remis de la frayeur que tes trois premiers coups lui ont causée : voilà cinquante ans qu'il s'étudie à être le meilleur tireur du pays, et c'est la dix-neuvième fois de suite qu'il reçoit le premier prix.

Le moment du retour était arrivé, et un roulement de tambours indiqua qu'il fallait reformer les rangs.

La musique, les porte-bannières, les syndics reprirent la tête de la colonne, chaque tireur retrouva son compagnon, puis on se remit en marche pour le château.

Je crus que c'était simplement une conduite courtoise qu'on faisait au marquis, et que la fête était terminée; mais je me trompais, comme vous allez voir.

Pendant notre absence, une table de soixante couverts avait été dressée sous une magnifique treille qui occupait toute la longueur d'une terrasse située au couchant du vieux manoir.

Tous les membres du *tavolazzo* y prirent place avec leurs épouses, leurs filles et leurs nièces; parmi ces dernières, je remarquai deux ravissantes personnes, que le gros chanoine, mon rival pour le troisième prix, me dit être les enfants de sa sœur cadette; je déclare n'avoir aucun motif de douter de la vérité de cette assertion.

Toutes les places d'honneur de la table furent pour les habitants de la ville. La marquise de Nora mit le *Théologo* à sa droite et le doyen des syndics à sa gauche; Stéphano en fit autant pour la femme du bailli et la fille du maître de poste : le comte de Bombelles, le baron de Schulz, ma femme et moi, aidâmes de notre mieux les nobles châtelains à faire les honneurs de leur festin, et j'ose dire que nous nous en acquittâmes à la satisfaction générale.

Tout le monde était à son aise dans cette réunion où presque toutes les classes de la société étaient représentées; d'une part le respect n'avait rien de servile, de l'autre le sans-façon n'avait rien de choquant. Au dessert, le marquis se leva, son verre à la main, et dit d'une voix vibrante et émue :

— A la santé de mes bons amis les habitants de Nora ! Puissent les liens qui nous unissent depuis des siècles durer des siècles encore ! Puissent nos enfants s'aimer comme nous nous aimons et comme nos pères s'aimaient !

Un tonnerre d'applaudissements accueillit ce toast affectueux ; alors le syndic se leva à son tour et répondit :

— Au nom des habitants de la cité dont j'ai l'honneur d'être le premier magistrat, je porte la santé de son premier citoyen, de son plus digne enfant, au marquis de Stéphano de Nora ! — s'écria-t-il d'une voix retentissante. — A sa noble compagne ! à ses enfants ! à la prospérité de sa maison !

Une nouvelle salve d'acclamations, plus bruyante, plus unanime que la première, témoigna de la sympathie que ces paroles trouvaient dans tous les cœurs. Les verres se choquèrent, les mains s'étreignirent, les yeux échangèrent des regards brillants de dévouement et d'affection : je n'ai vu de ma vie rien de plus touchant.

Le soir, le château fut illuminé, on tira un feu d'artifice sur la terrasse, et on dansa jusqu'à minuit dans la galerie des vieilles armures, transformée en salle de bal.

La danse ne chassa pas les prêtres ; ils étaient tous trop honnêtes pour se croire obligés de faire les hypocrites, ceci soit dit sans offenser ceux qui font autrement ; mais chaque pays a ses usages, n'en blâmons aucuns.

— Eh bien ! que penses-tu du Piémont ? — me demanda Stéphano le lendemain matin.

— Ma foi! je pense que je voudrais bien l'habiter — répondis-je. — Cette soirée d'hier m'a ravi! Maintenant, pourras-tu m'expliquer de semblables mœurs après quarante ans de révolutions à votre porte? Quant à moi, je n'ai pu résoudre la question.

— Rien n'est plus facile cependant : nous ne nous isolons pas, voilà tout notre secret. Les vaniteux croient que la familiarité engendre le mépris, c'est une erreur : quand il est démontré qu'elle n'est pas un calcul, elle augmente le respect et elle entretient l'affection, j'en acquiers la preuve chaque jour.

— Cependant votre noblesse a de grands priviléges, et il n'en faut pas davantage pour faire des mécontents.

— Ce ne sont point les priviléges qui blessent ceux qui ne les ont pas, c'est la manière dont les exploitent ceux qui les ont. Servez-vous d'une grande fortune pour soulager vos semblables ; tirez parti d'une belle position au profit de ceux qui n'en possèdent que de médiocres, et fortune et position vous seront pardonnées. Chacun sait que si j'étais pauvre il y aurait bien plus de pauvres dans le pays ; personne n'ignore que si la ville possède un hospice, c'est à un Nora qu'elle le doit. Quand le roi me fait une grâce, je l'accepte ; mais quand je lui demande une faveur, ce n'est jamais en mon nom que je parle ; comprends-tu maintenant?

— Très-bien; seulement une semblable conduite demande...

— Rien que du bon sens de part et d'autre — interrompit Stéphano. — Mais au diable cette conversation sérieuse! ajouta-t-il, j'étais venu te voir pour tout autre chose. Voyons, es-tu disposé à faire une chasse un peu rude demain?

— Certainement.

— Eh bien! fais toutes tes dispositions pour une absence de quatre ou cinq jours. Nous partirons après le déjeuner, nous dînerons le soir à Pignerol, et nous irons coucher chez un braconnier de mes amis qui sera enchanté de faire ta connaissance. C'est une des curiosités de notre pays. Je te laisse à tes affaires et vais veiller aux préparatifs de notre petite campagne.

A onze heures, le lendemain, nous étions prêts et nous montions, Stéphano, son chasseur et moi, dans une petite voiture de chasse dont le coffre regorgeait d'excellentes provisions : un panier attaché derrière renfermait nos chiens; nos fusils étaient entre nos jambes et nos carnassières sur nos épaules.

Le trajet se fit rapidement et gaîment. Les deux petits étalons sardes attelés à notre voiture couraient comme des biches effarouchées; le marquis me contait une foule de ces bonnes histoires de chasse dont on n'a jamais l'air de douter, afin de se réserver le droit d'y répondre par de plus merveilleuses encore; bref, le temps s'écoula si vite, que j'accusai de radotage les horloges de Pignerol qui sonnaient quatre heures comme nous mettions pied à terre dans la cour de l'auberge de la *Croce-Bianca*, la meilleure de la ville.

Cinquante minutes après, nous avions dîné et nous enfourchions des mulets qui devaient nous hisser par des chemins diaboliques jusqu'à la cabane du vieux braconnier.

Cette ascension fut tout ce qu'on peut se figurer

de plus pittoresque. Le sentier que nous suivions, taillé en zig-zag sur le flanc d'une montagne à pic, nous découvrait à chaque instant des points de vue d'autant plus admirables, que le soleil, en se couchant, jetait des flots de lumière sur une des plus belles contrées du monde. A nos pieds, Pignerol disparaissait lentement dans l'ombre croissante du soir; plus loin Racconis, Savigliano, Fossano étincelaient de magiques clartés, et un rayon plus splendide que tous les autres illuminait le château de Nora que nous apercevions distinctement malgré une distance de huit lieues à vol d'oiseau. Les cours d'eau étaient marqués par une brume légère suspendue aux saules de leurs rives, et des nuages de poussière brillante indiquaient les sinuosités des routes qui se croisaient en tous sens dans la magnifique plaine que nous avions sous les yeux. Des bêlements de troupeaux, des sons lointains de cloches, des bruits confus de voix arrivaient jusqu'à nous dans une harmonie remplie de charme et de grandeur qui nous plongeait dans une douce et rayonnante mélancolie. Quand le soleil eut complètement disparu derrière les cimes des Alpes, le spectacle devint, s'il est possible, plus merveilleux encore. Les neiges du mont Viso se parèrent des plus riches teintes, des jets d'ombres fantastiques se répandirent sur la campagne, et la lune, entourée d'un brillant cortége d'étoiles, vint montrer sa face rougeâtre sur les hauteurs boisées des Apennins.

Ce tableau m'avait jeté dans une admiration si profonde, que si mon mulet eût fait un faux pas, je ne me serais point avisé, je crois, de le retenir, et j'aurais fait une seconde entrée à Pignerol, dont les badauds de l'endroit eussent conservé longtemps le souvenir.

L'air qui était devenu plus vif, et nos montures qui marchaient plus facilement, me firent supposer que nous avions atteint le plateau de la montagne dont nous escaladions les flancs depuis deux heures environ : cette supposition me fut confirmée par Stéphano qui poussa son mulet près du mien en me disant :

— Nous pouvons marcher maintenant côte à côte : la route a trois lieues de largeur ; mais ce ne sera pas pour bien longtemps, car nous allons être obligés de descendre par un sentier tout semblable à l'autre. Si ta bête tombe, laisse-là se relever toute seule, autrement tu es perdu ; les mulets n'aiment pas qu'on se mêle de leurs affaires.

— Sommes-nous encore loin de la cabane de ton braconnier?

— A trois quarts de lieue environ ; mais il nous faudra au moins une heure et demie pour les faire.

— Comme qui dirait le temps de fumer trois cigares ?

— A peu près.

La descente se fit heureusement. Au bout de cinq quarts d'heure de marche nous entendîmes les aboiements d'un chien, presqu'en même temps nous aperçûmes une lumière qui brillait au-dessous de nous à une profondeur prodigieuse.

— Encore dix minutes et nous serons arrivés — me dit Stéphano — mais le bout de chemin qui nous reste à faire n'est pas des plus faciles. Adresse une petite prière à ton ange gardien, cela ne nuit jamais.

Je ne voulus pas convenir que la chose était déjà faite, et je la recommençai.

Tout à coup mon mulet s'arrêta court, celui de Stéphano qui le précédait en avait fait autant : le chien aboyait toujours.

Une porte s'ouvrit et nous vîmes l'intérieur d'une cabane éclairée par un grand feu.

— Ce ne peut être que le marquis de Nora qui arrive à une pareille heure — dit une grosse voix joviale — Les coqs de bruyère n'ont qu'à se bien tenir demain.

— Bonsoir, Titano, — répondit le marquis en mettant pied à terre. — Tu ne t'attendais guère à me voir, n'est-ce pas?

— C'est ce qui vous trompe, Excellence. Votre lit est fait depuis hier, et j'ai couru la montagne toute la journée pour savoir où se tenait le gibier.

— Je t'amène un ami, un Français — reprit le marquis.

— Soyez les bienvenus tous les deux, Excellences.

Pendant ce colloque, j'étais aussi descendu de mon mulet, et j'avais suivi le marquis dans la cabane.

Le feu dont j'ai parlé l'illuminait du haut en bas et dans tous ses recoins, mieux que n'eût pu le faire la clarté du jour. Je pus donc prendre immédiatement connaissance des lieux et de la figure de notre hôte.

La cabane était spacieuse, propre et assez bien garnie d'un solide mobilier rustique. Il y avait un petit lit à droite de la cheminée, et un autre beaucoup plus grand à gauche. Une table occupait le milieu de la chambre ; un buffet couvert de poterie grossière s'emboîtait dans un des angles, faisant face à une maie placée dans l'angle opposé. Des quartiers de lard pendaient au plafond, et le manteau de la cheminée portait un râtelier d'armes, véritable arsenal, composé d'une canardière, d'un fusil double, d'une carabine, d'une paire de pistolets et d'un sabre de fantassin, à la poignée duquel était attachées une dragonne et deux épaulettes en laine rouge. Quelques gravures communes, collées le long des murs, représentaient Charles-Albert, l'empereur Napoléon et l'archiduc Charles : ces trois personnages étaient les héros de prédilection de Titano.

Quant à ce dernier, c'était bien le plus singulier individu que j'eusse jamais rencontré, et je ne pouvais me lasser de le regarder. Il avait près de six pieds, et contrairement à l'habitude des hommes de haute taille, il se tenait droit comme un jonc. Sa maigreur était phénoménale, ses jambes et ses bras d'une longueur démesurée, son nez immense, sa bouche, sans une seule dent, fendue d'une oreille à l'autre. Son œil droit, vif et largement ouvert, contrastait avec son voisin qu'il tenait constamment fermé comme un homme qui couche en joue. Sa peau avait la teinte de la tige d'une vieille botte, et elle était ridée comme une pomme à la fin du carême. Eh bien! cet extérieur bizarre jusqu'au fantastique ne me parut pas ridicule Ce grand corps fluet était agile et adroit dans tous ses mouvements; cette figure hétéroclite étincelait d'esprit et de bonté; l'œil ouvert avait de la bienveillance ; sous la paupière de l'œil fermé, on voyait briller doucement la fine goguenardise des chasseurs de profession. Titano n'avait pas d'âge : à le voir agir on ne lui aurait donné que vingt-cinq ans, à regarder son visage on l'aurait volontiers gratifié d'un siècle. La vérité est qu'il jouissait de quatorze lustres, ce qui ne l'empêchait pas de marcher quinze heures de suite sans se reposer cinq minutes. J'en eus la preuve le lendemain.

Pendant mon examen, le chasseur du marquis avait déchargé les mulets que nous montions et ceux qui portaient notre bagage, et la table de Titano se trouva bientôt encombrée de pâtés, de jambons, de cervelas et autres *harnois de gueule*, comme dit le bonhomme du Fouilloux : les bouteilles de toutes les dimensions et de toutes les formes n'avaient pas été oubliées.

— Excellence, je ne suis pas content — dit Titano qui examinait tous ces préparatifs d'un œil mélancolique. — Vous vous défiez, pour la première fois, de la cave et de la cuisine du vieux soldat.

— Non, mon bon Titano — répondit le marquis en posant avec une affectueuse familiarité sa main aristocratique sur l'épaule osseuse du braconnier ; — mais il est possible que nous poussions notre excursion plus loin que ce canton, et comme nous ne trouverons pas partout des toits aussi hospitaliers que le tien, j'ai dû prendre mes précautions.

La figure de Titano s'illumina.

— Alors — dit-il — Votre Excellence acceptera le souper que j'avais préparé pour elle, car je l'attendais.

— Sans aucun doute! — s'écria joyeusement le marquis... — Tu peux faire dresser la table.

En un clin d'œil, Titano eut rangé les provisions apportées par nous dans son buffet ; puis il se mit à l'œuvre avec une activité extraordinaire, et en peu d'instants notre couvert fut dressé.

L'air vif des montagnes m'avait donné un de ces appétits de chasseurs qui sont passés en proverbe, de sorte que je fus médiocrement satisfait de la perspecive que les vivres de notre hôte, dont je ne me faisais pas une bien haute idée, remplaceraient les excellentes provisions apportées par nous, et préparées par le cuisinier du marquis, l'un des meilleurs *maîtres-queux* que j'eusse jamais rencontrés.

Je ne pus m'empêcher d'en faire, en plaisantant, le reproche à Stéphano.

— Ne t'inquiète pas — me répondit-il : — c'est plus encore par gourmandise que pour ne pas affliger ce bon Titano que j'ai accepté son invitation. Ce brave homme, tel que tu le vois, nous donnera un souper délicieux, et nous fera boire du vin comme le roi n'en a pas dans sa cave.

— Il est donc riche ?

— Lui? il ne possède, comme disent les Sardes, que le terrain qui est sous son pied : c'est ce que vous appelez en France un pauvre diable.

— Alors comment fait-il?

— C'est une espèce de secret, mais je puis bien te le dire à toi, parce que tu ne le trahiras pas : Titano sert de télégraphe aux contrebandiers de ton pays.

— Et on le laisse faire?

— On ne l'a jamais pris en flagrant délit; puis, comme on sait qu'il ne s'est pas enrichi à ce métier, on ne le tourmente pas trop.

— Quel est son système?

— Il se fait payer en comestibles les petits services qu'il rend. Aux uns il dit : Vous êtes de la Provence : vous m'apporterez de l'huile d'olive, des anchois et des

saucissons d'Arles ; aux autres : vous êtes du Dauphiné :
je veux des truffes, du vin de l'Hermitage et du poisson de l'Isère ; à ceux-ci, il demande des volailles ; de
ceux-là il exige du café, des liqueurs et du chocolat ;
et tous le servent à merveille, parce que si on le
trompe une fois, il est impossible de jamais rien obtenir
de lui.

— Mais avec un semblable métier, il doit être toujours par monts et par vaux. Comment cela s'arrange-t-il
avec son goût pour la chasse, et comment, toi, étais-tu
sûr de le rencontrer ici ce soir ?

— Je t'ai dit qu'il était le télégraphe des contrebandiers, je ne t'ai pas dit qu'il fût leur guide : il n'est pas
assez niais pour cela.

— Je commence à comprendre.

— Demain, quand tu auras vu la position de sa chaumière, tu comprendras encore mieux : c'est sans quitter le pas de sa porte qu'il fait sa petite affaire. Je vais
t'expliquer....

Stéphano s'arrêta, et après avoir examiné la table que
notre hôte avait préparée, il reprit en s'adressant à lui :

— Que signifient ces deux couverts, Titano ? est-ce
que tu ne serais pas homme à souper une seconde fois
si tu as soupé une première ?

— Mais, Excellence, je ne sais pas si ce... ce monsieur français voudra me faire l'honneur de...

— Le crois-tu donc plus bête que moi — interrompit
le marquis — Je te réponds de lui. Mets un troisième
couvert, mon bon vieux Titano, et ne te tourmente pas
du reste.

Je m'empressai de confirmer les paroles de Stéphano, et comme en ce moment le vieux braconnier s'approchait de la cheminée près de laquelle nous étions, pour mettre une poêle à frire sur le feu, je lui donnai une cordiale poignée de main qui acheva de le convaincre que j'étais un aussi bon compagnon que mon ami le marquis de Nora.

— Vous avez-là un bien beau chien — dis-je à Titano qui, pour placer convenablement sa poêle, venait de faire lever un peu brusquement un magnifique épagneul couché en travers du foyer, et dont j'avais respecté le sommeil, bien qu'il occupât la meilleure place, et que le froid qui m'avait creusé l'estomac m'eût aussi engourdi les membres.

— C'est vrai qu'il est beau, Excellence — me répondit le vieux braconnier avec une sorte d'orgueil — et ce qui vaut encore mieux, c'est qu'il n'a point son pareil non plus pour la bonté. Malheureusement il commence à n'être plus jeune; mais il a encore bon pied, bon œil, et l'oreille fine comme à deux ans.

— Comment l'appelez-vous?

— Torquato.

— Vous lui avez donné là un nom bien célèbre.

— Ce n'est pas moi : il était tout baptisé quand je le reçus d'une belle dame anglaise qui passait à Pignerol. Le chien avait alors deux mois. On voulait le noyer.

En ce moment, Torquato, qui avait deviné qu'on parlait de lui, s'était rapproché de moi, et, sa belle tête appuyée contre mon genou, il m'examinait avec un regard brillant d'une intelligence presqu'humaine.

C'était un épagneul de la plus grande espèce, et d'une irréprochable perfection de formes. Il avait le rein court, large et un peu bombé. Son cou se détachant avec grâce entre deux épaules plates et vigoureuses, supportait la plus belle face canine que j'eusse jamais vue : front développé, oreilles longues, souples, arrondies, mâchoires fines et mobiles, terminées par un museau couleur de chair, le tout illuminé par des yeux flamboyants et doux, avec lesquels on aurait pu faire la conversation, tant ils paraissaient comprendre et parler, écouter et répondre, A l'exception de la nuque, des oreilles et des sourcils, qui étaient d'un nankin scintillant admirable, tout le reste du corps était d'une blancheur éblouissante, qui eût fait honte au plumage d'un cygne. La queue, légèrement recourbée, représentait un panache d'une ampleur et d'une richesse extraordinaires, et les jambes, dans toute leur longueur, étaient garnies de bouquets de poils lisses et chatoyans, qu'on aurait pris volontiers pour des houppes où l'argent et la soie eussent été savamment mélangés.

— Ce bel animal n'est sans doute pas à vendre — dis-je à Titano d'un ton caressant et interrogatif, qui siflait clairement : *Si vous étiez disposé à vous en défaire, je l'achèterais bien volontiers, et je le paierais très-cher.*

— Vendre mon chien ! me séparer de mon fidèle Torquato — s'écria le vieux braconnier avec une vivacité qui ressemblait presque à de l'indignation — non, non, Excellence! c'est mon meilleur ami; il ne me quittera jamais de mon vivant; et si je meurs avant lui, comme c'est, Dieu merci, assez probable, Son Excellence le marquis de Nora, ici présent, m'a promis de lui donner les invalides dans son château.

— Et je te renouvelle cette promesse, mon bon Titano; avec l'espoir que je ne serai pas de sitôt dans la nécessité de la tenir, reprit le marquis avec une affectueuse bonhomie.

Il ne fallait plus songer à m'approprier Torquato au moyen d'un de ces marchés que les chasseurs font quelquefois entre eux, alors je rabattis mes prétentions de la manière suivante.

— Ne pourrait-on du moins avoir un rejeton de ce magnifique animal? — demandai-je.

Titano me lança en dessous un regard tout à la fois bienveillant et narquois, qui illumina sa figure rabelaisienne et fit jaillir un trait d'esprit de chacune des rides de sa face.

— Je ne demanderais pas mieux que de vous en donner un, Excellence — me repondit il. — Mais, voyez-vous, Torquato est un peu comme moi, l'amour n'est pas son affaire : il n'a jamais vu qu'une chienne dans sa vie, et j'ai eu toutes les peines du monde à l'empêcher de l'étrangler : après cela, il faut dire qu'elle était bien laide, et qu'elle courait accompagnée d'un affreux roquet pour lequel elle semblait avoir une préférence marquée.

Moi qui n'ai jamais pu me décider à faire la cour à une femme affublée d'un ignoble mari, je compris parfaitement la répugnance de Torquato, et je n'en conçus que plus d'estime pour son caractère.

Cependant, comme je savais qu'il existe bon nombre d'hommes dont la continence n'est pas aussi méritoire qu'ils voudraient le faire supposer, je me dis qu'il pourrait bien en être de même de certains chiens, et sous l'influence de cette pensée, je m'approchai de Stéphano et je lui glissai quelques mots dans l'oreille.

— Ma foi! je n'en sais rien — me répondit-il en

riant : — demande-le lui toi-même ; mais il est homme
à ne pas comprendre ce que tu lui diras.

— Cependant il a été soldat.

— Ce qui ne signifie rien du tout : s'il avait été
moine, à la bonne heure... Voyons, fais-lui ta question.

— Peut-être que ce serait plus facile en patois piémontais — repris-je avec cette insistance que l'on met
quelquefois à vaincre des difficultés insignifiantes.

— Au fait, tu as peut-être raison : le piémontais
est un peu comme le latin.

Et le marquis adressa à Titano quelques mots dans
ce jargon mêlé désagréablement de mauvais français
et de mauvais italien, qui forme la langue dont on se
sert dans les États héréditaires de Sa Majesté le roi de
Sardaigne.

Titano partit d'un immense éclat de rire, avec lequel
fit immédiatement *chorus* la poêle à frire, dont le contenu était arrivé à son plus haut degré d'ébullition.

Le vieux braconnier n'attendait peut-être que la
fin de son hilarité pour répondre à la question du marquis, lorsque Torquato, dont la tête reposait toujours
contre mon genou, dressa les oreilles autant que leur
conformation le permettait, leva le nez comme pour
mieux aspirer l'air, et s'élança d'un seul bond vers la
porte de la chaumière, contre laquelle il se dressa de
toute sa hauteur.

A l'instant même la figure épanouie de Titano prit
une expression de gravité et d'inquiétude que je n'avais
pas encore remarquée en elle. La transformation fut
complète, et elle se produisit d'une manière si prompte
que je ne pus la comparer dans le moment qu'à la ra-

pidité avec laquelle un ciel orageux redevient sombre après qu'un éclair l'a sillonné.

Bientôt on entendit retentir au dehors le bruit sourd et monotone de pas réguliers.

Puis un murmure confus de voix et un vague cliquetis d'armes vinrent se mêler presque aussitôt à ce premier bruit, dans une harmonie qui avait quelque chose de solennel et presque de lugubre.

Enfin des crosses de fusil retombèrent lourdement sur les roches aplaties qui environnaient la chaumière de Titano, et l'une d'elles, dirigée par une main brutale ou impatiente, frappa la porte comme si on eût voulu l'enfoncer.

A mon grand étonnement, Torquato, en entendant tout ce tapage, retomba sur sur ses quatre pattes et revint s'étendre nonchalemment devant la cheminée. Je remarquai même qu'il ferma immédiatement les yeux comme quelqu'un qui fait semblant de dormir.

— Il n'y a donc personne dans cette baraque? — cria au dehors une voix rude et grossière en mauvais français. —Voilà pourtant de la lumière.

Et un second coup de crosse, plus formidable que le premier, mit de nouveau à l'épreuve la solidité de la porte : quelques jurons énergiques lui servirent d'accompagnement.

— Veux-tu que j'aille ouvrir? — demanda à voix basse le marquis à Titano, qui, de même que son chien ne paraissait plus s'inquiéter de ce qui se passait à l'extérieur. Le trouble de sa physionomie s'était dissipé comme par enchantement à dater du moment où Torquato était venu reprendre sa place auprès du foyer.

— Ce sont les douaniers, Excellence : ne nous gênons pas pour eux ; ils peuvent bien attendre qu'il plaî.. à ces tanches d'être frites à point.

— Mais ils démoliront la maison s'ils se mettent de mauvaise humeur.

— Qu'ils cassent seulement la porte, et je vous promets, Excellence, que ce mauvais morceau de bois leur coûtera aussi cher que si c'était de l'argent massif. Il y a longtemps que je cherche l'occasion de leur faire un procès.

— Tu n'en aurais pas le droit en cette circonstance, puisqu'on est obligé de leur ouvrir à toute heure et à première réquisition.

— C'est vrai pour les portes fermées, Excellence... mais pour celles qui ne le sont pas, la loi ne dit rien, ce qui signifie qu'il peuvent bien prendre la peine de la pousser eux-mêmes. Eh bien ! qu'ils mettent la mienne en mille morceaux si ça les amuse ; je vous prendrai à témoin qu'elle ne tenait que par le loquet, et nous verrons une drôle d'affaire au tribunal de Pignerol.

En ce moment Titano jugea probablement que ses tanches étaient frites, car il retira sa poêle de la partie ardente du foyer, et il la posa sur des cendres chaudes.

On entendait au dehors les douaniers parler à voix basse comme des gens qui délibèrent.

— Puisqu'ils sont si bons enfants, je vais leur ouvrir — dit Titano en se dirigeant vers la porte, dont il leva le loquet avec un seul doigt.

Cinq ou six hommes armés parurent sur le seuil ; mais aucun d'eux ne fit mine de vouloir entrer.

— Tu l'as échappé belle — dit celui qui paraissait le chef de la bande.

— Vous veniez pour me pendre ?... — répondit le vieux braconnier d'un ton goguenard.

— Ce sera pour un autre jour... mais nous allions mettre ta porte en déroute, quand nous avons appris que son Excellence le marquis de Nora était chez toi.

Et en prononçant ces mots, le chef des douaniers salua militairement Stéphano qui s'était avancé pour intervenir au besoin.

Nous comprîmes alors ce qui s'était passé : le chasseur du marquis, en revenant d'un petit hangar voisin, où il était allé porter la *mouée* à nos chiens, avait raconté à ces hommes que son maître était chez Titano, et à l'instant même les mesures violentes avaient été abandonnées.

— Ah ! vous auriez mis ma porte en déroute — dit le vieux braconnier. — *Corpo di bacco !* je suis joliment fâché que vous ne l'ayez pas fait ! maintenant que me voulez-vous ? — ajouta-t-il — parlez vite et dépêchez-vous de me montrer les talons.

— Je veux — répondit le chef des douaniers — te prévenir que c'est moi qui remplace le brigadier Broschi, destitué depuis hier pour fait de connivence avec toi, et...

— C'est un mensonge qui a servi à une injustice — interrompit Titano avec indignation. — Broschi faisait bien son devoir, quoiqu'il ne fût pas un enfonceur de portes ouvertes comme toi, mon camarade.

— Tâche toujours de marcher droit — reprit le brigadier.

— Si je marche droit, ce sera parce que c'est mon habitude ; car tu ne me fais pas peur. As-tu tout dit? Attention ! peloton, demi-tour à gauche, en avant, pas accéléré, marche !

Les douaniers restèrent immobiles, et leur chef se pencha en avant pour examiner tout l'intérieur de la chaumière.

— Ah! ah! — dit-il — voilà donc ce fameux chien?

Et il désigna du doigt Torquato, toujours étendu devant le foyer.

Je jetai à la dérobée un regard sur Titano, et il me sembla que sa physionomie joviale et triomphante devenait tout à coup sombre et abattue.

— Eh bien ! oui, voilà ce fameux chien — répéta-t-il avec humeur — et après ?

— Après ? Je te dirai que vous ne vous ressemblez guère. Tu es insolent, toi, et lui il me fait l'effet d'être le plus grand sournois du monde.... Mais qu'il y prenne garde; j'aurai aussi l'œil sur lui, et...

— De sorte — interrompit Titano une seconde fois avec un accent de menace — que s'il arrive quelque malheur à mon chien, je saurai que c'est toi qui en auras été la cause.

— Précisément.

— Alors tu feras bien de veiller sur ta peau ; car le jour où on arrachera de la sienne un seul poil, la tienne sera bien près d'avoir une entaille.

Stéphano pensa que le moment était arrivé pour lui de dire son mot dans ce débat, qui commençait à devenir un peu vif.

— Paix, mon bon Titano — dit-il d'une voix affectueuse en posant sa main droite sur l'épaule du vieux braconnier — tout cela n'est que de la goguenardise de soldat : le brigadier ne songe pas à faire du mal à ton chien.

— Lui soldat, Excellence ! — s'écria Titano — il ne l'a jamais été.

— Il en a les dangers s'il n'en a pas la gloire — reprit le marquis, sans s'apercevoir qu'il venait de faire un alexandrin classique des plus ronflants.—Touchez-vous la main, et faites en sorte de n'avoir rien à démêler ensemble.

— Que je touche la main d'un homme qui a menacé Torquato ! Jamais ! Excellence !

— S'il l'a fait pour rire.

— Je ne veux pas qu'on rie de mon chien.

— Voyons, brigadier — reprit Stéphano en s'adressant au chef des douaniers — affirmez à mon vieil ami Titano que ce n'est pas sérieusement que vous menacez son chien.

— J'aime mieux le mettre en colère que de le tromper, Excellence — répondit le brigadier avec une assurance respectueuse. — A tort ou à raison, on nous a dénoncé son chien comme un serviteur très-intelligent et très-dévoué des contrebandiers, et j'ai l'ordre de le tuer si je le prends en flagrant délit. En venant le prévenir ici, je crois avoir fait une bonne action.

Le marquis fit un signe de tête approbatif en se tournant du côté de Titano, comme pour lui dire : *Tu vois, ce qu'il a fait n'est pas d'un méchant homme.*

— Ah ! on a dénoncé mon chien — reprit le vieux braconnier d'une voix sombre : — et qu'a-t-on dit qu'il faisait ?

— Ceci me regarde... Tiens-le *de court* seulement

— repartit le brigadier — je ne te prends pas en traître, j'espère.

— Et qu'appelles-tu prendre un chien en flagrant délit ? — demanda Titano.

— Je veux bien encore répondre à cette question, quoique rien ne m'y oblige. Eh bien ! donc, si je rencontre ton chien errant tout seul dans la montagne, ou si je le vois passer en compagnie de gens suspects, je lui enverrai une balle dans la tête, aussi sûr que je m'apelle Carlo Volenti.

— Mais si tu rencontres Torquato qui est un chien de chasse, je serai peut-être derrière lui, mon fusil à la main ; dans ce cas, le tueras-tu toujours ?

Et la physionomie déjà sombre et terrible de Titano avait pris une expression féroce, pendant qu'il adressait cette question au brigadier Volenti.

— Je ne suis pas un enfant — répondit ce dernier — et je sais distinguer le bien du mal ; ton chien peut chasser tant qu'il voudra, il ne courra pas le moindre danger ; mais s'il se mêle de contrebande.... tu sais ce que je t'ai dit...

— C'est bon, c'est bon — grommela Titano avec une sorte de bonne humeur, en même temps que ses traits reprenaient leur sérénité joviale : — il ne s'agit que de s'entendre. Eh bien ! c'est convenu : si tu rencontres Torquato avec moi, tu ne lui feras pas de mal...

— Pourvu, bien entendu, que vous soyez en chasse tous les deux — interrompit le brigadier.

Pendant toute cette conversation, la porte de la chaumière était restée ouverte, de sorte que, dans l'intervalle qui sépare toujours les phrases d'un dialogue, en entendait les bruits du dehors, bornés du reste, à cette heure avancée de la soirée, au frémissement du vent dans le feuillage, et au murmure doux et monotone d'une petite source dans les environs de la chaumière de Titano.

En ce moment, le chant plaintif d'un hibou vint faire sa partie dans ce concert, qu'il n'égaya pas, comme on doit le supposer.

Je jetai par hasard les yeux sur Torquato, toujours allongé devant l'âtre, et il me sembla qu'une contraction nerveuse agitait ses membres, et que sa paupière tressaillait comme si elle allait se soulever.

Cependant le chien ne bougea pas, et ses yeux ne s'ouvrirent point.

J'ai dit que Titano avait paru s'humaniser après la dernière réponse du brigadier Volenti ; cette disposition était devenue plus marquée, et elle se manifesta tout à fait quelques instants plus tard.

— Eh bien! brigadier Volenti — dit-il avec jovialité — puisqu'il est bien entendu que nous devons vivre désormais en bonne intelligence, vous ne refuserez pas de boire un verre de vin *d'Asti* avec moi. Entrez, entrez, camarades! Voici la table de son Excellence le marquis de Nora; mais il sera facile d'en dresser une pour vous à côté.

Les douaniers entrèrent, mais ils eurent le soin de laisser la porte de la chaumière toute grande ouverte, afin de surveiller tout ce qui pourrait se passer au dehors. Nous sûmes depuis qu'ils avaient eu avis qu'une vaste opération de fraude devait se faire, cette nuit-là, par des sentiers détournés situés à peu de distance de la demeure de Titano.

Cependant ce dernier se donnait un mouvement extraordinaire pour bien recevoir ses nouveaux hôtes. Il apportait des chaises, étendait une nappe sur une seconde table, rinçait des verres et mettait du bois sur le foyer, qui n'avait pas besoin d'être alimenté.

Il se trouva que Torquato le gêna pour cette dernière opération, et à ma profonde surprise, je vis le vieux braconnier allonger un vigoureux coup de pied à ce noble chien, pour lequel il paraissait avoir une véritable passion.

Torquato se leva en poussant un hurlement plaintif, et il se réfugia sur le seuil de la chaumière, ayant tout le train de devant hors de la maison, et tout le train de derrière dans l'intérieur.

Le hibou venait de chanter une seconde fois, et le chien poussa un second hurlement comme si la douleur du horion qu'il avait reçu se réveillait de nouveau.

— Votre chien est bien douillet ce soir, père Titano — dit un douanier en vidant son verre.

— Ce n'est pas que je lui aie fait grand mal — répondit le vieux braconnier. — Si le coup lui avait été donné par vous, il ne se serait pas seulement dérangé; mais quand c'est moi qui le *tape*, il *gueule* pendant un quart-d'heure..... Allons, allons, mon bon chien, faisons la paix — reprit Titano en appelant l'épagneul par un claquement de ses doigts osseux.

Torquato quitta le seuil de la chaumière, vint près de la table des douaniers lécher la main de son maître, qui dans ce moment leur versait à boire, puis il retourna s'étendre tout de son long devant l'âtre.

— Ce chien est bien mollasse et bien sensible aux coups, pour le métier qu'on prétend qu'il fait — murmura à voix basse le brigadier Volenti en s'adressant à celui de ses hommes qui était debout à son côte auprès de la table — on m'aura donné de faux renseignements.

— Je vous l'avais bien dit — repartit du même ton le douanier. — Le maître et le chien ne pensent qu'à la chasse, c'est connu de tous les honnêtes gens du pays. Ceux qui disent le contraire, voyez-vous, mon brigadier, sont des jaloux et des menteurs, peut-être des fraudeurs eux-mêmes.... Il a beaucoup d'ennemis, ce pauvre Titano, qui n'a cependant jamais fait mal à un enfant : et savez-vous pourquoi il en a tant? Parce qu'il a pour protecteur tous les nobles de la contrée, à commencer par le marquis de Nora qui est le meilleur ami du roi. S'il faisait la contrebande il serait riche, et on le rencontrerait quelquefois avec des personnes mal famées ; au lieu de cela, il est pauvre, et il va toujours seul comme un ours. Croyez-moi, surveillons-le, mais ne le tracassons pas.

— Je ne demande pas mieux, Ravina, et....

— A votre santé, brigadier Volenti — interrompit Titano qui n'avait pas perdu un mot de ce dialogue, bien qu'il eût été à peu peu près confidentiel.—A votre santé, mon brave! et la première fois que je descendrai à Pignerol pour acheter de la poudre et du plomb, je vous porterai une couple de faisans ou un quartier de chamois, et peut-être tous les deux si la chasse a été bonne.

Le vieux braconnier, en cessant de tutoyer Volenti, prouvait que sa rancune était complètement évanouie, car le tutoiement, chez lui comme chez les natures un peu sauvages, était toujours un signe de colère et presque une menace de vengeance.

Le brigadier répondit avec un mélange de bonhomie et de rudesse qui semblait former le fond de son caractère :

— Père Titano, j'accepte de bon cœur vos faisans et votre quartier de chamois, si ce n'est pas pour m'aveugler que vous me les jetez à la tête. Moi, je suis un bon enfant, mais je ne connais qu'une chose, c'est le service du roi.... En outre, je suis père de famille, et je ne me soucie pas de perdre ma place. Donc, si par malheur je vous prenais en fraude, et par les reliques de mon saint patron je ne le souhaite point, m'eussiez-vous donné tous les faisans qui volent depuis le col du Tende jusqu'au Splûgen, et tous les chamois qui gambadent entre le Mont-Viso et le grand Saint-Bernard, je n'en ferai pas moins un bon rapport contre vous ; de même que si vous ne me donniez rien, je ne vous vexerais pas inutilement. A tort ou à raison, on a destitué le vieux Broschi, sous prétexte que vous vous entendiez tous deux comme larrons en foire ; à tort ou à raison, on prétend encore que votre épagneul et vous, vous avez une foule de ruses pour servir les nombreux contrebandiers qui parcourent ces montagnes : ça peut être un mensonge comme il peut se faire aussi que ce soit une vérité : j'en déciderai par moi-même..... En attendant, à votre santé, père Titano ! et puissions-nous un jour être non pas complices, mais bons camarades comme il convient à d'anciens soldats.

Et le brigadier vida d'un trait son verre où pétillait une liqueur couleur de topaze, de l'aspect le plus réjouissant.

— Cet asti est délicieux — reprit-il en faisant claquer ses lèvres... — On dirait, sur mon honneur, du petit muscat de France.

— Ah! c'est qu'il est vieux — repartit Titano avec un hochement de tête qui paraissait vouloir dire : tout ce qui est vieux est excellent.

En ce moment le hibou fit entendre de nouveau son chant plaintif et monotone ; mais plus faible et plus éloigné, et dans une direction entièrement opposée à celle où il avait retenti les deux premières fois.

— Père Titano, vous avez donc beaucoup de ces vilaines volailles dans vos montagnes ? — demanda à notre hôte celui des douaniers qui avait intercédé pour lui auprès de son chef, quelques minutes auparavant.

— Vous pouvez bien le dire que nous en avons, Ravina. C'est une vrai peste. J'en tue au moins cinquante ou soixante tous les ans, et vous voyez qu'il n'y paraît guère. Il y a des soirs où c'est à ne pas s'entendre.

— Ils annoncent le beau temps, n'est-ce pas ? — reprit Ravina.

— Ça dépend — répliqua le vieux braconier d'un ton goguenard — quand ils chantent la veille d'un beau jour c'est le beau temps qu'ils annoncent ; mais quand ils chantent la nuit qui précède une grande pluie, évidemment c'est le mauvais temps qu'ils prédisent.

Je ne pus m'empêcher de rire de cette réponse qui me rappela les aphorismes railleurs du vieux Denis, dont mon père venait de m'apprendre, dans sa dernière lettre, la maladie qui devait nous l'enlever quelques mois après.

Le hibou chanta une dernière fois, mais ce fut à peine si nous l'entendîmes.

Torquato, qui n'avait pas quitté sa place devant le
feu, se leva alors avec lenteur, s'allongea, se détira, et
après avoir exécuté un de ces formidables bâillements
de chien que tous les chasseurs connaissent, il se laissa
tomber de nouveau comme une masse inerte, en poussant un de ces soupirs qui annoncent la fatigue ou l'ennui, quelquefois tous les deux ensemble.

Pendant cette petite scène, Stéphano et moi nous
étions restés près de la cheminée, et nous échangions
de temps en temps quelques paroles à voix basse.

Neuf heures sonnèrent à une espèce de coucou qui
était le meuble le plus élégant de la chaumière de
Titano.

A ce signal, les douaniers quittèrent la table, reprirent
leurs carabines qu'ils avaient appuyées debout contre
les murs, en entrant, serrèrent l'un après l'autre, le brigadier en tête bien entendu, la main de Titano, défilèrent
devant nous en nous saluant respectueusement; enfin
ils sortirent et bientôt le bruit de leurs pas se perdit
dans le lointain.

Titano les accompagna jusqu'à une certaine distance,
et quand il revint je remarquai qu'il laissa la porte de
la chaumière ouverte, quoique le vent qui venait du
dehors fût un peu piquant à cette heure.

— Ma foi! tu t'en es joliment bien tiré, mon vieux!
— lui dit le marquis. — Tâche seulement d'être aussi
heureux à l'avenir; mais ce ne sera pas chose facile,
car tu n'auras plus affaire au vieux Broschi.

Le braconnier posa son doigt sur ses lèvres, en indiquant de l'œil la porte ouverte, voulant sans doute faire
entendre qu'il ne serait point impossible qu'on l'espionnât du dehors.

— Pst — fit-il ensuite.

Torquato se leva avec une vivacité surnaturelle, et d'un seul bond il fut aux pieds de son maître, sur les yeux duquel il attacha les regards les plus intelligents et je dirais presque les plus passionnés.

— Apporte! — lui dit le vieux braconnier d'une voix si basse que le son vint à peine jusqu'à moi qui étais à trois pas d'eux.

Torquato s'élança comme un trait hors de la chaumière : son ardeur était quelque chose d'incroyable.

J'examinais cette pantomime avec une extrême curiosité, et je voyais que Stéphano s'amusait beaucoup du plaisir que je semblais prendre à cet examen, et de l'idée que je ne comprenais rien à ce qui se passait.

L'épagneul resta environ dix minutes absent, et nous l'attendîmes dans un profond silence. Pour ma part j'étais intéressé au plus haut degré à ce qui se passait.

Le chien rentra en gambadant comme il était sorti, puis il sauta sur son maître, contre lequel il se tint debout; et le vieux braconnier ayant un peu incliné la tête, Torquato lui lécha la face à deux ou trois reprises.

— Nous pouvons rire à présent! — s'écria Titano.

Et il se mit à sauter absolument comme l'épagneul avait fait quelques secondes auparavant : son agilité tenait vraiment du prodige, et ce qu'il y avait de plus drôle dans tout cela, c'est que le chien faisait autant de cabrioles que son maître.

— Partis! tous partis! — reprit Titano sans interrompre ses gambades..... — Ah! vous croyez,

Excellence, que j'aurai plus de peine à me tirer d'affaire avec Volenti qu'avec Broschi? Erreur! erreur, *Signor marchese*. Avez-vous vu comment nous avons débuté tous les deux?

— J'ai compris que tu avais réussi à jeter des doutes dans son esprit au sujet de tes relations avec les fraudeurs qui font la contrebande.

— Comment! vous n'avez vu que cela, Excellence?

— Pas autre chose, je te jure.

— Excellence, vous feriez un mauvais douanier.

— Je ne te dis pas le contraire.

— Mais vous avez du moins entendu le chant du hibou?

— Oui.

— Et vous vous souvenez que j'ai donné presque dans le même moment où ce chant retentissait pour la première fois, un coup de pied à mon pauvre chien qui était étendu, comme un chamois mort, devant la cheminée.

— Je crois effectivement me rappeler...

— Eh bien! Excellence, tout cela était convenu entre nous.

— Comment! entre nous?

— Entre moi et mon chien.

— Quel diable de conte viens-tu nous faire là?

— Et les douaniers n'y ont vu que du feu : Volenti tout le premier.

— Explique-toi plus clairement.

— Mon Dieu, ça n'est pas bien difficile. Le hibou, c'était la bande de Gomberti, le contrebandier de Briançon. Elle a passé à deux minutes d'ici pendant que les habits verts buvaient mon vin, et quand j'ai envoyé

Torquato crier sur la porte, c'était pour l'avertir que la route était libre, attendu que les douaniers étaient chez moi.

— Et ton chien sait ce qu'il a fait?

— Parfaitement.

— Ça n'est pas croyable — dis-je à mon tour.

— Excellence, je vous en ferai voir bien d'autres demain pendant la chasse.

— Que lui avez-vous ordonné de faire tout-à-l'heure quand vous l'avez envoyé dehors?

— Une patrouille.

— Et vous avez compris à sa manière d'agir au retour, que les douaniers s'étaient éloignés?

— Précisément.

— Il avait l'air tout joyeux : cela se comprend, il vous apportait une bonne nouvelle; mais s'il vous en eût apporté une mauvaise, comme par exemple l'avis que votre chaumière était surveillée, comment se serait-il comporté?

— Comme vous avez vu qu'il a fait quand les douaniers sont venus frapper à ma porte : il se serait couché tout de son long. Plus alors son apathie est grande, plus le danger qu'elle signale est grand aussi.

— Tout cela tient du prodige, et je conçois, père Titano, que vous vous refusiez à vendre un animal aussi précieux. Sa supériorité comme *chasseur* est-elle égale à celle qu'il déploie comme contrebandier?

— A cet égard, je ne vous dis rien, Excellence... Vous jugerez vous-même demain.

Et Titano se remit aux préparatifs de notre souper, que tous ces événements avaient un peu retardés. La prodigieuse activité de notre hôte, délivré désormais de toute inquiétude, lui eut bientôt fait rattapper le temps perdu. En un clin-d'œil la friture de tanches, remise un instant sur le feu, fut posée sur notre table. Pendant que nous lui faisions fête, Titano alla prendre dans son bahut, pour les mettre aussi devant nous, un magnifique pâté de perdreaux et de faisans, confectionné par lui avec un talent que n'eût pas désavoué le plus habile cuisinier ; un jambon de *Milan*, du thon de *Marseille, sans doute apporté sur l'aile des hiboux*: des anchois, des olives et des friandises sans nombre. Quant aux vins, ils étaient exquis et aussi variés que les mets. Pour l'ordinaire, de l'*Hermitage blanc*; pour l'entremet, du *Côte-Rôtie* et du *Saint-Péray*; au dessert, qui fut du reste assez maigre, du *Rivesalte* comme je n'en avais jamais bu.

Quand notre table fut garnie de tout ce qui nous était nécessaire pour souper bien et longtemps, Titano, sur une nouvelle invitation du marquis, vint prendre sa place entre Stéphano et moi.

— Excellence — dit-il en s'adressant au premier — vous n'aurez pas votre *caviar* aujourd'hui ; mais je vous le promets pour demain. Le hibou a chanté ce soir.

— Mais demain aurons-nous beau temps pour la chasse ? — demandai-je.

— Magnifique, Excellence ! et je vous promets gibier et plaisir.

— Et si les contrebandiers ont besoin de vous pendant votre absence, comment feront-ils ?

— Ils ne passent jamais qu'après le coucher du soleil, et alors il est probable que nous serons de retour; d'ailleurs...

— Ecoute, mon bon Titano — interrompit le marquis avec une affectueuse gravité — tu as tort de ne pas abandonner ce métier périlleux, et, permets-moi d'ajouter, peu convenable pour un vieux soldat qui n'a jamais rien eu à se reprocher. Tu es dénoncé sérieusement aujourd'hui ; tu es surveillé ; ceux qui t'ont vendu comme ceux qui t'observent ne te laisseront ni paix ni trêve. On finira par te prendre en flagrant délit ; on te tuera ton chien, et on te fera payer une amende qui te réduira à la besace.

— Me tuer mon chien, Excellence ! — s'écria Titano en devenant pâle de colère et en frappant du poing sur la table.—Malheur à celui qui serait assez hardi pour cela !

— Tu le tuerais à son tour, n'est-ce pas ?

— Aussi vrai que vous êtes le plus noble et le plus brave seigneur de tout le Piémont.

— Ce serait, ma foi ! une belle affaire. Voyons, m'aimes-tu un peu ?

— Si je vous aime, Excellence !

— Eh bien ! promets-moi que tu laisseras désormais ces gens se tirer tout seuls d'embarras.

— Je me suis engagé encore pour *une passe*.

— Va pour une, mais après....

— Après... après — répondit Titano en hésitant.— Je ferai ce que votre Excellence voudra.

— C'est promis ?

— C'est juré ! Excellence, à votre santé !

Debout de bonne heure, le lendemain, j'acquis d'abord la certitude qu'au moins une des deux promesses que le vieux Titano nous avait faites la veille au soir serait réalisée, car tout annonçait une journée magnifique, une de ces journées dont l'apparence suffit pour faire entrer l'espoir et la joie au cœur du chasseur. Quand j'arrivai sur la porte de la cabane, que j'avais ouverte avec précaution pour ne pas réveiller mon compagnon et mon hôte, la nuit n'était pas entièrement achevée encore, mais comme elle était belle à son déclin ! Elle avait la transparence des jours les plus purs et la douceur des soirées les plus tièdes. Le bruit sourd de la chute de quelque cascade lointaine, et le murmure voisin d'une source rapprochée arrivaient à mon oreille, confondus dans une harmonie tout à la fois imposante et mélancolique. La brise, fraîche et parfumée comme l'haleine d'un enfant à la mamelle, m'apportait les suaves émanations des violettes et des tubéreuses sauvages qui croissent en automne sur les hauts sommets des Alpes, charmant et dernier effort de leur âpre nature, bientôt paralysée par l'hiver. A ma droite, le croissant de la lune, mince comme un arc d'argent, disparaissait derrière un pic couvert de neige, qu'il éclairait d'une teinte rosée dont l'effet était ravissant et tout à fait nouveau pour moi. A ma gauche, le feuillage d'un groupe d'arbres bruissait avec une volupté mystérieuse, semblable à la conversation nocturne de deux amants. Rien ne saurait donner l'idée du charme et de la paix de ces rapides instants que je savourais avec une ivresse recueillie. Bientôt l'aurore se leva à la fois riante et splendide, comme une jeune fille que Dieu aurait douée tout ensemble d'une grâce enchanteresse et d'une majestueuse beauté. Quelques étoiles brillaient encore dans l'azur du ciel, que déjà une gerbe de rayons d'un éclat sans pareil, s'élançait à l'horizon, semblable au bouquet d'un feu d'artifice. D'abord les dentelures des montagnes se détachèrent inégales et noires sur ce fond lumineux, puis elles prirent bientôt elles-mêmes ses riches couleurs de pourpre et d'or, et dans quelques minutes le spectacle que j'avais sous les yeux fut le plus admirable qui eût jamais frappé mes regards. A mesure que le soleil montait et avant même que son disque eût paru, l'ombre semblait fuir devant l'éclat de ce triomphateur, et, de seconde en seconde, de nouvelles merveilles s'offraient à mon admiration toujours croissante. Ici, un petit lac sortait peu à peu de la brume qui le voilait, comme un œil bleu dont la paupière se soulèverait lentement ; là, de sombres sapins, lugubres fantômes pendant la nuit, dégageaient leurs têtes de l'obscurité, et progressivement resplendissaient depuis le plus jeune rameau de leurs plus hautes branches jusqu'à la base noueuse de leurs troncs séculaires. Derrière moi, de grandes masses de forêts couronnaient de gigantesques montagnes ; à mes pieds, un gazon fin et brillant servait de tapis à une large et profonde vallée, au milieu de laquelle serpentait une petite rivière indiquée par une longue et sinueuse traînée de vapeur que le soleil n'avait pas encore eu le temps d'atteindre. Dans ce tableau le côté sévère était sublime, et ce qu'il avait de riant était délicieux : c'était la nature dans toute sa grâce et dans toute sa majesté.

Je pus alors prendre une idée exacte de la position qu'occupait la cabane de Titano, et juger combien elle était favorable à la double profession exercée par le vieux braconnier. De quelque côté que la vue se portât elle pouvait sans obstacle s'étendre au loin. Dans la direction de Pignerol, elle rencontrait les montagnes disposées en amphithéâtre ; à l'opposé, la vallée large et profonde dont j'ai parlé. Ainsi, sans quitter le seuil de sa cabane, Titano pouvait inspecter les environs, de manière à toujours éviter une surprise pour lui ou ses amis, et à prévenir ceux-ci au moyen de signaux parfaitement innocents en apparence, et dès lors incompréhensibles pour l'œil soupçonneux de la douane. A coup sûr, si j'eusse habité ce lieu, je me serais distrait par la contrebande les jours où il ne m'eût pas été possible d'aller à la chasse.

Comme je faisais justement cette réflexion, j'aperçus une grande ombre qui s'allongeait devant moi sur ma droite, et je sentis en même temps une haleine chaude sur ma main gauche pendante à mon côté.

L'ombre, c'était Titano qui me saluait; l'haleine chaude, c'était Torquato qui me léchait les doigts.

Je tendis une main amicale au premier, et je caressai le museau velouté du second.

— Eh bien! Excellence — me dit le vieux braconnier — j'espère que vous achèterez de mes almanachs. Quel temps nous allons avoir aujourd'hui!

— Un peu chaud peut-être — répondis-je.

— Dans la vallée, oui, je ne dis pas, Excellence — reprit Titano;—mais quand nous aurons grimpé jusqu'à ces sapins que vous voyez là-bas, je vous réponds que l'air qui nous soufflera au visage, ne nous donnera pas la migraine.

— Et vous croyez que nous trouverons du gibier?

— Si nous en trouverons, Excellence! ah! vous pouvez bien le dire. Il n'y a que moi qui chasse par ici, et quoique j'en tue un peu tous les jours, toute l'année il n'en manque jamais : d'ailleurs, chaque automne je ne touche pas aux meilleurs cantons, que monsieur le marquis n'ai fait sa tournée; ainsi nous aurons du neuf aujourd'hui.

— Alors vous me répondez que vous me ferez tuer quelques coqs de bruyère.

— Je vous dirai cela quand je vous aurai vu jeter votre premier coup de fusil; jusque là je ne m'engage qu'à vous en faire tirer une vingtaine : le reste vous regarde.

— Une vingtaine ! — m'écriai-je; — on dit cependant que c'est un gibier si rare.

— Il est rare, en effet, pour les paresseux qui ne se donnent pas la peine de le chercher, et pour les ignorants qui ne savent pas où il se tient; mais le vieux Titano a de bonnes jambes et le nez fin.

— Et que trouverons-nous encore, en fait de gibier, dans vos montagnes? — demandai-je avec une curiosité qui sera comprise de tous les vrais chasseurs.

— Des gélinottes, des lièvres et des perdrix grises, rouges et blanches; mais pour ces dernières, si vous êtes curieux d'en voir, il ne faudra pas craindre vos peines; elles ne descendent jamais plus bas que les dernières neiges.

— Vous trouverez, j'espère, en moi un compagnon ayant bon pied, bon œil, digne de vous, enfin, mon cher Titano : et je vous prie de ne pas me ménager la fatigue : je veux voir tout ce qu'il y a de curieux en ce pays, comme chasse; ainsi, par exemple, je donnerais deux louis pour tuer un chamois; mais c'est impossible, n'est-ce pas?

— Bah! qui sait, Excellence? un chasseur de même qu'un soldat, ne doit jamais dire : c'est impossible... le diable est bien malin, et le père Titano n'est pas gauche.

— Eh bien! voilà qui est convenu : vous me ferez tuer un chamois et je vous donnerai deux louis.

— Je ferai de mon mieux pour l'un, Excellence; mais je refuse l'autre. Titano n'a jamais vendu le plaisir qu'il a procuré, et il ne commencera pas par un ami du marquis de Nora.

— Nous mettrons-nous en chasse bien loin d'ici? — repris-je en serrant la main au braconnier pour lui exprimer ma reconnaissance de sa délicatesse.

— Vous voyez bien ces trois grands sapins là-bas?

— Au penchant de cette montagne grise?

— Précisément. Eh bien! quand nous serons arrivés là, nous pourrons armer nos fusils, car nous ne tarderons pas à être dans le cas de nous en servir.

— Mais je ne vois pas de couvert dans le lieu que vous m'indiquez. Où diable le gibier peut-il se cacher?

— Vous n'apercevez pas de couvert, Excellence, et cependant il y a en a un dont vous aurez assez de peine à arracher vos jambes quand vous y serez. Ce qui vous paraît gris d'ici est vert foncé. Toute cette montagne est couverte de *nerprun*, petit arbrisseau épineux qui porte des fruits dont les coqs de bruyère sont très-friands; mais il est possible que vos chiens ne se soucient pas d'entrer là-dedans. Au surplus Torquato fera le service pour tout le monde. N'est-ce pas, mon vieux — continua le braconnier en posant sa large main osseuse sur la tête de son magnifique épagneul; — n'est-ce pas que tu travailleras bien aujourd'hui?

Torquato arrêta sur son maître un regard rempli d'intelligence et d'affection, qu'on pouvait prendre pour une promesse.

En ce moment, le marquis de Nora vint nous joindre, et, comme tous les gens en retard, il demanda pourquoi on ne partait pas, et comment le déjeuner n'était pas prêt.

— Excellence, il le sera dans cinq minutes — répondit Titano ; — mais tout à l'heure, vous voyant si bien dormir, je n'ai pas voulu faire de bruit, de peur de vous déranger. Promenez-vous-là un moment, pour vous aiguiser l'appétit, et bientôt je vous enverrai mon domestique pour vous prévenir que le déjeuner est servi.

Et ayant dit ces mots, Titano s'éloigna, suivi de son fidèle compagnon l'épagneul.

— Eh bien ! que penses-tu de mon vieil original ? — fit Stéphano en suivant d'un regard affectueux le braconnier qui rentrait chez lui.

— Que je ne regretterais pas d'être venu ici, alors même que nous ne devrions rien tuer aujourd'hui : cet homme est un des meilleurs types que j'ai jamais rencontrés.

— Bah ! tu ne le connais pas encore !

— Il me reste à juger de sa vigueur et de son adresse ; mais comme je m'en fais une très-haute idée, il me semble que c'est absolument comme si je les connaissais.

— Elles surpassent tout ce que tu peux te figurer dans ce genre.

— Je m'attends à l'impossible.

— Alors tu approcheras peut-être de la vérité... mais ce n'est pas encore ce qu'il y a de plus extraordinaire en lui...

— J'ai eu hier un échantillon de ses talents comme contrebandier — interrompis-je.

— Ce n'est pas cela non plus.

— Ma foi, je ne devine pas.

— Eh bien! Titano, qui est ce qu'on peut appeler pauvre, est d'une charité et d'un désintéressement prodigieux. Croirais-tu bien que, depuis dix ans que je viens chez lui, je n'ai jamais pu lui faire accepter la plus petite somme d'argent pour l'indemniser de la dépense que je lui occasionne, et il m'a fallu employer toutes sortes de ruses pour le déterminer à recevoir un fusil que j'ai fait faire exprès pour lui à Londres, chez le fameux Manton.

— Ce que tu m'apprends là ne me surprend pas le moins du monde — répondis-je.

Et je racontai à Stéphano le refus que m'avait fait le vieux braconnier d'une récompense de deux louis, s'il me mettait à même de tuer un chamois.

— Toujours le même! — dit le marquis. — Quel dommage qu'il ait cette funeste passion de la contrebande! mais il m'a promis que passé aujourd'hui...

— Et tu comptes sur sa parole?

— S'il y manquait, ce serait la première fois.

Comme le marquis prononçait ces mots, nous vîmes Torquato sortir en gambadant de la cabane et venir à nous au petit galop : il portait dans sa gueule quelque chose que je ne reconnus pas d'abord.

— Allons déjeuner — me dit Stéphano : — nous sommes servis.

— Comment le sais-tu?

— Regarde ce chien.

— Je l'ai vu.

— Il accourt nous avertir, en sa qualité de maître d'hôtel de Titano, seulement comme il ne pouvait venir la serviette sous le bras, il la porte entre ses dents.

— C'est ma foi vrai! — m'écriai-je.

Et prenant le bras de Stéphano, nous nous dirigeâmes vers la cabane, précédés par le chien, qui s'arrêta à la porte pour nous laisser passer, en serviteur bien appris qu'il était.

— Mais c'est qu'il ne manque à rien! — repris-je de plus en plus émerveillé.

— Tu en verras bien d'autres.

Nous nous mîmes à table et nous commençâmes à fonctionner avec un appétit que je souhaite à tous les lecteurs de cet ouvrage.

Le déjeuner était bon et copieux, le vin parfait; le pain seul était noir et dur : la contrebande ne le fournissait pas.

— Ah! mon Dieu! Excellence, j'ai oublié votre caviar! — s'écria Titano. — Je suis sûr cependant qu'il est arrivé; mais ce sera l'affaire de quelques minutes.

Et le vieux braconnier se leva.

Le chien, qui était assis, les yeux fixés sur son maître, se leva aussi.

Je compris que quelque chose d'extraordinaire allait se passer, et je posai ma fourchette pour suivre avec plus d'attention tous les mouvements de l'épagneul et de son maître.

Ce dernier ouvrit une espèce d'ancien bahut, et il en tira un petit baril allongé, dans le genre de ceux dont les Marseillais se servent pour renfermer leurs anchois marinés. Ce baril était vide et défoncé par un bout.

Titano le présenta au chien qui y introduisit son museau en aspirant bruyamment à deux ou trois reprises.

Le baril fut remis dans le bahut, et le vieux braconnier revint prendre sa place à table, après avoir montré la porte à Torquato qui sortit en courant.

J'échangeai un rapide regard avec le marquis, mais nous ne fîmes aucune réflexion.

Titano avait l'air parfaitement tranquille sur les suites de l'événement.

L'absence de l'épagneul dura un peu plus d'un demi-quart d'heure.

J'étais convaincu que nous le verrions revenir apportant un baril de caviar dans sa gueule.

Il arriva, mais il n'apportait rien.

Titano lui adressa quelques mots en patois piémontais.

Le chien se laissa tomber sur le carreau comme la veille, et il fit semblant de dormir.

Le vieux braconnier se leva, et d'un geste il sembla nous inviter à en faire autant.

En un clin d'œil nous fûmes debout.

Titano se dirigea vers un des coins de la cabane où nous le suivîmes.

Arrivé contre le mur, il poussa de droite à gauche un petit morceau de bois qui avait la forme et la dimension d'un verrou ordinaire.

J'aperçus alors une ouverture de la grandeur à peu près d'une carte de visite.

Titano y appliqua son œil comme il eût fait au verre d'une lorgnette.

Il se retira au bout d'une demi-minute environ, en me disant :

— Mettez-vous là, Excellence, et regardez tout droit devant vous.

— J'y suis.

— Que voyez-vous, Excellence?

— Des montagnes, des montagnes, et toujours des montagnes.

— Ne jetez pas les yeux si loin.

— Ah! j'aperçois une femme qui file appuyée contre une grosse roche grise, et deux chèvres qui broutent à quelque distance.

— Vous y êtes.

— Cela n'est pas bien curieux : la femme est vieille et les chèvres sont maigres et pelées.

— Eh bien! Excellence, cette roche grise masque une petite cachette dans laquelle se trouve le caviar que j'avais envoyé chercher par mon chien.

— Et pourquoi ne l'a-t-il pas apporté?

— Parce que cette vieille sorcière est appostée là par les douaniers pour nous surveiller, moi et mon pauvre chien ; et Torquato s'en étant douté, il est revenu la gueule vide.

— Ceci me semble impossible! — m'écriai-je.

— En voulez-vous la preuve à l'instant même? cela ne sera pas bien long.

— Si je la veux! mais sans aucun doute... Que dois-je faire pour l'acquérir?

— Rester provisoirement là où vous êtes, et suivre avec attention tous les mouvements de la vieille femme jusqu'à ce que je vous fasse signe d'aller sur la porte.

Je remis mon œil à la petite lucarne, et Titano recommença à adresser quelques mots en patois à son chien qui repartit à toutes jambes, mais cette fois en aboyant.

Au second coup de voix, je vis la vieille femme tourner vivement la tête du côté de notre cabane, qu'elle ne paraissait pas observer auparavant, puis elle quitta sa place en chassant elle prit un sentier ses chèvres devant elle, et elle prit un sentier qui se rapprochait de nous.

Titano et le marquis étaient sur la porte : le premier m'appela à voix basse.

Quand j'arrivai près d'eux, la vieille femme et ses chèvres passaient à dix pas de la cabane, un peu sur la gauche. Le sentier qu'elles suivaient menait au fond de la vallée dont j'ai parlé.

Torquato, toujours aboyant, était déjà au fond de la vallée ; il courait à droite et à gauche, comme un jeune chien, poursuivant des allouettes qui se levaient devant lui les unes après les autres.

Comme le sentier descendait presqu'à pic à peu de distance de la cabane à l'entrée de laquelle nous étions placés, nous perdîmes bientôt de vue la vieille femme et les deux chèvres.

Quelques minutes s'écoulèrent : Torquato disparut aussi.

J'ai dit que la vallée était traversée dans toute sa longueur par une petite rivière. Cette petite rivière coulait assez encaissée entre des plantations d'aulnes et de saules.

C'est derrière ces plantations que Torquato s'était éclipsé comme un acteur qui passe derrière la coulisse.

— L'affaire est aux trois quarts faite, Excellence — me dit Titano. — Maintenant, si vous voulez en voir la conclusion, allez vous replacer à mon petit *judas*, et regardez bien sur votre droite. Vous ne tarderez pas à voir quelqu'un de votre connaissance.

Je n'eus garde de dédaigner cet avertissement, et

pendant que le marquis et Titano se remettaient à table, moi je collais de nouveau mon œil sur la lucarne, dirigeant mon regard vers la droite de la roche grise.

Il n'y avait pas deux minutes que j'étais là, quand je vis Torquato accourir à toutes jambes.

— Le voilà ! le voilà — dis-je à voix basse à Titano.
— Au train dont il va, un lévrier aurait peine à le suivre.

— Ne le perdez pas de vue, Excellence, et dites-nous bien ce qu'il fait.

— Je ne le vois plus.... il a disparu de nouveau derrière ce rocher.... Ah ! le voici encore ! il revient de notre côté ! Sur mon honneur, il rapporte un petit baril tout semblable à celui que vous lui avez montré !

— C'est le caviar de son Excellence le marquis ! — s'écria Titano, enchanté de la nouvelle que je lui donnais. — J'en étais sûr, du reste. Ah ! mes drôles, vous êtes bien malins, mais Torquato, qui n'est pourtant qu'une bête, en sait encore plus long que vous !

En ce moment, le bel épagneul entrait et déposait aux pieds de son maître le petit baril qu'il portait dans sa gueule. Il était magnifique dans son triomphe.

— C'est merveilleux ! incompréhensible ! — m'écriai-je. — Mais comment diable cela s'est-il fait !

— Comme vous avez vu, Excellence — répondit le vieux braconnier. Torquato — la première fois qu'il est sorti, a aperçu la vieille sorcière, il l'a flairée, puis il est revenu m'apprendre qu'on l'espionnait ; alors je l'ai envoyé courir au fond de la vallée, bien sûr qu'on l'y suivrait, ce qui n'a pas manqué d'arriver. Quand il a jugé que la vieille était assez bas dans le sentier pour qu'elle ne pût plus remonter avant lui, il s'est coulé le long des saules qui bordent la rivière jusqu'à un autre sentier creux qui se trouve à trois ou quatre cents pas d'ici, et il a regagné les rochers par cette route. La vieille, j'en mettrais ma main au feu, le cherche encore là-bas. Tenez, Excellence — ajouta-t-il — la voyez-vous dans les buissons avec ses deux chèvres? Le bon de l'histoire, c'est qu'elle va dire que mon dépôt de comestibles est sous la berge de la rivière. Ça va les occuper pendant huit jours.

Et Titano se mit à rire aux éclats, tout en débouchant le baril de caviar; et après m'avoir montré par la porte toujours ouverte de sa cabane, la vieille femme qui explorait sans trop de précautions les buissons qui croissaient au bord de l'eau, dans le fond de la vallée, il reprit :

— Je serais sûr maintenant d'attraper Carlo Volenti comme j'attrapais le vieux Broschi. Mais....

— Mais... tu sais ce que tu m'as promis — interrompit le marquis de Nora avec une sévérité affectueuse.

— Oui, Excellence, je le sais, et vous pouvez compter sur ma parole comme si le notaire y avait passé — répondit Titano en posant la main sur son cœur. — Ainsi que je vous le disais hier, je me suis engagé à donner un coup de main ce soir, mais ce sera pour la dernière fois. Cette nuit je débarasserai complètement mon magasin du dehors, et demain je leur ferai savoir à Pignerol qu'ils ne doivent plus compter sur moi. Vons avez raison, Excellence, ce n'est pas là un métier pour un vieux soldat.

— S'il m'était permis de vous donner aussi un avis,

mon bon Titano — repris-je à mon tour — je vous engagerais à vous défier du hibou, ce soir. J'ai cru remarquer, pendant qu'il chantait hier, que le brigadier Volenti l'écoutait avec plus d'attention qu'il n'aurait dû en accorder à une circonstance aussi peu importante : il est sur ses gardes.

— J'ai aussi vu cela, Excellence ; mais soyez tranquille, nous ne faisons jamais chanter le même oiseau deux jours de suite, et Torquato connaît tous les ramages. Comme il va s'ennuyer pendant les longues soirées d'hiver, mon pauvre chien ! — ajouta Titano en baissant la voix comme s'il se parlait à lui-même... — C'est égal, j'ai promis et je serai fidèle à mon serment.

En prononçant ces derniers mots, le vieux braconnier poussa un gros soupir et caressa mélancoliquement la tête de son magnifique épagneul.

Quelques minutes après nous quittions la table, et un quart-d'heure ne s'était pas écoulé, que nous sortions de la cabane, armés, équipés et précédés de nos chiens, que Torquato avait accueillis avec cette bienveillance digne qui est le caractère distinctif des êtres vraiment supérieurs.

Nous avions à peu près un quart de lieue à faire avant de nous mettre en chasse, et cette faible distance fut encore raccourcie par l'intérêt que je prenais à la conversation de Titano : le digne braconnier, comme tous ses pareils, était bavard, mais je ne le trouvais pas ennuyeux.

Durant le trajet, et tout en écoutant les histoires de notre hôte, je l'examinais de tous mes yeux, et je n'eus pas de peine à reconnaître que je n'avais jamais vu un être plus extraordinaire. Sa haute taille, sa maigreur, sa décrépitude et son agilité me parurent encore plus prodigieuses que la veille; quoiqu'il marchât en apparence lentement, nous avions de la peine à le suivre, tant il embrassait d'espace à chacune de ses enjambées phénoménales. Son costume n'était pas moins bizarre que sa personne. Il consistait en un vêtement complet d'une seule pièce : guêtres, pantalon, veste, tout se tenait comme ces vêtements que portaient les petits garçons il y a une quinzaine d'années. Cette espèce d'enveloppe était en basane épaisse couleur de terre, ce qui avait le double avantage de garantir Titano des épines les plus acérées, et de lui permettre, en se couchant sur un sol nu, de dissimuler sa présence comme un lièvre au gîte dans un champ fraîchement labouré. Une carnassière assez grande pour pouvoir servir à l'enlèvement d'une jeune fille de quinze ans, pendait au côté gauche de Titano, qui portait sur son épaule droite le fameux fusil de Manton, dont le marquis de Nora lui avait fait présent.

Cette arme était vraiment magnifique, mais nul autre que Titano n'aurait pu s'en servir. Le canon, long de quarante-deux pouces, était de calibre six et lourd à proportion. J'essayai, chemin faisant, de mettre cette couleuvrine en joue : je ne pus jamais la maintenir assez solidement à mon épaule pour fixer le point de mire sur un objet de dimension ordinaire.

Enfin nous arrivâmes auprès des trois sapins que Titano m'avait montrés le matin, en me disant que c'était là le canton où nous pourrions commencer à nous mettre en chasse : nos chiens, guidés par Torquato, quêtaient déjà depuis quelques minutes.

Le mien était un admirable braque, nommé Soliman, qui a eu une réputation de beauté et d'excellence, longtemps célèbre dans toute la Bourgogne. Sans vouloir déprécier les chiens anglais, pour lesquels j'ai eu depuis des faiblesses dont mon patriotisme s'est souvent indigné, je déclare n'en avoir jamais vu un seul qu'on pût comparer à Soliman. Torquato avait donc trouvé là un émule digne de lui, et ces deux grands génies s'étaient compris en se flairant...... Qu'on me cite deux généraux illustres, deux orateurs éloquents, deux poètes célèbres, capables de s'apprécier aussi vite à l'aide d'un moyen aussi simple. Oh! les chiens valent bien mieux que nous!

Ceci me rappelle un mot charmant de M. Brifaut, l'un des quarante de l'Académie française, comme on dit encore à Bourges et à Carpentras.

Madame la vicomtesse de F***, qui est aujourd'hui une des femmes les plus spirituelles de Paris, était, dans sa toute petite jeunesse, *un enfant terrible*, d'une fécondité de méchancetés naïves à défrayer Gavarni pendant six mois. Elle se trouvait au château du Marais, chez sa tante madame de la Briche, en même temps que l'académicien que je vous ai nommé tout à l'heure.

— M. Brifaut — lui dit-elle — vous avez le nom d'un chien.

— Ce que vous dites est parfaitement juste, mademoiselle.

— Mais pourquoi avez-vous le nom d'un chien, monsieur Brifaut? ça n'est pas joli.

— Je vais vous le dire, mademoiselle. Autrefois mes ancêtres étaient des chiens, mais ils sont devenus méchants, et, pour les punir, Dieu les a changés en hommes.

Quelle philosophie douce et profonde! et surtout quel magnifique éloge de la race canine!

J'ai dit que nous étions arrivés auprès des trois sapins que Titano m'avait montrés le matin, de sa porte.

Ils étaient plantés au tiers environ de la hauteur d'une montagne assez élevée que nous venions de gravir. Immédiatement derrière eux commençait une espèce de taillis qui n'avait guère que dix-huit pouces à deux pieds de haut, mais qui était si fourré et si épineux, qu'une belette un peu délicate aurait hésité à s'y glisser; une seule espèce de plante composait cet inextricable fouillis; c'était un petit arbuste au feuillage sombre et aux baies noires, que Titano m'avait désigné sous le nom de *nerprun*, en ajoutant que les coqs de bruyère étaient très-friands de ses fruits.

Nous armâmes nos fusils, et nos fîmes signe à nos chiens d'entrer dans le taillis que Torquato fouillait déjà.

Soliman essaya d'écarter les branches avec son museau. Après plusieurs tentatives, ne pouvant en venir à bout, il prit une résolution heroïque, ce fut de s'élancer en avant par un bond formidable.

Je le vis effectivement disparaître dans les broussailles, mais en même temps, je l'entendis crier comme s'il s'était douloureusement blessé. Toutefois il ne revint pas; alors je me décidai à le suivre en employant le même procédé qui lui avait à peu près réussi.

Je compris la cause de ses gémissements en m'enfonçant à mon tour dans les buissons. Des milliers d'épines, aiguës comme des épingles, m'étaient entrées dans les mollets et dans les genoux. Comme Soliman, je fis bonne contenance, et je me mis à marcher droit devant moi. Le marquis côtoyait le taillis surmagauche, et Titano, protégé par son vêtement de basane, le battait sur ma droite. A quelques pas en avant de lui, j'apercevais au-dessus des branches la belle et intelligente tête, et la queue en panache de Torquato. Le noble animal quêtait fièrement comme s'il eût été à son aise dans un carré de luzerne.

— Eh bien! Excellence — me demanda Titano en faisant allusion à notre conversation du matin — pensez-vous qu'il y ait assez de couvert ici pour cacher le gibier?

— Je pense que si celui qui y est a autant de peine à en sortir que j'en ai eu à y entrer, nous ne brûlerons pas beaucoup de poudre tant que nous serons dans ce fagot d'épines.

— En attendant, prenez garde à vous : Torquato vient de tomber en arrêt... Oh! vous n'avez pas besoin de vous presser, il ne bougera pas.

On comprend qu'au premier avertissement du vieux braconnier je m'étais porté en avant avec résolution, malgré les épines qui me lardaient impitoyablement les jambes.

J'arrivai ainsi à dix pas environ de l'épagneul, et je vis avec une indicible satisfaction que Soliman était à son côté, et en arrêt comme lui : tous deux se trouvaient en ce moment dans une petite éclaircie, ce qui me permit d'admirer la beauté de leurs poses, également magnifiques quoique dissemblables.

Torquato, que le gibier avait surpris, était légèrement replié sur ses jarrets. Il avait la tête haute, le cou tendu, la prunelle ardente et fixe comme un charbon; sa queue, relevée en arc sur son rein, me parut ferme comme si elle eût été coulée en bronze.

Soliman, qui n'était tombé en arrêt que par imitation,

avait pris ses aises. Couché sur le ventre, le museau allongé sur ses pattes de devant, on l'aurait cru endormi, sans les éclairs qui jaillissaient de ses yeux fauves, et sans le frémissement de son nez rosé qui cherchait à se rendre compte du fumet d'un gibier tout nouveau pour lui.

Titano m'avait rejoint : le marquis, toujours sur la lisière du taillis et à vingt-cinq pas environ en avant de nous, était aussi dans une excellente position pour tirer.

Titano fit un signe.

L'épagneul allongea encore le cou, puis il promena sa tête de droite à gauche en l'inclinant à diverses reprises comme une personne qui salue légèrement.

— Ce sont des coqs de bruyère — me dit Titano à demi-voix — il y en a sept : Torquato vient de les compter.

Je n'eus pas le temps de demander l'explication de ces paroles, car elles étaient à peine prononcées, que les coqs de bruyère se levaient lourdement entre nos deux chiens : ils étaient au nombre de sept, ainsi que l'avait dit le vieux braconnier. Je jetai mes deux coups de fusil, un peu au hasard, je dois le dire, et j'eus le bonheur de voir tomber le chef de la bande et un jeune coq.

— Bravo ! Excellence ! — me cria Titano.

Et en même temps la double détonation de sa couleuvrine se fit entendre, mais avec un intervalle de quelques secondes entre chacune d'elles. A la première je m'étais retourné et j'avais vu tomber la poule-mère : la seconde venait d'abattre deux jeunes coqs qui se croisaient à une distance déjà considérable.

Des deux qui restaient, l'un passa à la portée du

marquis : il eut le même sort que cinq de ses compagnons.

C'était débuter d'une manière brillante, on en conviendra. J'étais ravi ! transporté ! je le fus bien plus encore quand je vis Soliman déposer à mes pieds le premier des deux oiseaux que j'avais tués : c'était le vieux coq.

Il appartenait à la plus grande espèce de ces gallinacés sauvages, et sa beauté surpassait tout ce que je m'étais imaginé de l'élégance et de la grosseur de ce gibier, dont on me parlait sans cesse depuis mon arrivée en Piémont. Son plumage, d'un noir bleu irisé de violet et de vert, avait des reflets et des chatoiements d'une richesse sans pareille. Une membrane, d'un magnifique écarlate, entourait ses yeux, son bec, et remontait en crête sur son large crâne ; deux bandes, d'une blancheur éblouissante, coupaient transversalement ses ailes ; et sa queue, séparée en deux, de manière à former la fourche, lui donnait des proportions vraiment gigantesques. Quand je le soulevai, je fus aussi confondu de sa pesanteur ; enfin, je ne pouvais me lasser de l'admirer et de remercier Titano à qui je devais ce superbe coup de fusil.

Tandis que nous rechargions nos armes, je demandai au vieux braconnier si c'était au hasard qu'il m'avait annoncé sept coqs de bruyère pendant que nos chiens étaient en arrêt.

— Non, Excellence. C'est l'habitude de Torquato, quand le gibier à plume tient bien, de faire un mouvement de tête pour chaque oiseau qui est sous son nez, et il ne se trompe pas une fois sur dix.

— De plus fort en plus fort — répondis-je : — mais où est-il donc votre merveilleux chien ?

— Il cherche la poule, qui n'est, je crois, que démontée. Mais marchons toujours, il nous retrouvera bien.

Nous fîmes une centaine de pas, précédés par Soliman qui croisait devant nous sans se soucier des épines. Le courageux animal était cependant tout moucheté de petites taches roses qui attestaient ses nombreuses blessures.

— Ah ! voilà votre chien — dis-je à Titano.

Je venais d'apercevoir l'épagneul, immobile derrière une grosse touffe de genévrier.

— Il doit être en arrêt puisqu'il n'est pas devant moi — me répondit le vieux braconnier.

— C'est impossible — repris-je. — Il tient votre poule dans sa gueule. Il a l'air d'écouter pour savoir si vous l'appelez.

— Torquato écouter ! Torquato croire que je l'appelle ! Excellence, c'est impossible. Je vous dis qu'il est en arrêt.

Je fis le tour de la touffe de genévrier, et je vis l'épagneul en plein corps : il était effectivement en arrêt et dans une pose magnifique.

— Vous avez raison — criai-je à Titano.

— A-t-il la queue droite ou relevée ?

— Droite.

— Alors ce sont des perdrix ou des gélinottes. Préparez-vous toujours à tirer.

Une paire, de gélinottes se leva en effet ; mais je ne mis pas même en joue : il me sembla qu'elles étaient hors de portée.

— Eh bien ! à quoi pensez-vous, Excellence ?

— C'est trop loin.

— Bah ! — fit Titano en portant la crosse de son fusil à son épaule.

Les deux coups partirent, et les deux gélinottes tombèrent, littéralement fracassées comme des cailles qu'on tire en primeur. Je comptai la distance ; c'était fabuleux, il y avait cent vingt-sept pas.

Le départ bruyant du gibier, les deux coups de fusil, rien n'avait troublé Torquato. Après la double détonation, il vint poser sa poule devant son maître, puis il courut à la recherche des deux gélinottes qu'il rapporta l'une après l'autre.

Nous passâmes quatre heures dans ce taillis, et quand nous en sortîmes, nous avions trente-trois pièces de gibier, à savoir : quinze coqs de bruyère, huit gélinottes et dix perdreaux rouges.

Titano m'avait galamment permis d'être le roi. J'avais pour ma part quatorze pièces, et Soliman s'était montré le digne émule de Torquato.

Le marquis nous avait rejoints depuis longtemps, et nous nous assîmes au bord d'une petite source ombragée par un groupe de bouleaux et de saules.

— Il est maintenant onze heures à peu près — nous dit Titano. — Reposez-vous jusqu'à midi, Excellences. Pendant ce temps-là, j'irai jusque chez moi déposer toute cette volaille qui nous gênerait un peu dans l'expédition que nous avons encore à faire, et à mon retour nous nous remettrons en campagne.

— Pourquoi prendre toute cette peine ? — dis-je à Titano ; — il vaudrait bien mieux, ce me semble, cacher dans quelque buisson notre gibier que nous retrouverions ce soir.

— J'ai besoin de retourner à la maison — reprit le vieux braconnier — et puisqu'il est sage que vous preniez quelques instants de repos, autant vaut que j'en profite pour aller à mes affaires. Avant une heure, je serai certainement revenu.

Et tout en parlant, Titano mettait l'une après l'autre nos trente-trois pièces de gibier dans son immense carnassière, en commençant par les plus lourdes.

Quand le sac qu'il avait posé à terre pour le remplir eut englouti le dernier perdreau dans ses vastes profondeurs, j'essayai de le soulever.

J'y parvins, mais ce fut tout ce que je pus faire en employant toute ma force, et je le laissai aussitôt retomber.

— Et vous allez porter cela? — demandai-je à Titano.

Il me regarda d'un air goguenard, et prenant la carnassière d'une seule main, il la fit tournoyer comme si c'eût été le sac d'une petite pensionnaire, et il la posa sur son épaule qui reçut ce poids énorme sans fléchir.

— Laisse-nous du moins ton fusil — lui dit alors le marquis.

— Et si je trouve quelque bon coup à faire en chemin, Excellence?

— Tu ne le feras pas.

— Mais que dira Torquato? je ne veux pas que mon chien puisse croire que je baisse. Au revoir, Excellences.

Et il partit d'un pas aussi léger que s'il n'avait eu que vingt ans et qu'il n'eût rien porté.

Nous le suivîmes des yeux jusqu'à ce que l'inclinaison du terrain nous l'eût caché; puis nous le revîmes, quelques instants après, traverser la vallée, gravir la pente opposée, et enfin entrer dans sa cabane, dont il ferma la porte derrière lui. Il paraît qu'il ne trouva pas de gibier chemin faisant, car nous ne l'entendîmes pas tirer.

— Quel homme extraordinaire! — dis-je à Stéphano.

— C'est vrai qu'il n'a pas son pareil; mais je mettrais ma main au feu que ce n'est pas pour se débarrasser de notre gibier, qu'il pouvait très-bien cacher par ici, comme tu le lui as conseillé, qu'il est retourné chez lui.

— Et que supposes-tu qui l'occupe?

— Toujours sa maudite contrebande. Quelque avis à recevoir ou quelque signal à donner. Tiens, regarde! — continua le marquis.

— Quoi?

— Comment! tu ne vois rien?

— Non, sa porte est toujours fermée.

— Examine le toit.

— Eh bien!

— Cette fumée épaisse...

— Tu as pardieu raison! Le pauvre homme ne se corrigera jamais, et je considère la promesse qu'il t'a faite comme un serment d'ivrogne.

— Je commence à le craindre aussi.

En ce moment, le bruit d'un pas retentit derrière nous; nous nous retournâmes et nous aperçûmes le brigadier Volenti qui s'avançait la carabine sur l'épaule.

— Eh bien! Excellence, avez-vous fait bonne chasse? — demanda-t-il au marquis en le saluant militairement.

— Si bonne — répondit Stéphano — que nous avons été obligés d'envoyer Titano jusque chez lui pour nous débarrasser de notre gibier.

— Il paraît qu'il le fait déjà cuire, si j'en juge par la fumée qui sort de sa cheminée — reprit le brigadier.

— Il en est bien capable — répliqua le marquis froidement.

— Vous vous intéressez à lui, n'est-ce pas, Excellence?

— Sans aucun doute.

— Alors conseillez-lui donc de renoncer à la contrebande : tout cela finira mal pour lui. J'ai les ordres les plus sévères à son sujet, et, si malin qu'il soit, je le prendrai un jour en flagrant délit.

— Vous l'avez averti hier : le reste vous regarde tous les deux. Toutefois j'ai lieu de croire qu'il ne s'exposera plus.

— Et il fera bien. Excellence, avez-vous quelques ordres à faire transmettre à vos gens que vous avez laissés à la Crocia-Bianca à Pignerol? J'y retourne de ce pas.

— Je vous remercie, brigadier.

Volenti renouvela son salut militaire, puis il s'éloigna. En ce moment Titano sortait de sa cabane, et il s'avançait vers nous à grands pas.

Vingt-cinq minutes après, il nous rejoignait. Son absence n'avait pas duré en tout trois quarts-d'heure.

Stéphano lui conta tout ce qui s'était passé, en insissistant sur la remarque de Volenti au sujet de la fumée.

— Le drôle en sait long — répondit Titano en secouant la tête comme un homme contrarié — mais puisqu'il retourne à Pignerol ce soir, je n'ai rien à craindre pour cette nuit; et demain, vous savez, Excellence.....

— Prends-y garde — interrompit le marquis; — il est capable d'avoir dit qu'il s'en allait, pour que je te le répète, et t'inspirer par ce moyen une fausse sécurité. A ta place, je me tiendrais tranquille ce soir.

— Excellence, c'est impossible. J'ai donné ma parole, et si j'y manquais, vous seriez en droit de douter à votre tour de la promesse que j'ai faite. Ce serait bien le diable si j'étais pris dans ma dernière expédition.

— Enfin les avertissements ne t'auront pas manqué. Maintenant, en route, mes amis : il ne nous reste plus que six heures de jour, il faut en profiter. Où vas-tu nous conduire?

— J'ai promis à son Excellence le marquis français, de lui montrer des perdrix blanches et un chamois. Pour cela il faut gagner les hauteurs de Bricherasco.

— Alors nous n'avons pas une minute à perdre.

Titano nous avait rapporté une gourde remplie d'excellent ratafia de Grenoble. Nous en avalâmes quelques gorgées, puis nous partîmes remplis d'une ardeur nouvelle. Nos chiens galopaient devant nous avec une légèreté qui nous fit supposer que nous pouvions compter sur eux.

Après une heure de marche environ, pendant laquelle nous ne cessâmes pas un seul instant de monter, nous atteignîmes un point des hauteurs qui se dressaient devant nous, où régnait un brouillard d'une opacité telle, que nous fûmes obligés de nous tenir à trois pas les uns des autres pour ne pas nous perdre de vue. Le changement de la température avait été aussi brusque et aussi complet que celui de la lumière, et je sentais se glacer sur mon corps et sur mon visage la transpiration bienfaisante que notre course ascensionnelle et non interrompue avait provoquée chez moi. Si j'avais eu un tout autre guide que Titano, je n'aurais, à coup sûr, pas manqué de lui demander ce que des chasseurs pouvaient faire au milieu de cette brume épaisse ; mais ma confiance dans le vieux braconnier était si grande, qu'il ne me vint même pas à l'esprit la plus petite inquiétude sur le résultat de notre entreprise. Une chose cependant aurait dû au moins m'étonner : Torquato, à dater du moment où nous étions entrés dans les ténèbres visibles qui nous environnaient de toutes parts, avait cessé sa quête, et il était venu se mettre sur les talons de son maître, comme un animal intelligent qui ne prend jamais une fatigue inutile. Soliman avait suivi cet exemple au bout de quelques minutes; quant au chien du marquis, croyant sans doute la chasse finie, il avait déserté sans cérémonie.

Le sol sur lequel nous marchions était une espèce de terreau noirâtre, parsemé çà et là de touffes de mousses et de lichens d'un vert sombre et d'un aspect misérable. Bientôt quelques lignes blanches vinrent couper de distance en distance cette triste surface : je compris alors que nous ne tarderions pas à arriver à la région des neiges, dont Titano m'avait parlé.

En effet, le brouillard s'éclaircit un peu, et j'aperçus d'abord le disque rougeâtre du soleil, qui semblait nager dans des flots de vapeurs à demi lumineuses. En même temps, mes pieds foulèrent une neige de quelques centimètres d'épaisseur, et molle comme du coton fraîchement cardé. Peu à peu ce tapis éblouissant acquit plus d'éclat encore et plus de solidité, et enfin nous sortîmes de la brume aussi brusquement que nous y étions entrés.

Un magnifique spectacle s'offrit alors à ma vue, et me fit pousser un cri de surprise et d'admiration. Nous avions atteint le point culminant des hauteurs que nous venions d'escalader, et nous nous trouvions sur le bord des versans opposés. Tout était neige et glace autour de nous, aussi loin que nos yeux pouvaient étendre leurs regards. Un ciel d'un bleu sombre, dont la splendeur était sans pareille, étincelait au-dessus de nos têtes. J'y aurais vainement cherché un nuage de la grosseur d'un papillon. Aucune description ne pourrait donner une idée exacte de l'éclatante beauté du soleil, roulant dans ce vide d'une teinte si riche et si nouvelle pour moi. Les rayons qu'il dardait obliquement, car il commençait à descendre vers l'horizon, coloraient de teintes merveilleuses tous les objets qu'ils frappaient. Sous leur magique clarté, la neige chatoyait comme l'opale, les glaciers brillaient comme l'émeraude et le saphir. Les pins, les houx et les genévriers, qui croissaient de distance en distance, étaient couverts d'un givre qu'on eût pris pour une broderie de perles et de diamants. Un silence imposant régnait sur ces magnificences, et ajoutait sa majesté à leur éclat : je n'avais de ma vie vu ni rêvé rien de semblable.

Titano, à qui ces richesses étaient familières, ne s'étonna pas de mon admiration, mais il me sembla qu'il en était charmé. A la satisfaction qu'exprimait sa physionomie, d'un grotesque si intelligent, on eût dit un châtelain qui fait les honneurs de son parc à quelque visiteur étranger, et je fus si bien dupe de cette apparence, que je me crus obligé d'adresser un petit compliment à ce digne homme.

— Eh bien! Excellence, ce que vous me dites là me flatte — me répondit-il en accompagnant ces paroles de la plus spirituelle de ses grimaces — je suis un peu ici comme chez moi, car il n'y a guère que moi qui y vienne — ajouta-t-il. — Maintenant, faisons encore chacun une petite caresse à cette bouteille de vieux ratafia, et remettons-nous en campagne. Voilà Torquato qui porte le nez au vent : nous n'irons pas loin sans voir voler quelque chose.

Nous nous mîmes en ligne, à trente-cinq ou quarante pas, à peu près, les uns des autres, Titano occupant le milieu, et nous commençâmes à battre le terrain devant nous, comme nous aurions fait d'un champ d'avoine ou d'un carré de luzerne.

La neige que nous foulions était vierge de toute empreinte de pied humain ; mais elle portait des traces assez nombreuses d'oiseaux, parmi lesquelles il ne me fut pas difficile de reconnaître quelques frayés de perdrix.

Titano, qui les avait remarqués en même temps que moi, me fit un signe d'intelligence ; presque au même instant, Soliman tomba en arrêt, ce qui ne laissa pas de me flatter infiniment, d'autant plus que Torquato vint se placer immédiatement à côté de lui.

CHASSEURS. 529

Comme c'était devant moi que la chose se passait, mes compagnons se rapprochèrent, et nous entourâmes les deux chiens qui portaient la tête inclinée de côté, de manière à faire supposer que le gibier était sous leur nez.

Titano fit comme les chiens, et ses yeux perçants prirent la direction des leurs.

— Je les aperçois, Excellence ! — me dit-il vivement après un examen de quelques secondes — elles sont exactement sous le nez de votre chien ; il ne tiendrait qu'à lui d'en *gueuler* une. Allons ! allons ! je vois qu'il est sage.

— Moi, je ne vois rien — dis-je à Titano après avoir regardé à mon tour.

— Avancez encore un peu... encore... là, très-bien ; arrêtez-vous maintenant. En voilà une dont l'aile vient de frissonner, elles ne tarderont pas à partir... deux, quatre, cinq, six, huit... il y en a neuf ou dix, Excellence. Eh bien ! les voyez-vous ?

— Non ; et toi ? — demandai-je à Stéphano.

— Moi, je distingue un petit boursoufflement, comme si le vent avait poussé un peu plus de neige en cet endroit : ce doit être ça — me répondit le marquis de Noro.

— Précisément, Excellence. Préparez-vous maintenant ! — s'écria Titano.

J'entendis comme un bruit d'ailes et une sorte de chant plaintif ; puis je vis entre les deux chiens, qui avaient relevé la tête brusquement, un petit rond noir que je reconnus évidemment pour l'endroit où les perdrix s'étaient blotties, et où elles avaient fait fondre la neige.

Je regardai en l'air : rien ; je jetai rapidement la vue devant moi : rien non plus; cela tenait du prodige.

— Eh bien! Excellence, vous ne tirez donc pas ? — me demanda Titano en portant son arme à son épaule.

— Tirer! quoi ? je ne vois rien.

— Alors...

Deux effroyables détonations, répercutées aussitôt par des milliers d'échos, retentirent à mes oreilles, se prolongèrent pendant un espace de temps dont il me fut impossible d'apprécier la durée, et se terminèrent par des grondements sourds et toujours plus lointains, semblables à ceux de la foudre quand un orage s'éloigne.

Quand je fus un peu remis de ma surprise, je vis nos deux chiens qui revenaient à nous : Torquato alla à son maître, Soliman s'approcha de moi.

Chacun d'eux rapportait une perdrix.

Je pris celle que Soliman me présentait, et je l'examinai avec une curiosité que tous les véritables chasseurs comprendront, j'en suis sûr.

C'était bien la plus ravissante créature de la terre. Le grain de plomb, qui l'avait atteinte sous l'aile, ne l'avait pas endommagée le moins du monde, et on l'aurait cru plutôt endormie que morte. En admirant la blancheur merveilleuse de son plumage, je commençai à m'expliquer comment il avait pu se confondre avec la neige dont nous étions entourés, et je ne fus plus étonné que de la finesse de vue du vieux braconnier. Cette perdrix était d'un tiers environ moins grosse que notre perdrix grise ordinaire, mais elle en avait toutes les formes, avec plus de finesse et d'élégance. Ses pieds étaient noirs, armés d'ongles courts d'un gris rosé. Le bec, de même couleur, se rapprochait, quant à la conformation, de celui de la tourterelle, et l'iris de l'œil était d'un brun cannelle un peu clair ; un petit cercle rose vif bordait ses paupières.

Titano me dit que c'était la chanterelle, il me fit voir en même temps l'autre bête, qu'il m'assura être un mâle : il était plus gros, et ses pieds avaient de ergots.

— Mais comment diable avez-vous fait pour exécuter ce coup double? — demandai-je à Titano ; — moi je déclare, sur l'honneur, n'avoir rien vu voler.

— Quelque chose a volé, cependant — me répondit il en goguenardant — puisque quelque chose ne vole plus.

Il n'y avait rien de plus logique que ce raisonnement, mais il ne répondait pas à ma question, que je m'empressai de renouveler.

— Voyez-vous, Excellence, l'air est d'une si grande pureté par ici, qu'avec un peu d'attention ou y peut découvrir la plus faible vapeur qui le traverse. Tenez, par exemple, regardez ce corbeau qui passe là-bas.

— Eh bien ?

— Ne remarquez-vous rien de particulier en lui ?

— Rien absolument.

— Examinez mieux.

— J'y mets une telle attention que mes yeux en pleurent.... Ah! attendez un moment! je ne sais si c'est un effet de ma vue fatiguée, mais il me semble voir une petite traînée de fumée grise derrière cette bête.

— C'est cela même, Excellence ; et c'est de cette manière que mon œil suit les perdrix blanches. Cette petite traînée de fumée est produite par la chaleur qui s'exhale du corps de tout animal, et comme l'air est très-pur à cette hauteur, cela fait que.... ma foi, monsieur le curé de Pignerol me l'a bien expliqué, mais je l'ai oublié.

— Je comprends à peu près — dis-je à Titano ; — seulement, jamais je ne distinguerai assez bien cette fumée pour tirer juste : aussi je suis tenté d'attribuer au hasard le coup double que vous avez fait.

— Eh bien ! je recommencerai tout à l'heure, Excellence. Combien faudra-t-il encore de hasards pour vous convaincre que je vous dis la vérité.

— Un seul.

— Alors en route ! — reprit Titano qui, pendant ce petit colloque, avait rechargé son arme.

Nous nous remîmes en marche, et nos chiens se remirent en quête.

Après un quart d'heure environ de recherches, toujours cheminant droit devant nous, Soliman, qui galopait sur ma gauche, se retourna brusquement, puis resta immobile, le corps plié, comme s'il eût été pétrifié dans la position qu'il avait prise. Il était en arrêt, et le gibier l'avait surpris.

Je fis un signe au vieux braconnier, qui s'empressa de venir à moi.

— Allons, *signor marchese* — me dit-il — ouvrez bien les yeux et rappelez-vous ce que je vous ai dit tout à l'heure : il ne faut qu'un peu d'habitude : si vous manquez, je tirerai tout de suite après vous, pour faire mon second hasard ; vous savez bien ?...

Une courte description des localités est indispensable pour bien faire comprendre ce qui va suivre.

L'endroit où Soliman venait de tomber en arrêt était couvert de neige comme celui où Titano avait fait son coup double peu d'instants auparavant : mais à une quarantaine de pas environ au-delà du chien, et par conséquent dans la direction que le gibier qui devait se lever prendrait sans doute, commençait une sorte de glacier de peu de largeur, dont la surface bleuâtre tranchait d'une manière assez marquante sur la nappe d'une éblouissante blancheur qui l'environnait de toutes parts : j'avais remarqué ce petit accident pittoresque, sans me douter le moins du monde de l'utilité que je pourrais en tirer.

Comme la première fois encore, je regardai sous le nez de mon chien, mais je ne pus rien voir, bien que Titano et même le marquis m'assurassent qu'ils distinguaient parfaitement cinq ou six perdrix les unes à côté des autres.

Le bruit d'ailes et le chant plaintif m'avertirent qu'elles étaient parties.

Je mis en joue devant moi, dans l'espoir de découvrir les petites vapeurs grises et de faire feu avec une dem-certitude, mais je n'aperçus absolument rien de semblable.

Tout à coup je poussai un cri de joie, immédiatement suivi de la double détonation de mon fusil, et j'eus la satisfaction de pouvoir dire à Soliman : *apporte !*

Voici ce qui s'était passé :

Tant que les pauvres petites perdrix avaient volé en rasant la neige, elles s'étaient confondues en quelque sorte avec elle ; mais une fois arrivées au-dessus de l'azur dn glacier, elles s'étaient détachées sur ce fond plus sombre qu'elles, comme de petits nuages blancs sur le ciel, et j'avais profité de cette circonstance pour viser rapidement et faire feu : mes deux coups avaient porté.

— Bravo, *signor marchese!* — s'écria Titano. — Seulement vous pouvez vous flatter d'avoir de la chance; mais, il n'y a rien à dire, c'est tiré en maître.

Je dis à Titano que j'étais très-fier de son approbation, et mis les deux perdrix dans ma carnassière, soin que les chasseurs négligent très-rarement de prendre.

— Maintenant, Excellence, je vous demanderai de vouloir bien charger votre fusil à balle : ça se trouve joliment bien que vous venez de le nettoyer de son plomb.

— Ce n'est donc pas une plaisanterie?

— Quoi, Excellence?

— Ce chamois....

— Eh bien! Excellence, je vous demande une demi-heure de grande fatigue encore; mais là ce qui s'appelle de la fatigue; ce ne sera pas de la promenade, la canne à la main, comme nous en avons fait depuis ce matin.

J'avoue, à ma très-grande confusion, que si Titano ne se fût pas souvenu de sa promesse, je ne la lui aurais certainement pas rappelée. Je n'en pouvais plus, et intérieurement j'envoyai de bon cœur le chamois à tous les diables.

Mais ce coquin d'amour-propre, qui m'a fait faire tant de sottises dans ma vie, m'empêcha de convenir que j'aimerais mieux regagner la chaumière de Titano, pour y dormir sur mes lauriers déjà cueillis, que de courir après un nouveau triomphe.

Je poussai l'hypocrisie jusqu'à donner le signal du départ; je fis mieux encore : je me mis à marcher d'un train de poste, ce qui m'attira deux ou trois bonnes goguenardises du vieux braconnier, qui, je dois en convenir, ne fut pas dupe un seul instant de mon faux empressement.

Toutefois, le premier quart d'heure se passa assez bien; mais les difficultés du terrain devenant de moment en moment plus grandes, j'eus bientôt besoin de toute ma force morale pour ne pas prendre le parti de me refuser à aller plus loin.

Titano avait cessé de me décocher ses respectueuses épigrammes, et, pour me faire prendre patience, il me contait d'incroyables traits d'esprit de son épagneul; enfin, me voyant de plus en plus abattu, il me dit :

— Excellence, j'ai deux bonnes nouvelles à vous donner.

— Ah! — répondis-je avec l'indifférence des grandes détresses.

— Nous serons arrivés dans quatre ou cinq minutes à l'endroit où se tiennent les chamois — reprit-il.

Un second *ah!* encore plus détaché que le premier des choses de ce monde, fut mon unique réponse.

— Et ce qu'il y a de mieux — reprit-il — c'est que, sans que vous vous en doutiez, nous sommes moins éloignés de chez moi que nous ne l'étions il y a une heure et demie.

Pour le coup, cette nouvelle me parut intéressante,

et l'heureuse influence qu'elle exerça sur mon esprit me rendit un peu de vigueur.

— Voilà le dernier coup de collier à donner — fit soudain Titano —mais, comme dit le proverbe français, il n'y a rien de plus difficile à écorcher que la queue.

Ces paroles me firent relever la tête, et le spectacle qui s'offrit à mes regards ne fut pas de nature à me réjouir le cœur.

L'espèce de chemin que nous suivions depuis quelques instants à travers mille obstacles, était brusquement interrompu par un monticule de glace presque à pic.

— Eh! quoi! nous faudra-t-il donc escalader cette muraille? — demandai-je à Titano avec l'accent d'un profond découragement.

— Oui, Excellence — me répondit le vieux braconnier, en tirant de son immense carnassière une courte hache et trois paires de patins, sorte de semelles de bois garnies de crampons d'acier.

—Eh bien! franchement—repris-je aussitôt—j'aime mieux ne jamais voir bondir un chamois de ma vie.

— Aimez-vous mieux aussi, Excellence, refaire tout le chemin que nous avons déjà fait, pour retourner à ma cabane? Il n'y a que ces deux partis-là à prendre.

Je gardai le silence, mais ma physionomie exprima une consternation si grande, que le bon Titano, que la sensibilité n'étouffait pas cependant, eut l'air presque attendri.

— Tenez, *signor marchese* — me dit-il, —ceci n'est effrayant qu'à la vue. Je vais vous tailler là-dedans un petit escalier de cristal si coquet, que rien qu'en le voyant vous vous sentirez la force de le monter.

— Et après? quand nous serons là-haut?

— Quand nous serons là-haut, il y a cent à parier contre un que nous verrons des chamois.

— Que le diable emporte les chamois! — m'écriai-je, impatienté et un peu honteux.

— Vous ne me laissez pas le temps d'achever, Excellence ; j'allais ajouter qu'il ne nous faudra guère que vingt minutes de marche pour regagner notre gîte. Cela vous va-t-il?

— Crois ce qu'il te dit—reprit alors le marquis.— J'ai fait une fois cette même tournée avec lui ; comme toi je n'en pouvais plus; eh bien! j'ai eu la preuve évidente que le retour par là était quatre fois plus court.

— D'ailleurs—continua Titano—si votre Excellence était tout-à-fait dans l'impossibilité de marcher, le vieux chasseur a encore les reins assez forts pour la porter une partie du chemin.

L'idée que je pourrais subir cette humiliation me rendit soudainement tout mon énergie morale, et il me sembla en même temps que je me sentais plus vigoureux.

Je remerciai Titano de son dévouement, et je lui dis que j'étais prêt à tout, même à tuer un chamois si l'occasion s'en présentait.

— J'en étais sûr! — s'écria-t-il.— Maintenant, buvez encore un coup de ratafia, et attachez solidement à vos pieds ces patins garnis de crampons et de courroies. Pendant ce temps-là, je vous ferai votre escalier.

— *Corpo di Bacco!* — ajouta-t-il aussitôt en se reprenant — votre chien va nous gêner! je n'avais pas pensé à cela, grand imbécile que je suis !

— Mon chien va nous gêner? — demandai-je : — eh bien ! et le vôtre?

— Oh! le mien, il n'y a pas à s'en occuper : je vais lui faire signe de s'en aller et il s'en ira. Voyez-vous, les chamois sont les bêtes les plus défiantes de la terre; nous ne pourrons les approcher qu'en nous traînant sur le ventre comme des limaçons, et vous comprenez, Excellence, qu'un chien....

— Il a raison — interrompit le marquis. — Mais comment faire? je ne vois aucun moyen.

— Mon chien restera derrière moi, et il est capable de ramper aussi si je lui en donne l'exemple.

— D'accord; mais il est blanc.

— Tant mieux, on le verra moins sur la neige.

— Là-haut, il n'y en a plus, Excellence.

— Ah! diable!

— Il me vient une idée! — reprit vivement le vieux braconnier — comme s'il était frappé d'une inspiration soudaine, ce qui était vrai effectivement.

— Quelle est ton idée, vieux sorcier? — demanda le marquis de Nora.

— Je couplerai le braque de Son Excellence avec mon épagneul, et ils s'en iront ensemble.

— Mon chien ne comprendra pas ce que cela veut dire; il se défendra, prendra de l'humeur, et nous n'en pourrons plus rien faire ensuite.

— Torquato lui expliquera l'affaire, *signor marchese* ; et, quand ils auront causé un moment, ils s'entendront peut-être à merveille.

— Soliman ne sait pas le piémontais — dis-je en riant — car je n'envisageais la chose que comme une plaisanterie.

— Mais Torquato sait le Français, Excellence — répondit le vieux chasseur avec le plus grand sérieux. — Comment, sans cela, pourrait-il s'entendre avec les contrebandiers?

— Nous pouvons toujours essayer — ajouta le marquis. — Si cela ne va pas, nous rendrons la liberté à ton chien avant qu'il ait eu le temps de prendre de l'humeur.

— Soit — dis-je — en appelant Soliman qui se désaltérait avec de la neige à quelques pas de moi.

Il vint, et Titano tira encore de sa gibecière, qui contenait autant de choses que le chapeau miraculeux de M. Robert Houdin, une couple en poil de sanglier, et en un clin-d'œil il eut attaché les deux chiens l'un à l'autre.

Soliman me regarda d'un air profondément étonné; mais, à ma grande surprise, il ne fit aucune résistance : il est vrai que nous n'en étions encore qu'au prologue de la pièce.

Titano laissa s'écouler quelques secondes sans exécuter aucun geste, sans prononcer aucune parole; puis il fit un signe de la main et il dit deux ou trois mots en patois.

Torquato regarda Soliman, et sur mon honneur, son regard signifiait à ne pas s'y tromper : *Mon cher ami, quand vous voudrez, je suis entièrement à vos ordres.*

Soliman me consulta à son tour d'un coup-d'œil.

— Allez! — lui dis-je.

Ils partirent, ma foi! tous les deux, à ma profonde stupéfaction. Je les suivis pendant quelques instants du regard, convaincu que l'entente cordiale de ces deux têtes ne serait pas de longue durée : l'événement ne justifia pas cette crainte : tout en galopant, Soliman tourna une ou deux fois la tête de mon côté, mais ce fut tout.

Titano se mit alors à son escalier, et nous nous occupâmes de chausser nos patins.

En moins de vingt minutes tout était terminé, et ce temps de repos m'avait à peu près remis.

Titano s'attacha une longue corde autour des reins, puis il me dit d'en faire autant ; l'extrémité de la corde fut nouée à la ceinture du marquis.

Nous formions ainsi une espèce de chaîne, dont Titano était la tête, moi le centre et Nora la queue.

Alors l'ascension commença.

Elle fut plus effrayante que laborieuse. Deux fois mes pieds mal assurés se dérobèrent sous moi ; mais Titano, ferme comme un roc, me remit debout. Le marquis broncha aussi une fois et me fit chanceler, Titano nous retint tous les deux.

Nous atteignîmes ainsi le sommet du glacier en quelques minutes, et nous nous trouvâmes sur un petit plateau gazonné et couvert de buissons épais.

— Maintenant du silence ! — nous dit Titano à voix basse, pendant que nous nous débarrassions de notre corde et de nos chaussures de bois. — Je vais aller à la découverte.

Il se mit à plat-ventre et nous le vîmes disparaître dans les buissons, sans faire plus de bruit qu'un serpent qui se coule dans l'herbe.

Au bout d'un quart d'heure il revint, et quatre de ses doigts qu'il leva en l'air avec un regard triomphant, nous annoncèrent qu'il avait vu quatre chamois à portée.

Nous nous couchâmes alors comme lui, rampant à l'aide de la main gauche, et tenant notre fusil de la main droite. Il va sans dire que Titano nous guidait ; je le suivais immédiatement.

Il s'arrêta, se souleva sur ses deux genoux, écarta avec précaution quelques broussailles, puis il me fit signe de regarder.

Nous étions sur le bord du plateau, et à deux cents pieds environ au-dessous de nous s'ouvrait une petite vallée, au fond de laquelle broutaient paisiblement quatre chamois.

Un cinquième, debout sur la pointe d'un rocher situé beaucoup plus loin, semblait placé en sentinelle. Ce fut lui que j'aperçus d'abord, car il se détachait sur l'azur du ciel, tandis que ses compagnons se confondaient un peu avec la verdure sombre de la vallée, d'ailleurs un peu envahie déjà par la brume du soir.

— Appuyez votre fusil sur mon épaule — murmura Titano à mon oreille — et envoyez-moi une balle à ce vieux gredin qui marche en tête des trois autres. Je lui garde rancune, car je l'ai manqué déjà deux fois. Je le reconnais parce qu'une de mes balles lui a cassé la corne gauche. Dépêchez-vous ! — reprit-il vivement — mais toujours aussi bas. La sentinelle nous a éventés ; avant trois secondes elle sifflera, et alors, bonsoir, la chasse sera...

J'avais ajusté ; je fis feu.

Au moment où mon coup de fusil retentissait, le chamois de garde fit entendre un cri aigu et disparut comme par enchantement : nous nous levâmes tous les trois comme un seul homme.

— Bravo ! bravo ! *signor marchese !* — s'écria — Titano en jetant sa coiffure en l'air.—Eh bien! êtes-vous encore fatigué ?

Trois des chamois avaient fui, je ne sais par où ni comment ; mais le quatrième, celui que j'avais ajusté, se débattait dans les convulsions de l'agonie.

Nous nous élançâmes sur une pente d'une rapidité effrayante, mais dont le sol un peu spongieux nous préservait des chutes, et nous fûmes en moins d'une demi-minute auprès du chamois qui rendait le dernier soupir. Ma balle était entrée dans le dos et ressortait sous le ventre, ce qui s'expliquait par la position que j'occupais quand j'avais tiré.

Titano était radieux. Il prit le chamois, le mit en travers sur ses épaules, comme fait le Bon Pasteur pour la brebis égarée qu'il ramène au bercail, puis nous nous dirigeâmes vers un sentier facile qui serpentait dans la vallée. Il commençait à faire nuit.

Titano ne m'avait pas bercé d'une espérance trompeuse, car nous fûmes rendus à sa cabane beaucoup plus promptement que je n'osais l'espérer ; il est vrai que le digne homme eut soin, pour me faire paraître la distance plus courte encore, de se remettre à me conter une foule d'histoires de chasse, toutes plus intéressantes les unes que les autres ; enfin, de façon ou d'autre, il fit si bien, qu'en arrivant chez lui j'étais un peu moins fatigué qu'une heure auparavant.

—Eh bien ! Excellence — me disait-il — tout en cheminant, je vous ai fidèlement tenu tout ce que je vous ai promis Aussi j'espère que quand vous reviendrez dans notre pays, j'aurai encore votre visite..... mais il ne faudra pas trop tarder—reprit-il avec un mélange d'insouciance et de mélancolie — car il n'y aura bientôt plus d'huile dans la lampe.

— Bah! — fit le marquis— tu nous enterreras tous, pour peu que tu y mettes de l'entêtement : voilà vingt ans que je te connais et que je te vois toujours le même.

— C'est que, voyez-vous, Excellence, il y a vingt ans j'étais déjà très-vieux : tenez, c'est justement à cette époque-là que j'ai commencé à oublier mon âge.

— Cependant, je parie que tu es le moins fatigué de nous trois.

— L'habitude, *signor marchese;* mais si je m'arrête une fois, je suis sûr que je tomberai tout-à-fait.

— Écoute — reprit le marquis — je crois que je puis te faire une proposition qui te conviendra.

— Votre Excellence sait...

— Pas de phrases : tu te souviens de ce que tu m'as promis?

— Un honnête homme n'a que sa parole : à dater de demain je dirai adieu pour toujours à la contrebande.

— C'est cela même : eh bien! qui t'empêcherait alors de prendre tout-à-fait ta retraite et de venir d'établir chez moi.

— Quitter mes montagnes, Excellence! Vous êtes bien bon, certainement, mais autant vaudrait me faire conduire tout de suite au cimetière.

— Tu reviendras les voir quelquefois.

— Ce n'est pas la même chose, Excellence. Je me connais, voyez-vous; il me faut cet air vif, cette solitude, ce silence, et puis surtout ma liberté.

— Oh! pour ce qui est de cela, tu l'aurais chez moi aussi complète qu'ici.

— Vous ne me gêneriez pas, je le sais bien, *signor*

marchese; mais moi je me gênerais, ce qui reviendrait absolument au même.

— Tu es un vieux fou ! — interrompit le marquis avec impatience.

— On est toujours fou, Excellence, quand on n'est pas sage à la manière des autres.

— Que deviendrais-tu, par exemple, si tu tombais malade ?

— Mais, Excellence, je ne serai jamais malade.

— Tu parlais cependant tout à l'heure de ta fin prochaine.

— C'est bien différent.....

En ce moment nous arrivions, ce qui mit tout naturellement un terme à cette conversation. J'en fus fâché, car j'aurais été très-curieux d'entendre Titano développer sa théorie sur la possibilité de mourir bien portant.

Nous trouvâmes sur le seuil de la cabane le chasseur du marquis qui nous attendait, et les deux chiens qu'il avait découplés. Ainsi, ces nobles bêtes avaient heureusement fait leur voyage : j'ajouterai que la meilleure intelligence semblait toujours présider à leurs relations. Quant au braque anglais du marquis, qui avait déserté vers le milieu de la chasse, honteux de sa fuite il s'était réfugié à l'écurie près de nos mulets.

Ceux-ci étaient prêts; mais, outre qu'il n'eût pas été prudent de nous engager à cette heure dans les sentiers qui ramenaient à Pignerol, nous avions un grand besoin de repos, le marquis et moi, de telle sorte que nous acceptâmes avec un véritable plaisir l'offre que nous fit le bon Titano de passer encore une nuit sous son toit.

Nous l'engageâmes, à notre tour, à laisser le domestique s'occuper des préparatifs du souper et à venir se reposer avec nous devant le feu ; mais il ne voulut pas entendre raison sur ce chapitre, et s'étant seulement débarrassé de son immense carnassière, il se mit à l'œuvre avec la même activité que j'avais admirée la veille, et qui me parut surnaturelle après la fatigue de la journée.

Pendant qu'il allait et venait, souriant, grimaçant, clignant de l'œil et se parlant quelquefois à lui-même, nous ne le perdions pas de vue, le marquis et moi, et nous eûmes l'occasion de nous faire remarquer réciproquement que son chien suivait aussi du regard tous ses mouvements, comme l'eût pu faire un serviteur rempli de zèle et d'affection pour son maître. C'était, en vérité, l'étude la plus curieuse à faire que celle de la sympathie qui semblait unir ces deux êtres, et quand on s'y était livré pendant quelques instants, on se surprenait à se demander sérieusement ce que deviendrait celui des deux qui serait condamné à survivre à l'autre. A coup sûr on est beaucoup moins inquiet de l'avenir quand il s'agit de quelque association de bipèdes ; j'en demande pardon à mes semblables.

— Tels que tu les vois — me dit le marquis — je mettrais ma main dans ce brasier que c'est déjà l'affaire de cette nuit qui les met en communication de regards et de pensées.

— J'ai vu bien des choses incompréhensibles depuis hier, mais en vérité celle-là serait par trop forte — répondis-je. — A la rigueur, je veux bien que ce chien sache que le chant du hibou est le signal du passage d'une troupe de contrebandiers ; je comprends aussi, quoique avec plus de peine, qu'il reconnaisse, dans une gardeuse de chèvres, une personne chargée de l'espionner ; mais comment veux-tu que j'admette chez un animal la prescience d'un événement que rien n'annonce encore ? C'est absolument comme si tu me disais qu'il est capable de lire une lettre.

— Tant que tu voudras, mon cher ami ; mais je suis à peu près sûr de ce que j'avance. Examine-les avec attention, et trouve-moi à cette conversation muette qui a lieu entre eux une autre raison que celle que je t'ai donnée.

— Rien n'est plus facile : Titano prépare notre souper, et Torquato qui a faim lui demande quelque chose.

— Si cela était, au lieu de se borner à le suivre du regard, il se tiendrait sur ses talons pour tâcher d'attraper quelque chose : il interroge, mais il ne sollicite pas. Etudie-les tous deux avec attention.

Le hasard voulut qu'en ce moment Titano, en sortant de son bahut un énorme pâté auquel nous avions fait le matin même une brèche profonde, en laissât tomber quelques bribes par terre : c'eût été, à coup sûr, une bonne occasion pour Torquato : cependant il ne bougea pas, et Soliman s'élança seul pour nettoyer la chambre, ce qui fut fait en un clin d'œil.

— Tu vois ? — me dit le marquis.

— C'est ma foi vrai ! Titano est un sorcier, et son chien est son démon familier.

— Vos Excellences sont servies — nous dit le vieux braconnier en nous montrant la table, qui, sans exagération, fléchissait sous le poids de toutes les bonnes et solides choses dont il l'avait couverte.

Nous nous assîmes tous les trois, et Titano se disposa

à nous servir, comme il avait déjà fait le matin.

— Ecoute, mon vieux — lui dit le marquis — tu as peut-être quelque chose à faire; dans ce cas, il ne faudrait pas te gêner pour nous. Ainsi lorsque tu auras satisfait ton appétit, laisse-nous en compagnie de ces bouteilles et va où le devoir t'appellera. Puisque tu fais encore la contrebande ce soir, fais-la en conscience : seulement, préviens ces gens que tu les obliges pour la dernière fois.

— Excellence, le moment n'est pas encore venu — répondit Titano en jetant à la dérobée un coup d'œil sur sa pendule qui marquait huit heures... Et puis — ajouta-t-il — il peut arriver qu'ils ne soient pas exacts ou qu'ils passent ailleurs...

— Et alors ?

— Alors, *signor marchese* ; je serai dégagé de la promesse que je leur ai faite, et s'ils réclament mes services pour demain ou un autre jour, je leur ferai savoir qu'ils ne doivent plus compter sur moi.

— Tu es un brave homme ! — s'écria Nora en tendant la main au vieux braconnier — aussi, quand je te quitterai, je serai aussi tranquille que si je t'emmenais avec moi.

— Nous nous ennuirons un peu, mon chien et moi, pendant les longues soirées d'hiver ; mais je penserai que je fais une chose que vous m'avez demandée, et je me coucherai le cœur content. A votre santé, Excellence ; à la vôtre aussi, signor marchese — reprit Titano en se tournant de mon côté.

Nous levâmes nos verres pour faire raison à notre hôte ; en ce moment, l'épagneul, qui était accroupi devant la cheminée, les yeux toujours attachés sur son maître, se dérangea brusquement et vint poser sa tête sur le bord de la table.

Je lui présentai un morceau de pain *saucé*, mais il ne daigna pas seulement le flairer.

— Ah! ah! — fit le braconnier — les drôles seront exacts.

Ces mots étaient à peine prononcés, qu'un chien gratta à la porte de la cabane.

Je crus que c'était le braque anglais du marquis de Nora; mais Titano ayant ouvert, nous vîmes entrer un petit barbet noir de l'aspect le plus misérable : vrai caniche d'aveugle s'il en fût.

— Plus de doute—dit Titano d'un air mécontent.— Sur mon honneur je me serais bien passé de cette corvée.

— Ils passent donc décidément ? — demanda le marquis.

— Ils veulent passer, Excellence; et ils m'envoient *Mouton* pour me prier de leur faire savoir si le passage est libre.

— Et comment le sauras-tu toi-même ?

— En allant m'en assurer — ce que je vais faire à la minute.

— Seras-tu longtemps absent ?

— Une demi-heure tout au plus. Mangez doucement, ne buvez pas tout, et je viendrai bientôt trinquer avec vous à la santé de ce pauvre Volenti, qui va être joué sous jambe, tout malin qu'il est.

— Sois prudent, mon vieux brave — interrompit, avec l'accent d'une vive sollicitude, le marquis — qui vit que le braconnier prenait un de ses fusils accrochés au manteau de la cheminée — il serait dur, pour ta dernière campagne...

— Ne craignez rien, Excellence. Ce que j'ai à faire est la chose la plus simple du monde. Le passage dangereux n'est qu'à dix minutes d'ici, et n'a guère plus de trois cents pas de long. Je vais me placer à l'entrée ; Torquato fera une bonne patrouille aux alentours, et s'il ne découvre rien de suspect il ira prévenir les autres, qui continueront leur route tranquillement.

— Alors, pourquoi prends-tu un fusil ?

— Je ne sors jamais sans cela ; mais depuis quinze ans que je fais ce métier, je n'ai jamais eu une seule fois l'occasion de le mettre en joue. A bientôt, Excellence — reprit Titano en se dirigeant vers la porte.

— Et le barbet ? — demandai-je.

— Il est parti pour annoncer qu'il m'a trouvé à mon poste ; il ne fait jamais de plus longue conversation que cela.

Nous nous étions levés, Nora et moi, pour accompagner notre hôte jusque sur le seuil de sa cabane, et, à la clarté de la lune, qu'aucun nuage ne voilait, nous le vîmes s'engager dans le sentier qui conduisait au fond de la petite vallée que nous avions traversée le matin pour nous mettre en chasse.

— Je crois qu'il a assez de ce métier — dis-je au marquis — et je suis sûr qu'il te sait bon gré de l'avoir engagé à y renoncer. Dieu veuille maintenant que tout aille bien.

— Je l'espère — répondit Nora avec préoccupation ; — mais cependant je voudrais bien que le pauvre diable fût déjà de retour. Ce Valenti est un rusé compère, et il m'a semblé, quand il nous a quitté ce matin, qu'il avait l'air bien triomphant.

— Raison de plus, ce me semble, pour supposer qu'il ne savait rien : s'il se fût douté de quelque chose, il ne serait pas venu rôder autour de nous, et il ne nous aurait pas priés de répéter à Titano les avertissements qu'il lui avait donnés hier. Je crois plutôt, au contraire, qu'obligé d'aller en expédition d'un autre côté, il aura voulu effrayer notre vieil ami afin de l'obliger à rester tranquille cette nuit.

— Tu as pardieu raison !—s'écria le marquis.—C'est là l'unique cause de ses menaces. Maintenant que je suis rassuré, allons nous remettre à table pour prendre patience jusqu'au retour de Titano. Il nous a dit qu'il serait absent environ une demi-heure; la moitié de ce temps est déjà passée.

Tout en causant, nous nous étions un peu éloignés de la maison, que les accidents nombreux du terrain nous avaient cachée pendant quelques secondes seulement : nous fûmes donc assez surpris, le marquis et moi, d'entendre en nous rapprochant, deux personnes causer dans l'intérieur, où nous n'avions laissé que notre domestique.

Nous hâtâmes le pas sans prononcer une seule parole, mais poussés tous deux par le même pressentiment.

Outre notre domestique, il y avait deux hommes dans la cabane : ces deux hommes étaient le brigadier Volenti et le simple douanier Ravina.

Ils nous saluèrent poliment quand nous entrâmes, et le premier dit au marquis :

— Excellence, je regrette vivement de vous retrouver ici, car mes gens vont sans doute ramener ce vieil entêté de père Titano, qui aura été pris en flagrant délit : j'ai vingt-cinq hommes dispersés dans les environs, et ce serait bien le diable si l'un d'eux ne découvrait pas le *pot aux roses*.

— Êtes-vous donc sûr, brigadier — demanda le marquis — qu'une bande de contrebandiers doit passer près d'ici cette nuit ?

— Parfaitement sûr, Excellence ; un des leurs les a vendus depuis hier.

— Vous savez que c'est une de leurs ruses habituelles pour se faire surveiller justement dans l'endroit où ils ne passent pas.

— Je suis certain du fait, Excellence ; et j'en suis fâché, car j'aurais autant aimé ne pas trouver cet homme en faute.

— Il ne tient qu'à vous.

— Comment cela, Excellence ?

— En fermant les yeux si on vous le ramène.

— Désolé de vous refuser, Excellence ; mais c'est impossible. On me dénoncerait comme on a dénoncé le vieux Broschi, mon prédécesseur, et je perdrais ma place.

— Écoutez, Volenti — reprit le marquis avec une gravité croissante — Titano m'a donné sa parole d'honneur qu'à dater de demain il n'aurait plus aucune relation avec les contrebandiers : eh bien ! si par hasard était compromis ce soir, faites-lui grâce pour cette ois.

— Et si l'on me dénonce. Excellence ?

— Je me chargerai d'arranger l'affaire directement

avec le roi; et j'irai même lui en parler dès demain en passant à Racconigi, où il est en ce moment.

— Excellence, il ne sera pas dit qu'un soldat piémontais qui a vu le marquis de Nora se battre à Gênes dans le *vingt et un* (1), lui aura refusé quelque chose; si le vieux Titano est pris, je ne dresserai pas de procès-verbal contre lui... Mais vous comprenez, Excellence, c'est à la condition qu'il ne recommencera plus...

— J'en prends l'engagement en son nom.

— Cela me suffit. Excellence, excusez-nous de vous avoir dérangé; je vais faire une petite ronde ici aux environs; si, pendant mon absence, qui ne sera pas longue, on amène ici votre protégé, dites-lui ce qui a été convenu entre nous : je ne tarderai pas beaucoup à revenir.

Volenti et Ravina saluèrent respectueusement, puis ils sortirent de la cabane.

— Voilà, Dieu merci ! une affaire arrangée ! — s'écria Nora. — Le pauvre Titano l'a échappé belle. Quel bonheur que j'aie eu l'idée de cette chasse. Buvons à la santé de Volenti !

— Excellence, voulez-vous remplir mon verre ?— dit une grosse voix joviale.

Nous nous retournâmes : Titano était debout sur le seuil, secouant ses pieds couverts de rosée.

— Comment, tu n'es pas pris ? — lui demanda vivement le marquis.

— J'ai failli l'être dix fois, Excellence; mais Tor-

---

(1) C'est ainsi que les Piémontais désignent leur révolution de 1821.

quato marchait devant moi et il m'a fait éviter tous les hommes placés en embuscade. A l'heure qu'il est le convoi doit être passé, et une fois dans les grottes de Villetri, tous les douaniers de l'Italie ne trouveraient pas les marchandises. Nous pouvons maintenant finir tranquillement de souper.

— Et ton chien ? — fit le marquis.

— Il va revenir tout à l'heure. Il les conduit jusqu'au bout du passage pour plus de sûreté.

— Je suis fâché qu'il ne soit pas revenu avec toi.

— Pourquoi cela, Excellence — demanda Titano d'un air sombre et en reposant sa main sur son fusil qu'il venait de remettre à son rang sur le râtelier d'armes.

— Parce que si Volenti ou un de ses hommes le rencontrent, ils peuvent...

— Le tuer ! — s'écria Titano — Excellence, je vais à la rencontre de mon vaillant et fidèle Torquato.

Et le fusil fut de nouveau décroché.

— Mon ami, si tu trouves Volenti sur ton chemin, ne te fais pas de mauvaises affaires avec lui, j'ai sa promesse formelle que si tu étais pris, il ne dresserait pas de procès verbal contre toi : tu vois donc que c'est un brave homme.

— Je ne vous dis pas le contraire, Excellence; mais je vais à la rencontre de mon chien : adieu; c'est l'affaire de quelques minutes, un quart d'heure au plus.

Et il disparut de nouveau.

Nous restâmes, le marquis et moi, pensifs, silencieux et instinctivement tourmentés : il n'y avait cependant pas de quoi, puisque tout était arrangé.

Soudain nous bondîmes sur nos siéges : deux détonations d'armes à feu avaient retenti coup sur coup à peu de distance, et dans l'une de ces détonations nous avions reconnu le grondement formidable du fusil-monstre de Titano.

Nous nous élançâmes dans le petit sentier qui conduisait au fond de la vallée : c'était par là que le brigadier avait disparu et que le vieux braconnier venait aussi de disparaître.

Nous n'avions pas fait deux cents pas, que nous rencontrâmes Titano, mais dans quelle situation !

Le pauvre homme était accroupi dans le sentier et soutenait la tête de son bel épagneul, dont le corps se tordait dans les dernières convulsions de l'agonie.

— Qui a commis cette lâche action ! — m'écriai-je indigné.

— Je ne sais pas, Excellence—me répondit Titano d'une voix brisée par la douleur ; — mais si vous êtes curieux de le savoir, faites une quarantaine de pas vers votre gauche, et cherchez dans ces buissons de genévriers.

— Malheureux ! tu as tué un homme ! — s'écria à son tour le marquis.

— On a tiré sur mon chien, et moi j'ai fait feu sur l'homme qui avait tiré.

Nous reprîmes notre course, et en quelques enjambées nous arrivâmes dans les genévriers.

Nos premiers pas se heurtèrent contre un homme étendu, dans une complète immobilité, la face contre terre.

Nous nous hâtâmes de le soulever et de le retourner, et à la clarté de la lune nous reconnûmes le brigadier Volenti.

Une balle lui avait traversé la tête; la mort avait dû être instantanée.

Nous laissâmes retomber le cadavre avec horreur, et, plongés dans une profonde consternation, nous nous demandâmes, le marquis et moi, ce que nous devions faire après cette terrible catastrophe.

En vérité, nous ne le savions pas ; mais ce qui devait infailliblement arriver ne nous paraissait pas douteux : Titano serait arrêté le lendemain, et alors....

Des pas se firent entendre dans différentes directions, et nous vîmes s'approcher des hommes qui nous entourèrent : c'étaient les subordonnés de Volenti, qui, dispersés de côtés et d'autres dans la vallée, s'étaient réunis vers le point d'où les coups de fusil venaient de partir.

Ravina porta la parole le premier, pour dire à ses camarades qu'il savait qui avait fait le coup, que ce n'était pas nous, et qu'en conséquence il ne fallait pas nous inquiéter en raison de ce crime, dont l'auteur serait entre leurs mains dans quelques minutes.

Quatre de ces hommes chargèrent sur leurs épaules le corps du malheureux brigadier, et, escortant ce triste convoi, nous nous remîmes en chemin pour regagner la cabane de Titano.

Comme nous allions en franchir le seuil, nous fûmes rejoints par Titano lui-même. Le pauvre homme portait dans ses bras le cadavre de son chien.

— Titano, vous êtes notre prisonnier — lui dit Ravina.—Vous serez gardé à vue cette nuit, et demain, dès le point du jour, nous vous conduirons dans la prison de Pignerol. Vous avez tué un homme qui avait promis de vous épargner.

— Il n'a pas épargné mon chien — murmura le vieux braconnier d'une voix sombre.

Après avoir prononcé ces paroles, il s'assit par terre devant le feu, posa son chien en travers sur ses genoux, et resta immobile, les deux mains appuyées sur le flanc du bel épagneul.

Le corps du brigadier fut étendu dans un coin de la cabane et recouvert de son manteau ; quant aux douaniers, ils se mirent paisiblement à table et achevèrent lentement notre souper, après quoi ils se couchèrent sur le carreau.

Brisés de fatigue et d'émotions, certains en outre que nous ne pourrions, pour le moment, être d'aucune utilité à Titano, nous nous décidâmes, le marquis et moi, à nous coucher aussi, en nous promettant mutuellement que le premier éveillé appellerait l'autre, afin d'être prêts tous les deux avant le jour.

Nous voulions accompagner Titano jusqu'à Pignerol, et de là nous rendre à Racconigi auprès du roi, pour demander la grâce du coupable.

Nous dormîmes peu et mal. Longtemps avant le jour nous étions sur pied : une lampe mourante éclairait faiblement la chambre

Un silence profond régnait dans la cabane; on n'entendait au dehors que le pas régulier du douanier placé en faction devant la porte.

Titano était exactement à la même place et dans la même position que la veille : sa tête penchée sur sa poitrine, ses deux mains appuyées sur le corps de son chien.

—Dieu soit loué—me dit le marquis à voix basse—il aura pu oublier son chagrin pendant quelques heures.

Un soupçon rapide comme l'éclair traversa mon cerveau : je pris la lampe, dont je ranimai passagèrement la flamme en tirant la mèche, et je dirigeai la lumière, par-dessous, sur le visage du vieux braconnier.

— Ce n'est pas seulement pendant quelques heures qu'il a oublié son chagrin — m'écriai-je — : c'est pour toujours !

— Que dis-tu là ?

— Qu'il est mort !

— Mort !

— Regarde toi-même.

— C'est ma foi vrai ! Eh bien ! c'est ce qui pouvait lui arriver de plus heureux, puisqu'il avait perdu tout ce qu'il aimait dans ce monde.

Nous pensons que nos lecteurs seront de cet avis.

FIN.

Alexandre Cadot, éditeur, 37, rue Serpente.

COLLECTION A 1 FRANC

PREMIÈRE SÉRIE. — FORMAT IN-16.

XAVIER DE MONTÉPIN.

Les Viveurs de Paris.
    1re Série. LE ROI DE LA MODE.. . . . . 1 vol.
    2e — CLUB DES HIRONDELLES . . . . . . 1 vol.
    3e — LES FILS DE FAMILLE. . . . . . . 1 vol.
    4e — LE FIL D'ARIANE. . . . . 1 vol.

Les Chevaliers du Lansquenet.
    1re Série. LE LOUP ET L'AGNEAU. . . . . . . 1 vol.
    2e — PERDRITA. . . . . 1 vol.
    3e — DANAE . . . . 1 vol.
    4e — COURTISANE ET DUCHESSE. . . . . 1 vol.
    5e — et dernière, FRÈRE ET SOEUR. . . . 1 vol.

Les Pécheresses. PIVOINE ET MIGNONNE. . . . 2 vol.

Les Amours d'un fou. . . . . 1 vol.

Geneviève Galliot. . . . . 1 vol.

PAUL DUPLESSIS.

Les Boucaniers.
- 1re Série. LE CHEVALIER DE MORVAN. . . . . 1 vol.
- 2e — NATIVA. . . . . 1 vol.
- 3e — MONTBARS. . . . . 1 vol.
- 4e — et dernière. LE BEAU LAURENT. . . 1 vol.

La Sonora. . . . . 2 vol.

MARQUIS DE FOUDRAS.

Les Gentilshommes chasseurs. . . . . 1 vol.
La comtesse Alvinzi. . . . . 1 vol.
Madame de Miremont. . . . . 1 vol.

A. DE GONDRECOURT.

Le dernier des Kerven. . . . . 2 vol.
Médime. . . . . 2 vol.

ÉLIE BERTHET.

Antonia. . . . . 1 vol.
Le Nid de Cigognes. . . . . 1 vol.
L'Étang de Précigny. . . . . 1 vol.

ALEXANDRE DE LAVERGNE.

La Recherche de l'Inconnue. . . . . . . 1 vol.
Le comte de Mansfeld. . . . . 1 vol.

HENRI DE KOCK.

La Tribu des Gêneurs. . . . . 1 vol.
Brin d'amour. . . . . 1 vol.
Minette . . . . 1 vol.

DIVERS.

Sophie Printemps, par Alexandre Dumas, fils. 1 vol.
Une vieille Maîtresse, par Barbey d'Aure-
 villy. . . . . 1 vol.
Le Mendiant noir, par Paul Féval. . . . . 1 vol.
Contes d'un Marin, par G. de Lalandelle. . 1 vol.
La Succession Lecamus, par Champfleury. 1 vol.
Chasses et pêches de l'autre monde, par
 Bénédict Révoil. . . . . 1 vol.
Rachel, par Léon Beauvallet. . . . . 1 vol.
Léandres et Isabelles, par Adrien Robert. 1 vol.
Les Inutiles, par Angelo de Sorr. . . . . . 1 vol.
Six mois à Eupatoria, par Léopold Pallu. 1 vol.
Une Famille Parisienne, par madame An-
 celot . . . . 1 vol.
Une histoire de soldat, par madame Louise
 Colet . . . . 1 vol.
Simples Récits, par Charles Deslys . . . . 1 vol.

DEUXIÈME SÉRIE, FORMAT IN-18 CHARPENTIER.

Xavier de Montépin. — LA SIRÈNE. . . . . 1 vol.
       —   BRELAN DE DAMES. . 1 vol.

A. de Gondrecourt. — LES PÉCHÉS MIGNONS. . 2 vol.
     —   LE BOUT DE L'OREILLE.
       1re Série. La Galoppe . . . . . 1 vol.
       2e —   La Marquise de Trèbes. 1 vol.
       3e —   Pierre Leborgne. . . 1 vol.

Alex. Dumas fils. — TRISTAN LE ROUX . . . . 1 vol.

Marquis de Foudras. — JACQUES DE BRANCION . . . . 2 vol.

Paul Féval. — LES COUTEAUX D'OR. . . . . . . 1 vol.

Louis Beaufils. — LES SECRETS DU HASARD. . . 1 vol.

Adrien Robert. — JEAN QUI PLEURE ET JEAN QUI RIT. 1 vol.

LE BATTEUR D'ESTRADE, par PAUL DUPLESSIS, 2 gros vol. in-18. . . . . 6 fr.

LAGNY. — Typographie de A. VARIGAULT et Cie.

TABLE.

CHAP. I. Un déplacement de chasse en Morvan....	5
II. Le Marquis de Bologne................	21
III. Une chasse au chevreuil — Une retraite aux flambeaux.......................	37
IV. Denis................................	51
V. Pauvre défunt M. le curé de Chapaize....	68
VI. Simple Histoire......................	102
VII. Qarante-huit henres chez le marquis de Montrevel........................	137
VIII. Une chasse de Rallie-Bourgogne.........	171
IX. Le marquis et le comte de Fussey.......	187
X. Les chasses de la gendarmerie de Lunéville.	213
XI. Un Tavolazzo en Piémont. — Une Chasse au Coq de bruyère dans les Alpes.....	251

FIN DE LA TABLE.

Sceaux, imprimerie de E. Dépée.

www.ingramcontent.com/pod-product-compliance
Lightning Source LLC
Chambersburg PA
CBHW070446170426
43201CB00010B/1237